高山正也・植松貞夫　監修
現代図書館情報学シリーズ…8

図書館情報資源概論

［編集］高山 正也・平野 英俊
　　　　岸田 和明
　　　　岸　　美雪
　　　　小山 憲司
　　　　村上 篤太郎
　　　　　　共著

樹村房

監修者の言葉

　わが国に近代的な図書館学が紹介されたのは19世紀末頃と考えられるが，図書館学，図書館情報学が本格的に大学で教育・研究されるのは1950年に成立した図書館法による司書養成制度を受けての1951年からであった。それから数えても，既に半世紀以上の歴史を有する。この間，図書館を取り巻く社会，経済，行政，技術等の環境は大きく変化した。それに応じて，図書館法と図書館法施行規則は逐次改定されてきた。その結果，司書養成科目も1950年の図書館法施行規則以来数度にわたって改変を見ている。

　それは取りも直さず，わが国の健全な民主主義発展の社会的基盤である図書館において，出版物をはじめ，種々の情報資源へのアクセスを保証する最善のサービスを提供するためには，その時々の環境に合わせて図書館を運営し，指導できる有能な司書の存在が不可欠であるとの認識があるからに他ならない。

　2012(平成24)年度から改定・施行される省令科目は，1997年度から2011年度まで実施されてきた科目群を基礎とし，15年間の教育実績をふまえ，その間の図書館環境の変化を勘案し，修正・変更の上，改めたものである。この間に，インターネット利用の日常生活への浸透，電子メールやツイッター，ブログ等の普及，情報流通のグローバル化，電子出版やデジタル化の進展，公的サービス分野での市場化の普及などの変化が社会の各層におよび，結果として図書館活動を取り巻く環境や利用者の読書と情報利用行動等にも大きな構造的な変化をもたらした。この結果，従来からの就職市場の流動化や就業構造の変化等に伴い，司書資格取得者の図書館への就職率が大きく低下したことも率直に認めざるを得ない。

　このような変化や時代的要請を受けて，1997年版の省令科目の全面的な見直しが行われた結果，新たな科目構成と単位数による新省令科目が決定され，変化した図書館を取り巻く環境にも十分適応できるように，司書養成の内容が一新されることとなった。そこで，樹村房の「新・図書館学シリーズ」もその改定に合わせ内容を全面的に改編し，それに合わせて，「現代図書館情報学シリーズ」と改称して新発足することとなった。

「図書館学シリーズ」として発足し，今回「現代図書館情報学シリーズ」と改めた本教科書シリーズは，幸いにして，1981（昭和56）年の創刊以来，樹村房の教科書として抜群の好評を博し，実質的にわが国図書館学，図書館情報学の標準的教科書として版を重ねてきた実績をもつ。これもひとえに，本シリーズをご利用いただいた読者各位からのご意見やお励ましと，執筆者各位の熱意の賜物と考えている。

　監修にあたって心がけたのは，この「現代図書館情報学シリーズ」で司書資格を得た人たちが図書館で働き続ける限り，その職能観の基礎として準拠しうる図書館情報学観を習得してもらえる内容の教科書を作ろうということであった。すなわち，「図書館学は実学である」との理念のもとに，アカデミズムのもつ概念的内容とプロフェッショナリズムのもつ実証的技術論を融合することであった。そのこと自体がかなり大きな課題となるとも想定されたが極力，大学の学部課程での授業を想定し，その枠内に収まるように，その内容の広がりと深さを調整したつもりである。一方で，できる限り，新たな技術や構想等には配慮し，養成される司書が将来志向的な視野を維持できるよう努力したつもりでもある。これに加えて，有能な司書養成のために，樹村房の教科書シリーズでは各巻が単独著者による一定の思想や見方，考え方に偏重した執筆内容となることを防ぐべく，各巻ともに，複数著者による共同執筆の体制をとることで，特定の思想や価値観に偏重することなく，均衡ある著述内容となることをこのシリーズにおいても踏襲している。

　本シリーズにおける我々の目標は決して学術書として新規な理論の展開を図ることではない。司書養成現場における科目担当者と受講者の将来の図書館への理想と情熱が具体化できる教材を目指している。その意味で，本シリーズは単に司書資格取得を目指す学生諸君のみならず，現職の図書館職員の方々や，図書館情報学を大学（院）等で研究する人たちにも役立つ内容をもつことができたと自負している。読者各位からの建設的なご意見やご支援を心からお願い申し上げます。

　　2011年2月

監　修　者

序　文

　図書館法施行規則には，司書資格取得のために大学で履修すべき図書館に関する科目が定められているが，そのうちの必修科目の一つが「図書館情報資源概論」である。本書は，樹村房・現代図書館情報学シリーズの第8巻として執筆・編集された，「図書館情報資源概論」のための教科書である。

　図書館法に基づく司書養成を目的としたいわゆる省令科目は，図書館における司書の業務環境の変化や期待される職務遂行能力の変化を反映し，これまでいく度かの変更・改正がなされてきたが，今回2012年度から改正されることになった新科目群は，前回（1996年）までの改正が比較的に資格付与のための単位数（科目数）の増大に重きが置かれていたのに対して，教育内容としての科目構成の在り方，および教育内容の革新と高度化に重点を置いた改革を志向したものとなっている。中でも図書館の基盤となる情報資源や蔵書に見られる電子化の影響は，図書館とそのサービスの在り方や構造を根本から変革する可能性をも秘めたものとなっている。このため，今回の省令科目の改正では，科目構成の変更に加え，図書館の基盤としての蔵書・コレクション構築に関わる従来の「図書館資料論」はその名称も「図書館情報資源概論」と改められた。これは，出版界における電子出版の進行や，情報資源のデジタル化，インターネットによる情報流通の普及・増大といった，図書館を取り巻く情報環境の変化に対応し，新たな時代，新たな環境下での図書館活動の理解と，そこで働くための司書の能力開発を想定したからにほかならない。

　「図書館情報資源概論」で扱うべき内容については，今回のカリキュラム改正の作業を行った文部科学省協力者会議の資料によれば，次の事項を網羅することが求められている。すなわち，伝統的な印刷資料と非印刷資料，電子資料とネットワーク情報資源，地域・行政資料，情報資源の生産（出版）と流通，図書館業務と情報資源に関する知識，コレクション形成に関する理論と方法，主題分野別の情報資源の特性，および資料の保存・修復を含む情報資源管理のプロセスである。これを受けて作成された本書は，単に書名を省令科目に合わ

せて改めただけでなく，その内容も，新たな「図書館情報資源概論」にふさわしく，伝統的な印刷資料のみならず，非印刷資料や電子資料，ネットワーク情報資源等からなる多様な図書館情報資源を包括的に網羅することをめざした。すなわち，本書では，まず図書館情報資源について，伝統的な文字による記録から，映像・音響の記録，さらに印刷・出版から電子・ネットワーク情報資源まで，幅広く，かつ現在および近未来に至る変遷を含めて概観し，それぞれが図書館でどのように扱われているかについて言及した。そのうえで，これらの情報資源を個々の利用目的をもつ利用者の検索・利用に供するための，図書館コレクションとしての編成・構築の在り方，および情報資源のライフサイクルにおける図書館の位置づけを明らかにすることで，「図書館情報資源概論」で求められている内容を網羅することに努めた。

　最後に，本書執筆にあたって，最新の情報技術の進化とその結果が不断に実務に取り込まれる中で日々変化する情報環境に密着しつつ，限られた紙数の中で，客観的かつ平易に記述すること，さらには2単位の講義科目として半期15回の授業回数に収めることはかなり困難な作業でもあった。この困難な仕事を，短時日の中でなんとかまとめることができたのは，図書館の実務，および研究教育の両面で有能な執筆者の協力があってのことである。ここに編者として，執筆者各位のご尽力に敬意を表し，厚くお礼を申し上げたい。本書の活用が，日本の次の時代の図書館を担う有能な司書の養成に必ずやお役にたてると確信している。

　　　2012年6月15日

編集責任者　　高山　正也
　　　　　　　平野　英俊

図書館情報資源概論
もくじ

監修者の言葉　iii

序文　v

はじめに：図書館の仕事と「図書館情報資源概論」の範囲　xiii

1章　図書館情報資源とは何か ―――― 1
1．有形出版物としての図書館情報資源 ―― 1
（1）情報と記録化　1
（2）記録情報メディアの進化　2
　a．文字の獲得と記録の始まり　2
　b．書写材料の変遷：紙の発明まで　5
　c．記録情報の物理的形態：冊子本へのあゆみ　7
　d．記録方法の革命：印刷術と大量複製　9
　e．音や視覚的イメージの記録とメディア変換　11
（3）図書館資料とは何か　13
　a．記録情報としての図書館資料　13
　b．図書館資料と文書館資料，博物館資料　14
（4）図書館資料の類型　15
2．無形出版物としての図書館情報資源：ネットワーク情報資源 ―― 17
（1）ネットワーク情報資源とは何か　17
（2）ネットワーク情報資源の特性　19
（3）図書館資料とネットワーク情報資源　20

2章　図書館情報資源の種類と特質 ―――― 23
1．有形出版物としての「図書館資料」 ―― 23
（1）印刷資料　23

　　　　ａ．図書　*23*

　　　　ｂ．逐次刊行物　*25*

　　　　ｃ．ファイル資料　*31*

　　　（２）非印刷資料　*34*

　　　　ａ．マイクロ資料　*34*

　　　　ｂ．視聴覚資料　*40*

　　　　ｃ．パッケージ系電子出版物　*44*

　　　　ｄ．視覚障害者用資料　*45*

　２．無形出版物としてのネットワーク情報資源 ················*48*

　　　（１）オンライン出版物　*48*

　　　　ａ．電子ブック（電子書籍）　*48*

　　　　ｂ．電子ジャーナル，電子雑誌　*49*

　　　　ｃ．電子新聞　*51*

　　　（２）デジタルアーカイブ，電子図書館　*52*

　　　（３）二次情報データベース　*54*

　　　（４）オンライン配信されるニュースや音楽，動画　*55*

　　　（５）情報資源としてのウェブ情報　*56*

　３．政府刊行物と地域資料 ································*58*

　　　（１）政府刊行物　*58*

　　　　ａ．政府刊行物とは何か　*58*

　　　　ｂ．政府刊行物の種類と意義　*59*

　　　　ｃ．政府刊行物の流通と収集の問題　*60*

　　　（２）地域資料（郷土資料，地方行政資料）　*63*

　　　　ａ．地域資料重視のあゆみ　*63*

　　　　ｂ．地域の範囲と地域資料の種類　*64*

　４．人文・社会・自然科学，および生活分野の情報資源と特性 ········*67*

　　　（１）学術情報の生産・流通と情報資源の特性　*67*

　　　　ａ．自然科学分野の情報資源の特徴　*69*

　　　　ｂ．人文・社会科学分野の情報資源の特徴　*70*

（２）生活分野の情報資源と特性　*71*

3章　図書館情報資源の収集とコレクション構築 ―――― *73*
　1．コレクション構築とそのプロセス ……………………………………… *73*
　　（１）コレクション構築とは　*73*
　　　　a．図書館コレクションとその意義　*73*
　　　　b．コレクション構築とその概念の変遷　*76*
　　　　c．コレクション構築に影響を与える要因　*77*
　　　　d．コレクション構成の館種別特徴　*78*
　　（２）コレクション構築のプロセス　*80*
　　　　a．一般的なプロセス　*80*
　　　　b．図書と逐次刊行物のプロセス　*82*
　　　　c．プロセスの機械化　*82*
　　（３）コレクション構築に関する研究　*82*
　　　　a．ブラッドフォードの法則　*85*
　　　　b．資料の老化　*85*
　2．資料選択のプロセス ……………………………………………………… *86*
　　（１）資料選択の基準と実際　*86*
　　　　a．資料収集方針　*87*
　　　　b．利用者とその要求　*89*
　　　　c．資料自体の特徴や価値　*93*
　　　　d．所蔵・利用可能コレクションの特徴　*95*
　　　　e．資料購入・利用契約のための予算の制限　*96*
　　　　f．図書館間相互貸借，異なる媒体などによる利用可能性　*98*
　　（２）資料選択の体制・組織　*101*
　　（３）資料選択のための情報源　*103*
　　　　a．図書に関する情報源　*103*
　　　　b．雑誌に関する情報源　*110*
　　　　c．視聴覚資料に関する情報源　*110*

　　　　ｄ．古書に関する情報源　　*111*

　　　　ｅ．政府刊行物に関する情報源　　*112*

　　　　ｆ．地方出版物に関する情報源　　*113*

　３．資料収集のプロセス ································· *113*

　　（１）資料入手の方法　　*113*

　　（２）資料収集の実際　　*116*

　４．資料の蓄積・保管のプロセス ························· *119*

　　（１）装備　　*119*

　　（２）補修・製本　　*120*

　　　　ａ．補修　　*120*

　　　　ｂ．製本　　*121*

　　（３）排架　　*122*

　　　　ａ．排架の機会　　*123*

　　　　ｂ．書架の種類　　*123*

　　　　ｃ．排架の方式　　*124*

　　（４）保存　　*125*

　　　　ａ．冊子体の保存対策　　*125*

　　　　ｂ．資料の取り扱い方　　*127*

　　　　ｃ．デジタル媒体の保存対策　　*129*

　　　　ｄ．資料の修復　　*130*

　　（５）書庫管理―シェルフ・リーディングと蔵書点検　　*130*

　　　　ａ．シェルフ・リーディング　　*130*

　　　　ｂ．蔵書点検　　*131*

　５．コレクションの評価・再編のプロセス ················· *132*

　　（１）コレクションの評価　　*132*

　　　　ａ．評価の目的と種類　　*132*

　　　　ｂ．評価の手順　　*136*

　　　　ｃ．評価の実際⑴：コレクション中心評価法　　*138*

　　　　ｄ．評価の実際⑵：利用者中心評価法　　*142*

　　　　e．評価指標の標準化と新しい動き　*148*

　（2）コレクション更新　*149*

　　　　a．ウィーディング　*149*

　　　　b．複製とメディア変換　*150*

4章　情報資源の生産・流通と図書館　——————*151*

1．情報資源の生産としての出版　……*151*

　（1）出版とは何か　*151*

　（2）出版物ができるまで　*152*

　　　　a．出版のプロセス　*152*

　　　　b．印刷の技術　*154*

　　　　c．編集から印刷・製本までのプロセスにおけるコンピュータ利用

　　　　　155

2．日本の商業出版と流通　……*156*

　（1）商業出版物の特質と刊行規模　*156*

　（2）商業出版物の流通の仕組み　*158*

　　　　a．出版社　*158*

　　　　b．取次（とりつぎ）　*159*

　　　　c．書店　*160*

　　　　d．委託販売制度と再販制度　*160*

　　　　e．出版流通を支える出版物管理コード　*162*

　（3）図書館への資料流通と貸出し利用にともなう問題　*164*

　　　　a．図書館での資料購入　*164*

　　　　b．出版物の貸与権と公共図書館での貸出　*165*

　　　　c．読者と出版　*166*

3．学術出版と円滑な流通促進の取り組み　……*167*

　（1）学術出版の特徴　*167*

　（2）シリアルズ・クライシスと電子ジャーナル　*168*

　（3）オープンアクセス　*169*

4．図書館蔵書のデジタル化 ……………………………………………… *171*
　（１）図書館蔵書のデジタル化プロジェクトと著作権処理　*171*
　（２）デジタル化された資料の利用の問題　*172*
5．情報資源の生産・流通と図書館コレクション利用の権利 ……………*175*
　（１）市場における出版と「図書館の自由」の関係　*175*
　　　a．「表現の自由」と「知る自由」　*175*
　　　b．「知る自由」の保障と図書館　*176*
　　　c．「知る自由」と「図書館の自由」　*176*
　　　d．「知る自由」から図書館コレクションの「利用請求権」へ　*177*
　　　e．出版物の内容と「図書館の自由」　*178*
　（２）ネットワーク情報資源と「知る自由」および「図書館の自由」
　　　　　　　　　　　　　　　　　　　　　　　　　　　　　　　179
　　　a．インターネットへのアクセス選択をめぐる論点　*179*
　　　b．インターネット上の子どもにとって有害な情報に関する論点
　　　　　　　　　　　　　　　　　　　　　　　　　　　　　　　181

参考文献　*183*
さくいん　*185*

【本書の執筆分担】
1章　1＝平野英俊，2＝小山憲司
2章　1・3＝平野英俊，2＝小山憲司，4＝岸田和明
3章　1・5＝岸田和明，2・3・4＝村上篤太郎
4章　1・2・3・4＝岸　美雪，
　　　5-(1)＝岸　美雪＋高山正也，5-(2)＝岸　美雪＋平野英俊

はじめに：図書館の仕事と「図書館情報資源概論」の範囲

a．「図書館資料論」から「図書館情報資源概論」へ

　図書館は，書籍・雑誌等の伝統的な複製記録としての印刷資料を中心に，マイクロ資料，視聴覚資料，電子資料（CD・DVDなどに収められた資料）などの非印刷資料を加えて，これらを「図書館資料」として収集・蓄積し，利用に供してきた。こうした図書館の業務形態は，現在も基本的には変わってはいないし，伝統的な出版行為が続く限り，これからも不変である。しかしながら，20世紀最後の10年に急発達したインターネットとWWW（World Wide Web）は，今世紀に入りその普及の速度と広がりをさらに加速させ，インターネットを介して提供される情報（いわゆる「ネットワーク情報資源」[1]）の爆発的増大をもたらすようになった。これらインターネットを通して入手されるデジタル化した「ネットワーク情報資源」は，図書館が従来収集対象としてきた有形出版物としての「図書館資料」とは異なり，物理的形をもたないため，図書館が自館のサーバに記録するなどして保存しない限り，図書館の所蔵資料とはなりえないものである。したがって，伝統的「図書館資料」のように，自館資料として蓄積・保存するのではなく，提供者との利用契約に基づき情報サービスを提供したり，有益な情報サイトへのリンクを張ることで，いわば仲介・中継機能を提供するといったサービス形態をとることになる。伝統的な「図書館資料」とのこうした違いはあるものの，「ネットワーク情報資源」は，近年の電子書籍や電子ジャーナルの発達からもわかるように，図書館にとって無視しえない重要な情報資源となっている。

　こうした現状を背景に，図書館が提供する情報資源として，これまでの「図書館資料」にネットワーク上の情報資源を加えた包括的概念として，「図書館情報資源」という用語が考案された[2]。これに伴い，従来の「図書館資料論」

1：国立国会図書館法では「インターネット資料」と呼んでいる（第25条の3）。
2：これからの図書館の在り方検討協力者会議．司書資格取得のために大学において履修すべき図書館に関する科目の在り方について（報告）．2009, p.6.

「資料組織論」「資料組織演習」の司書養成科目は，それぞれ「図書館情報資源概論」「情報資源組織論」「情報資源組織演習」と名称変更されることになったのである．

b．図書館の仕事と図書館情報資源概論の範囲

❶図書館の仕事　図書館の仕事は，下の図に示すように，館種を問わず，基本的には「図書館資料」の，①収集プロセス，②組織化プロセス，③管理プロセス，④提供プロセス，の四つのプロセスからなっている．

〈図書館の仕事の流れ〉

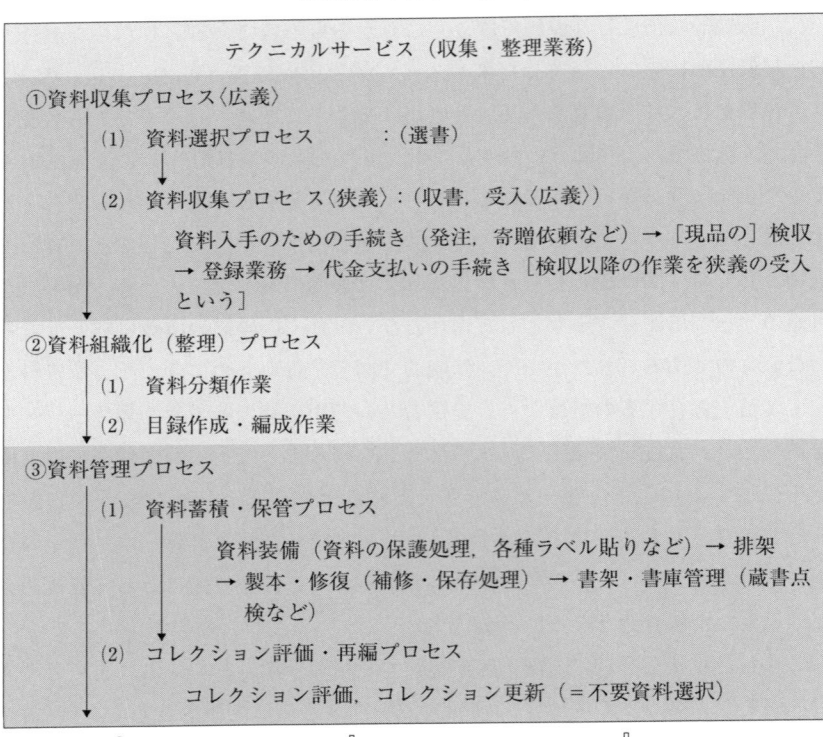

はじめに｜xv

このうち，①収集，②組織化，③管理，のプロセスは，テクニカルサービス（technical service，収集・整理業務）とも呼ばれ，利用者にとっては間接的なサービスであるが，図書館が図書館としてのサービス態勢を整えるためには不可欠の基本的で重要なプロセスとなっている。さらに，このテクニカルサービスの部分をより詳しく見てみると，①の収集プロセスは，(1)選択（selection）と，(2)収集〈狭義〉（acquisition），②の組織化プロセスは，(1)資料分類作業（classifying）と(2)目録作成・編成作業（cataloging, catalog maintenance），また，③の管理プロセスは，(1)蓄積・保管と，(2)コレクション評価（collection evaluation）・再編の各サブプロセスで構成されていることがわかる。このうち，①の収集プロセスと③の管理プロセスには，①の(2)の収集サブプロセスや，③の(1)の蓄積・保管サブプロセスのように，一定のマニュアルに従ったルーティンワークで構成される仕事と，①の(1)の選択サブプロセスや，③の(2)のコレクション評価・再編サブプロセスのように，資料に対する評価力と判断力を要求される極めて知的集約度の高い専門的作業で構成される仕事という，二つの対照的な内容が含まれていることに留意することが必要である。

　一方，④の資料提供プロセスは，図書館員による利用者への直接的サービスとして行われる，閲覧，貸出，レファレンス・情報サービスなどの仕事であり，パブリックサービス（public service，利用サービス）とも呼ばれている。

❷図書館情報資源概論の範囲　　従来の「図書館資料論」が対象としてきた領域は，上に挙げた図書館業務の内，テクニカルサービス（収集・整理業務）の領域である。ただし，テクニカルサービスの中でも，②の組織化プロセスは「図書館資料論」では扱わないため，「図書館資料論」の対象は，テクニカルサービスの内，①の収集プロセスと，③の管理プロセスの二つの領域として設定されることになる。つまり，「図書館資料論」の対象とするところは，「図書館資料を選び，受入れ，保管するとともに，不要なものを除き，次の資料選択に生かすためにコレクション評価を行う」という，まさにコレクション構築の中心領域であるということができる。そこには，上に述べたように，①の(1)の選択サブプロセスや，③の(2)のコレクション評価・再編サブプロセスのように，資料に対する評価力と判断力を要求されるきわめて知的集約度の高い専門的作

業が含まれている。

　ところで，名称変更となった「図書館情報資源」とは，先に見たように，これまでの「図書館資料」にネットワーク上の情報資源を加えた包括的概念として考案されたものである。確かに，図書館が提供する情報資源として新たに登場した「ネットワーク情報資源」については，有料情報資源の利用契約や代金支払い，図書館ホームページ上での利用ポータルの整備やメンテナンスなど，資料収集のサブプロセスや資料の蓄積・保管サブプロセス等の面で，従来の「図書館資料」に対する処理作業とは異なる対応が必要である。しかしながら，どのような「ネットワーク情報資源」を提供するかを判断する業務についての考え方は，従来の「図書館資料」を対象とした資料選択サブプロセスや，コレクション評価・再編サブプロセスと基本的に変わるものではないだろう。したがって，「図書館情報資源概論」の範囲は，従来の「図書館資料論」の範囲と大きく変わるものではなく，その延長上で考えられるものであるといえる。

　なお，文部科学省が「図書館情報資源概論」の内容として挙げている項目のうち，出版流通の項目には「主な出版者に関する基本的知識を含む」というただし書きが，また，図書館業務と情報資源に関する知識の項目には，「主な著者に関する基本的知識を含む」というただし書きが，それぞれ記されている。これは，資料の選択と収集という実務に携わる者として，主要な出版者（社）の名称や特性，さらには著作活動を行っている主要な人物の名前や著作特性などについての知識をもっていることが，基本的に重要であるという認識に基づいている。しかしながら，個別の出版者（社）や著者の動向については変動も激しいため，本書では，個別具体的な名前を挙げることはしていない。この点については，『出版年鑑』（出版ニュース社）や『出版指標年報』（出版科学研究所）などの統計に絶えず目を配り，その動向把握に努めることが必要である。

1章 図書館情報資源とは何か

1. 有形出版物としての図書館情報資源

(1) 情報と記録化

　「事実，思想，感情などが他者に伝達可能な形で表現されたもの」[1]を情報と大まかに定義するならば，今日，私たちは，おびただしい量の情報が飛び交う中で，日々の生活を送っていることになる。テレビ・ラジオや新聞，雑誌，その他の各種出版物，チラシやダイレクトメール，インターネット上のさまざまな情報，さらには，町中の看板，掲示など，数え上げればきりがないほどである。また，私たち自身も，電話やファックス，手紙，電子メール，ブログ，ツイッターなど，個人としてさまざまな情報を発信している。このように，私たちは，情報の発信と受信を繰り返しながら，社会生活を送っているのである。社会的存在としての人間は，他者との相互の情報伝達を欠いては生きていくことはできないことを考えれば，これは当然のことであろう。

　ところで，こうしたさまざまな情報を分類する観点として，〈記録されているか否か〉ということは，決定的に重要な観点である。なぜなら，非記録情報は一過性のものとして消えていく宿命にあり，呼出し・再利用のためには人間の記憶に依存するしか方法がない。しかも，記憶は間違いと忘却を伴いがちであるという欠点をもっている。それに対して，〈記録される〉ということは，

1：日本図書館協会用語委員会編. 図書館用語集. 三訂版, 日本図書館協会, 2003.
　これに加えて，「ある特定の目的について，適切な判断を下したり，行動の意思決定をするために役立つ資料や知識」(『大辞林』三省堂, 1988)だけを〈情報〉と定義する，効果重視の考え方もある。

情報が，情報を発信した個体としての人間から離れた存在として固定化されるということであり，このことによって，記録情報は正確な保存と伝達が可能であるという，きわめて重要な意義をもつことになるのである。すなわち，電話で話したことや講演会で聞いたこと，テレビで見たことなどは，メモをとったり，録画などをしない限り，各人の記憶の中に保持されるしかないが，たとえば書物ならば，いつでもどこでも，同一の内容を，正確に繰り返し再生させることができるのである。

次に，記録情報を分類する観点として，〈記録された素材が持ち運び可能か否か〉ということが，重要な観点となる。なぜなら，同じ記録情報でも，岩壁や建造物の壁面などに記録されたものや，屋外広告塔などは，伝達の範囲がその場に制約されるのに対し，持ち運び可能な素材に記録されたものは，時間と空間を超えて，より広範囲な伝達が可能となるからである。

さらに，この持ち運び可能な素材に記録された情報を分類する観点として，〈大量に複製が可能か否か〉という観点がきわめて重要な意義をもつ。確かに，手書きで製作された一冊の写本は，時間と空間を超えて伝達が可能であるという点で，一過性情報にはない，いわば永遠の生命を与えられているということができる。しかし，印刷という，一つの版をもとにした大量複製技術の登場は，写本時代にみられた異本[2]の流通という問題を克服するとともに，情報を共有できる範囲を拡大し，情報の再利用，再生産の範囲を飛躍的に広げたという点で，画期的な意義をもっているといわなければならない。また，これにより図書館とアーカイブズ（文書館）の分離が実現することにもなった。

（2）記録情報メディアの進化

a．文字の獲得と記録の始まり

「人類がこれまでに経験したコミュニケーションの大革命は3回あったという。最初の革命は言語を使うようになった時。二番目は文字を使い始めた時。

2：元来，同一の書物であるが，書写の繰り返しなどの事情によって，文字や順序などに異同を生じている本。こうした異本を照らし合わせて，誤謬，脱落などを検討し，類書中の標準となるように本文を定めた書を定本という。

1．有形出版物としての図書館情報資源 | 3

元来の絵文字	90°ひっくり返された処	古代バビロニア	アッシリア	意味
				鳥
				魚
				ロバ
				牡牛
				太陽・日
				穀物
				畠
				鋤く，耕す
				ブーメラン，投げる
				立つ，行く

1−1図　楔形文字（『粘土に書かれた歴史』岩波新書，1958，p.59より）

三番目は印刷を発明した時である。」[3]ともいわれるが，人類が情報の相互伝達の手段として，いったい，いつ頃に言語を獲得したのかは，今のところ定かではない。数十万年も前のことだともいわれるが，相当長い期間にわたって「人類が文字を使わない言語文化—記憶による伝承—を行なってきたのも事実であ

3：プリンティングカルチャー—今，甦える文字と印刷の歴史．ミズノプリテック，1993，p.1．これに加えて，1970年代からのコンピュータ革命を，コミュニケーションのもう一つの大革命として挙げる必要があるだろう．〈フェザー，J.；高山正也，古賀節子訳．情報社会をひらく．勁草書房，1997，188p.〉等を参照．

しかし，音声言語を媒体とした情報伝達は，その場限りのものであり，正確な再現が困難であった。こうした限界を乗り越えるために，人類は記憶の一助として，単純な記号を身近な素材に書き付けたり，絵を描いたりすることを始めた。〈記録の始まり〉であり，数万年も前のことであった。「しかし，その記号やシンボルが体系づけられ，複雑な感情や考えまで表現できる〈文字〉となるまでには，長い時間が必要だった。」[5]

歴史上初めて文字を生み出したのはメソポタミアのシュメール人で，今から5,000年以上も前の紀元前3000年頃のことであった（楔形文字，cuneiform）（1-1図）。ほぼ同じ頃，エジプトでもヒエログリフ（神聖文字，hieroglyph）と呼ばれる文字が考案された（1-2図）。さらに，中国でも，紀元前1500年頃，甲骨文字がつくられた（1-3図）。いずれも，絵文字から発達した象形文字であった[6]。こうした文字によって，人類は，複雑な内容の情報を記録し，それを広く共有することを可能としたのである。文字の発明こそは〈本格的な，真の記録の始まり〉であった。

1-2図　ヒエログリフ

1-3図　甲骨文字

4：ジャン，ジョルジュ；高橋啓訳. 文字の歴史. 創元社，1990，p.3.
5：ジャン，ジョルジュ. 前掲注4，p.16.
6：象形文字が人類の文字の第一の発明と呼ばれるのに対し，紀元前1500年頃に登場したアルファベットは，一つの文字が一つの音を表し，それらを組み合わせて言葉を作るという点で，文字の歴史における革命であり，人類の文字の第二の発明と呼ばれる。

b．書写材料の変遷：紙の発明まで

　人類が書写の材料として利用したものは，時代と地域によりさまざまであった。有名なアルタミラ（スペイン）やラスコー（フランス）の洞窟壁画（旧石器時代後期のもの）は，岩壁を利用して刻みつけたものであり，古代エジプトの神殿の壁や柱にはヒエログリフが，また，メソポタミアの宮殿の壁には絵とともに楔形文字が記されていた。しかし，これらは，その場を離れて持ち運ぶことができなかった。

　一方で，人類は，次に示すように，身近にあるさまざまな持ち運び可能な素材を書写材料として利用するということをしてきた。それらは，そのまま〈書物・本〉のプロトタイプ（原型）となるものであった。

　①粘土……メソポタミア地方で紀元前3000年頃から使われたもので，粘土が柔らかいうちに葦の尖筆（スティルス）で楔形文字を刻み，日干し，または素焼きにした。粘土板（clay tablet）または陶本とも呼ばれる（1-5図）。

　②パピルス……高さ2メートルほどの水草の一種で，茎の中の髄を薄くそぎ，それを縦・横に重ねて水分を加え，布で挟んで木槌で丹念に叩いた後乾燥させる。文字は葦のペンとインクで記された（1-6図）[7]。紀元前3000年頃の古代エジプトで考案され，地中海世界に広まった。片面しか書けなかったが，原料が安価で手に入りやすく，早く書けるという利点があった。

　③動物の皮……羊や山羊の皮でつくったパーチメント（羊皮紙）と仔牛の皮でつくったヴェラム（犢皮紙）があった。強靭で耐久力があり，滑らかで両面書写が可能などの利点から，パピルス紙にとってかわった。ただ欠点は，高価だったことである[8]。紀元前2世紀頃の小アジアで考案されたが，ヨーロッパでは，中世1,000年間を通して15世紀頃まで書写材料の中心として用いられた。

　④植物の葉・竹・木……古代インドを中心とする東南アジアでは，多羅樹の葉（貝多羅〔葉〕という，1-7図）に経文などを書きつけた。また，中国で

---

[7]：ヒエログリフのような凝った書体は，パピルスに書くには適さなかったため，ヒエラティック（神官文字）やデモティック（民衆文字）などの草書体が考案された。
[8]：聖書一冊に210頭から225頭の羊が必要だったという（トマス, A. G.；小野悦子訳. 美しい書物の話. 晶文社, 1997, p.22）。

は，紀元前から，竹簡・木簡と呼ばれる細幅の竹片や木片が利用された。日本でも，多くの木簡（1-10図）が発掘されている。

⑤その他……他にも，歴史的には，石，貝，象牙，獣骨，金属板，絹布，麻布，樹皮など，およそ考えられる限りの身近な素材が利用された。

⑥紙の発明と伝播……ところで，原料が安く大量生産が可能なこと，一定以上の耐久力があること，しかも書きやすく，軽くて扱いやすいことなど，多くの利点により書写材料に革命をもたらしたのは〈紙〉であった。紙は，西暦105年に中国の蔡倫（サイリン）が発明したとされるが[9]，それは画期的な書写材料として全世界に広まった。わが国には7世紀初めに伝えられたが，西方にはシルクロードを経由して，アラビア半島から地中海沿いに伝播し，12世紀半ばにスペインに入った。しかし，ヨーロッパ全土に製紙法が広まるのは16～17世紀初めのことであった（1-4図）。

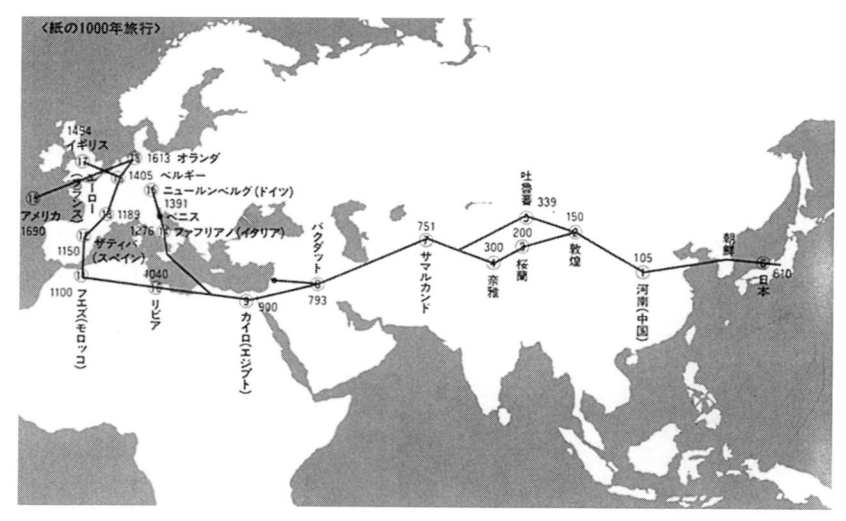

1-4図　製紙法の伝播経路と時期
（『プリンティングカルチャー』ミズノプリテック，1993，p.19より）

9：樹皮と麻やぼろ，魚網などの植物繊維を漉すきあげたものであった。実際には，これより200年も前に紙は発明されていたようで，蔡倫は発明者というよりも，大成者，完成者というのが本当のようである。

c．記録情報の物理的形態：冊子本へのあゆみ

　書写材料の違いは，記録情報のさまざまな物理的形態を生み出した。〈粘土板〉（1-5図）は綴じることもつなぐこともできなかったが，〈パピルス紙〉（1-6図）は何枚もつなぎ合わせることによって巻子本形態を生んだ。また，〈貝多羅(バイタラ)（葉）〉は，重ねて，真ん中にあけた穴に通した２本の紐でつなぎ，上下に表紙のような板をあてて用いた（貝多羅葉本(バイタラようぼん)，1-7図）。〈竹簡や木簡〉(かん すぶん)（1-10図）は，１本に１行の文字を書き，これを紐で編んでつなげて巻物とした（冊書(さくしょ)と呼ぶ）。しかし，両面書写が可能で，折りた

1-5図　粘土板文書
(『文字と書物』同朋舎，1994，p.9より)

1-6図　パピルス文書（『文字と書物』同朋舎，1994，p.20より）

▶貝多羅（葉）は高さ12〜30m，直径0.6〜1mのヤシの樹の葉で，葉は大きな扇子のように折りたたまれている。この葉柄をほぐして切りそろえ，蒸したりしてシート状にする。この両面に竹製のペンで墨書する。または，とがった鉄筆で文字を書き，油でねった木炭の粉を塗って経文などを書き，穴をあけて紐で綴じ，冊子にする。

1-7図　貝多羅葉本
（『プリンティングカルチャー』ミズノプリテック，1993，p.89より）

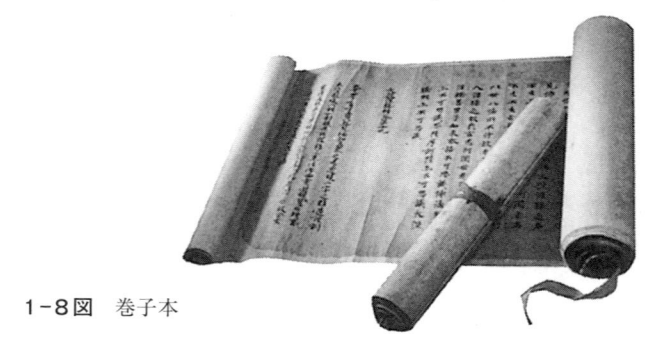

1-8図　巻子本

1-9図　折り本

たみ自由な〈皮紙〉の登場は，巻子本から，製作，保管，利用に便利な冊子本（コデックス，codex）へという書物形態の革命的変化を生んだ。そして，書写材料が紙にかわった後も，今日まで，最も一般的な情報記録形態としての地位を保ち続けてきている。9世紀半ばには，中国でも巻子本を折り本にする技術を経由して冊子本の時代に入った（1-8，1-9図）。

d．記録方法の革命：印刷術と大量複製

情報を文字や絵を用いて記録する方法としては，歴史的には，手書き時代が圧倒的に長い。葦の尖筆で刻んだり，ペン（葦や羽製）や筆とインクを用いたり，時代により道具は違ったが，人が一点一点手作業で書き付ける点は同じであった。

こうした写本（manuscript）の世界に革命をもたらしたのが印刷術である。一般には，印刷は木版印刷から金属活字や木活字による活版印刷へという流れをたどったが，いずれも中国で発明されたものである。中国の木版印刷は7～8世紀の唐代に始まり，宋代にその黄金期を迎えた[10]。

一方，この頃から元・明の時代にかけ，陶活字本や木活字本，銅活字本などの活版印刷も始まった。しかし，中国では，あくまで木版印刷が主流であった。

西洋でも，14世紀末から15世紀初め頃に，

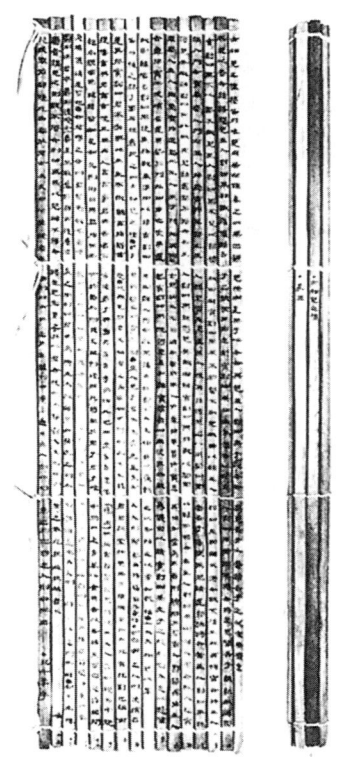

1-10図　木簡（長澤規矩也『図解図書学』汲古書院，1975より）

中国の木版印刷術が伝えられたが，ほどなくグーテンベルクによる活版印刷術の発明を迎え（1450年頃），木版印刷は短命に終わった[11]。鋳造が容易な鉛合金を使い真鍮(しんちゅう)の鋳型で作った精度の高い金属活字，油性のインク，均質なプレス

10：印刷本を〈刊本〉といい，活版によるものを〈活字本〉，木版によるものを〈版本〉と呼ぶ。なお，わが国では，770年に，現存する最古の印刷物である「百万塔陀羅尼経」が印刷された。宋代の刊本を宋版と呼ぶ。同様に元代，明代のそれは元版，明版と呼ばれる。これら漢籍の中で，中国本土では散逸し残存しないが，日本の文庫や図書館に所蔵されている漢籍は〈佚存書（いつぞんしょ）〉と呼ばれ珍重されている。

11：活版印刷術の発明後1500年までの50年間にヨーロッパで印刷された書物は「インキュナブラ（incunabula）」(ようらん)（揺籃期本）と呼ばれ，珍重されている。

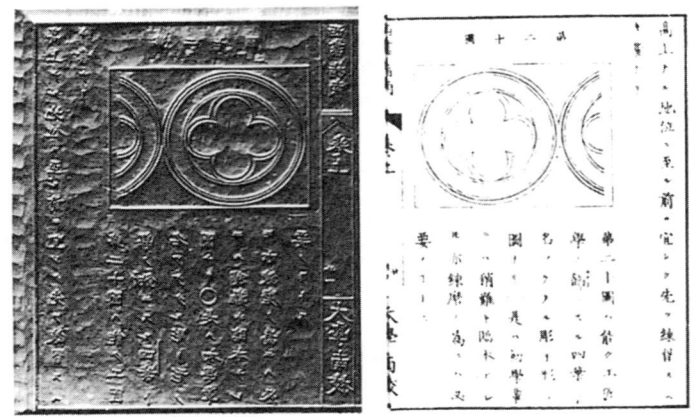

1-11図 木版印刷(右)と版木(左)(「印刷技術のあゆみ展」カタログ,1979より)

1-12図 活版印刷術(『文字と書物』同朋舎,1994,p.40より)

が可能な印刷機の使用など,画期的な技術であった。もちろん,製紙技術の広がりも大きな助けとなった。ルネサンスを時代背景として生まれたこの発明は,羅針盤・火薬と並ぶ近代をもたらした三大発明と呼ばれ,社会・文化全般の革新と発展に大きな影響を及ぼした。特に,印刷による同一内容情報の大量複製は,知識・情報の伝播・普及と特権階級からの学問の解放に大きく寄与すると

ころとなった。

　このようにして，〈紙〉に〈印刷〉された〈冊子形態〉の記録物という，今日，私たちの誰もが〈書物・図書・本〉としてイメージする出版物ができあがったのである。

e．音や視覚的イメージの記録とメディア変換

❶文字以外の情報記録技術の開発　　活版印刷の始まりは，確かに記録方法の革命的変化であったが，1970年代にコンピュータの普及とともに，コンピュータ組版システム（Computerized Typesetting System：CTS）が登場・実用化することで，従来の活字組版は急速に姿を消し，本づくりの実態は大きく変わることになった。そして1990年代に入ると，原稿作成から編集，レイアウトなどの作業をすべて机上のパソコンで処理するデスクトップ・パブリッシング（Desktop Publishing：DTP）という出版物の作成技法が大きく広がることになり，現在では，商業出版物の編集作業はほとんどDTPで行われるまでになっている。しかしこうした変化も，文字を使って記録するという5,000年前に始まった方式に本質的変化を生じさせるものではなかった。人間が言語によってコミュニケーションを図ろうとするかぎり，言語による文化伝達の優位が動かないのは当然であろう。

　しかし一方で，そもそも言葉（言語）では伝えられないか，不十分にしか伝えられない情報というものが存在することもまた事実である。文字（言語）のもつ限界を克服するものとしては，数量データの表現を可能にした〈数字や数学的記号〉，音楽を表現する〈音符システム〉の考案などが挙げられるが，文字の代用品をもってしても，私たちが耳で聞ける状態で音楽を記録することはできなかったし，風の音や鳥のさえずりをそのまま伝えることもできなかった。風景や事件の光景など，映像の記録も，描画や版画などで実物と似かよったものを伝えることができただけである。

　こうした〈音・聴覚的イメージ〉や〈画像・視覚的イメージ〉をそのまま記録する技術は，19世紀半ば以降の技術開発を待たなければならなかった。すなわち，〈写真技術〉の発明（1840年頃），動く映像を可能にした〈映画技術〉の開発（1890年代），さらに〈録音技術〉の考案（1850年代）などがそれであっ

た。こうして実現した視聴覚資料の誕生により，記録情報の範囲は画期的な拡大をみた。オーディオ・ビジュアル・コミュニケーションの幕明けであった。もちろん，こうしたオーディオ・ビジュアル資料（AV 資料）の登場は，記録材料や，記録の物理的外形に変化をもたらすとともに，その多くが利用の際に再生機器を必要とするという，従来の書物とは全く違った特性をもたせることにもなった。

2 メディア変換資料　　ところで，同一の情報内容を記録方法や材料を変えて記録した，いわゆる〈メディア変換，media conversion〉による新しい資料も誕生した。視覚障害者のための〈点字資料〉[12]や，貴重資料の入手・保存等を目的とした〈マイクロ写真資料〉などがそれであり，文字情報を中心とする従来の資料の置き換えであった。

　また，〈パッケージ系電子メディア〉と呼ばれる，さまざまな光ディスクを媒体とした〈電子資料〉も，基本的にはメディア変換資料と考えることができる。確かに，辞書や百科事典，書誌・索引等の二次資料などを中心とした CD や DVD での出版[13]，音楽におけるアナログ・レコードから CD への移行，映画など映像作品におけるビデオテープから DVD への移行などは，これまで記録できなかった対象を記録可能にしたものではなく，まさにメディア変換である[14]。こうしたデジタル化技術による電子資料は，情報収録量がきわめて大きいうえに，文字情報，画像情報，音声情報などを共に収録して利用できる〈マルチメディア化〉を可能にするとともに，従来のメディアにはない高度の検索機能をもち，保存性能も改良されてきていることから，単なるメディア変換にとどまらない画期的な機能をもつ媒体として活用されている。

　なお，〈電子資料〉や〈マイクロ写真資料〉の利用には，コンピュータや専

12：点字は1829年にフランスのブライユ（Louis Braille）が考案したが，日本では1890（明治23）年に五十音式に翻案されて導入された。なお，視覚障害児が触覚で鑑賞できるように製作された〈さわる絵本〉も一種のメディア変換によるものといえる。
13：電子出版（electronic publishing）といい，電子図書や電子雑誌がある。インターネットを利用したものは〈ネットワーク系電子メディア〉と呼ばれる。
14：ただし，コンピュータプログラムを記録した各種アプリケーションソフトやゲームソフト等，必ずしもメディア変換資料とはいえないものもある。

用の再生機器が必要であり、この点はオーディオ・ビジュアル資料と同様である。

(3) 図書館資料とは何か

a. 記録情報としての図書館資料

人類は古来、前項で見たようなさまざまな持ち運び可能な書写材料を考案し、そこに情報の記録を行ってきたが、こうした記録情報は収集し保存することが可能であった。そのことが時間と空間を超えた情報の伝達と再利用を可能にしたのである。こうして人類の経験や知識が蓄積され、再活用されるようになったのであり、それなしでは人類の文化の発達はなかったといっても過言ではない。それは"人類の記憶"であり、"知的遺産"であり、貴重な歴史資料でもあった[15]。

結論から言うならば、こうした〈記録情報はすべて図書館資料となる資格をもっている〉。もっとも、記録資料の発展の歴史からみて、図書館資料の圧倒的大部分が図書や雑誌・新聞などの印刷資料であることは事実であるが、この他にも、チラシやビラの類、電話帳や各種名簿などもすべて図書館資料となり得るものである。さらには、私信(手紙など)や日記・メモなどの記録類も重要な図書館資料となり得る。なにも政治家や作家・思想家など有名人のものに限られるわけではない。自由な公開利用を認めるか否かは別として、名もなき庶民の記録が、人々が何を考えて生きていたかを伝える貴重な史料にもなることもまた明らかである[16]。また、各種の写真・映像資料、映画、さらにテレビ・ラジオの放送番組なども保存の対象になることは言うまでもない。

このように考えてみると、世の中に〈図書館資料〉という資料が存在するわけではない。また、ある図書館がすでに受入れ、収蔵している資料だけが〈図書館資料〉というわけでもない。〈図書館資料〉とは、図書館が収集し利用に

15：〈キエラ，E.；板倉勝正訳．粘土に書かれた歴史．岩波書店，1958〉や〈平野邦雄・鈴木靖民編．木簡が語る古代史　上下．吉川弘文館，1996〉などを参照。
16：米国議会図書館(Library of Congress)は、ソーシャルメディアの一つである『ツイッター(twitter)』から、2006年開設以降の公開設定ツイートをすべて寄贈により受入れ、サーバに保存することになった(ただし、私的なツイートは除く)。

供しようと意図した記録資料のことであって，すべての記録情報がその対象になり得るといえよう[17]。大事なことは，個々の図書館がどんな記録情報に収集・保存の意義を見出すかである。それは，各図書館の目的・存在意義によって決まるもので，収集の対象や構成などが館種や利用者のニーズによって自ずと異なるのは当然である。

b．図書館資料と文書館資料，博物館資料

ところで，図書館と文書館は本来同一であり，今日でも共通する特性を数多く有するが，同じ記録情報であっても図書館資料と文書館資料（archival material）の大きな違いについてはふれておかなければならない。文書館資料とは，「個人や，個人の集合体である組織体（役所，企業，団体など）が，その活動を遂行する過程で特定の目的をもって……記録した一次的な情報，つまりナマの記録群のうち……情報資源として……保存されるべきもの」であり，それらは，「発生組織体の機構や活動の流れを反映した"秩序ある群"（＝有機的な構造体）として存在している」[18]とされる。すなわち，文書館資料は，発生源を明らかにする〈出所原則〉と〈原秩序尊重の原則〉をもち，資料一点ごとの分類ではなく，資料群が作成された状況が再現できるように全体の編成を重視するという点も，図書館資料との大きな違いの一つである。たとえば，あるテレビ番組を選択して記録し資料に組み入れれば図書館資料だが，テレビ局が作成した番組フィルムをその制作順に一括保存することになれば，それはフィルム・アーカイブズ（film archives）である（番組の企画，脚本，出演者との交渉記録等を一括保存することもあり得る）。確かに，図書館がこうした文書館資料を収蔵する場合もあるが（○○家文書など），ナマの記録文書である公文書や古文書・古記録類については，公刊された複製資料を主とする図書館資料とは区別して，文書館に集積されるのが最近の傾向である。したがって，文書館が存在するところでは，文書館と図書館が任務分担を図ることが望ましい

17：図書館の収集対象を，辞書や百科事典は，「図書・記録その他の資料」「記録された文化財」「言語的・図象的な記録された知的文化財」「人類の知的所産である図書をはじめとする記録情報」など，さまざまな表現で説明しようとしている。

18：安藤正人・青山英幸編. 記録史料の管理と文書館. 北海道大学図書刊行会，1996, p.2-3.

であろう。

　また，博物館で収集・保存・展示される「実物，標本，模写，模型，文献，図表，写真，フィルム，レコードなど」は博物館資料（museum material）と呼ばれるが，公共図書館の地域・郷土資料の中にも，こうした実物や標本類が含まれることがある[19]。これらは博物館的資料と呼ばれるが，図書館資料の中核ではなく，できれば，これも博物館との間で任務分担を図ることが望ましい。

　しかしながら，図書館資料は，必ずしも博物館資料や文書館資料と排他的な概念というわけではないことには留意する必要がある[20]。

　本来，図書館と文書館，博物館は一体であり，人類の経験に基づく記録資料類を集積する社会的制度であったが，記録形態，方式の多様化，進歩に伴い，それぞれに分化してきたという歴史的経緯がある。最近では，各種関連記録類を総合的に利用・研究すべく，M（Museum），L（Library），A（Archives）連携の必要性が提唱されている[21]。

（4）図書館資料の類型

　図書館資料の類型化の視点はさまざまであるが，主要なものを以下に挙げる。

■1 形態からみた類型

　①手書き資料（書写資料）……写本や古文書，古記録類が中心であるが，本質的に一点資料であるため，異本が生じる可能性が大きく，特別な存在である[22]。文書館資料として扱われる事例が多い。

　②印刷資料……図書館資料の中心的存在である。図書を筆頭とし，雑誌・新聞・年鑑などの逐次刊行物，パンフレット・リーフレット・一枚ものなどのファイル資料，その他紙芝居，楽譜，地図など多くの種類が存在する。

　③手書き以外の非印刷資料……写真・スライドなどの視覚資料，レコード・CDなどの聴覚資料，ビデオテープ・DVD・映画フィルムなどの映像・音響資

19：学校図書館で扱われる教材資料などにも，こうした実物や標本類が含まれる。
20：日本図書館情報学会編．図書館情報学用語辞典．第3版，丸善，2007．
21：水谷長志編著．MLA連携の現状・課題・将来．勉誠出版，2010，296p．
22：古文書，古記録類については，文書館が存在する場合には，任務分担を図ることが望ましい。

料（以上まとめて視聴覚資料という）をはじめ，マイクロ資料（中心はマイクロフィルム），パッケージ系電子メディア（CD-ROM，DVD-ROMなどの電子資料）などがある。このほか，点字資料やさわる絵本（手作りではあるが）などの触覚による資料を挙げることができる。

　④博物館的資料……民芸品，各種民俗資料，出土品などの実物，標本や，三次元地図資料であるジオラマ（地形模型）などの立体資料が含まれるが，図書館資料の中心ではない。もっとも，立体資料だから博物館的資料であるというわけではない。たとえば，立体地図（地球儀などを含む）と平面地図は，単なる記録形式の違いにすぎず，ともに立派な図書館資料である。

2 サービス対象からみた類型

　①一般成人向け資料
　②ヤングアダルト向け資料……12歳から18歳ぐらいまでの青少年が対象。
　③児童向け資料……幼児から中学1年生程度までの児童が対象。
　④視覚障害者用資料……点字資料，拡大図書，録音資料，さわる絵本など。

3 用途からみた類型

　①閲覧・貸出用の一般資料
　②レファレンス用資料……レファレンスブック（参考図書）が中心であるが，自館作成・編成の，いわゆる〈インフォメーションファイル〉などもある。

4 刊行元からみた類型

　①民間出版社により刊行された資料
　②官公庁により刊行された資料……政府刊行物や地方行政資料と呼ばれる。
　③自作資料

2．無形出版物としての図書館情報資源[23]：ネットワーク情報資源

（1）ネットワーク情報資源とは何か

　最近では，パソコンはもちろん，携帯電話やスマートフォンからもインターネットに簡単に接続できるようになり，情報を探すといえば，多くの人がインターネットを利用するのが一般的となっている[24]。私たちの生活にとって身近な存在となったインターネットであるが，インターネットそのものは情報を伝達するメディアであって，情報そのものではない。私たちがインターネット上で検索し，接するさまざまな情報は，だれかが作成し，蓄積し，発信したものである。このように，主としてインターネットを介して提供される情報を一般にネットワーク情報資源（networked information resources）と呼ぶ。

　ネットワーク情報資源の特徴の一つは，だれもが容易に情報の発信者になれるということである。特に，ブログやツイッター，SNS（social networking service），写真や動画の共有サイトなどのソーシャル・メディアの普及により，多くの人が簡単に情報を発信し，その情報を共有するなどして，双方向でコミュニケーションできるようになった。もちろん，こうしたツールを利用して情報を発信する人は，個人に限らない。国や地方自治体，学校や大学などの教育・研究機関，企業，NPO法人に至るまで多様である。伝統的に情報を発信してきたマス・メディアは，インターネット上ではその一部に過ぎない。

23：［国立国会図書館］納本制度審議会．オンライン資料の収集に関する制度の在り方について―答申．2010, p.5. を参照。この答申書では，インターネットなど，通信等により公表される電子出版物は，有形物ではなく，出版物と呼ぶのは正確ではないが，「出版」という用語には，何らかの編集過程を経た成果物の流通というニュアンスもあることから「出版物」という用語を使うことにしたと述べている。
24：インターネット利用者1,500人を対象とした2007年の調査では，「知りたいことやわからないことはまずネットで調べてみる」という問いに対する回答は，「非常にそう思う」が53.8%，「まあそう思う」が38.1%と，肯定的意見が9割を超えている（ネットユーザー白書2008．技術評論社，2008, p.13）。

このことは，情報の信頼性と裏表の関係にある。だれもが情報を発信できるということは，情報の内容もまた個人的なものから公式なものまで，種々雑多であるということである。図書や雑誌，新聞といったメディアで提供される情報は，編集という一定の認証を経ており，相応の質が保障される前提となっている。インターネットで配信される電子ブックや電子ジャーナル，電子新聞はこれと同様の手続きがとられる[25]。一方，個人が発信する情報の多くは，内容の信頼性を担保できるだけの第三者からの評価を受けていない。むしろ評価は，発信されたのちに，その情報に接した利用者が行うのが通例であろう。

　信頼性の問題と同時に，情報量の問題もある。検索エンジンを使った検索では，そのヒット件数は膨大だ。そのなかから，自らが求める情報を見つけ出さなくてはならない。インターネットを利用した情報検索では，欲しい情報が得られないという調査結果もある[26]。情報探索のスタート地点として，インターネットが身近な情報源となっているものの，そこには膨大な情報があり，多種多様に過ぎるのかもしれない。欲しい情報がどこにあるのか，なにを探せばよいのかといった，自らの情報ニーズに適切な情報源を特定できる能力こそがいま求められているのであろう。

　こうした多種多様な情報がインターネット上には存在するが，情報サービス機関としての図書館は，ネットワーク情報資源をどのように扱うべきなのだろうか。利用者一人ひとりのニーズや場面に応じて，利用者の主体的判断により情報の取捨選択が求められるのはもちろんであるが，同時に，利用者のニーズに応えるべく，図書館あるいは図書館員が事前に準備し，その内容に精通し，提供するという，いわば図書館コレクションに準じたものとして，ネットワーク情報資源を位置づけることが必要になることもありうる。図書館にとっては，総体としてのネットワーク情報資源の特性を理解することに加え，個々の情報資源の特徴を把握することも求められる。

25：国立国会図書館ではこれらをオンライン出版物と定義している。
26：マイクロソフトの調査によれば，「検索結果に欲しい情報が見つからない」と回答したのは58.1％であった（"Bing（TM） 日本版の正式サービスを７月13日（火）より開始"．マイクロソフト．）．http://www.microsoft.com/japan/presspass/detail.aspx?newsid＝3872,（参照2012-01-09）．

(2) ネットワーク情報資源の特性

　1節では，情報の記録化とその媒体（メディア）に焦点を当てて，図書館で扱う伝統的な情報資源の特性について検討した。そこで明らかとなったのは，①情報の形式によって，記録に用いられるメディアとその流通方法が決定されること，そして，②記録された情報はメディアという有形物に固定化されるということであった。

　一方，ネットワーク情報資源は，これまで図書館が扱ってきた情報資源とはその性格を異にする。たとえば，①に関していえば，ネットワーク情報資源で用いられる記録方法はデジタル化技術であり，文字情報，画像情報，音声情報，動画情報など，情報の形式を問わず同一の方法で，かつ大容量の情報を記録することができる。また，これらを組み合わせたマルチメディアによる情報表現も可能となる。もちろん，CD-ROMやDVD-ROMといったパッケージ系電子メディアも同様の性質を有するが，有形物であるがゆえに，記録情報量に制限がある。一方，ネットワーク情報資源は，蓄積されるサーバの記録容量にもよるが，ほぼ無制限に情報を記録できる。

　②についてはどうだろうか。インターネットというメディアを経由して提供されるネットワーク情報資源は，有形物に固定化されていないため，更新や修正が加えられ得るので，信頼性の面で不安定な情報であるということが挙げられる。一方，更新や修正が容易であるということは，ネットワーク情報資源の長所でもある。日々刻々と変化する状況を伝えたり，最新の情報を提供したりするニュースやデータベースは，その長所を生かしたサービスといえる。

　同時に，インターネットというメディアによる情報配信は，情報の頒布方法をも拡張した。図書やCDといった有形物に固定化された情報は，有形物そのものを大量に複製し，頒布するという方法で情報を伝達してきた。これに対して，ネットワーク情報資源は，メディアそのものの複製を伴わず，インターネットという一つのメディアを通じて，大容量の情報を高速，かつ一斉に複数の利用者に届けることができるという点に特長がある。

　その一方で，情報が記録されたメディアを所有することが情報そのものを所

有することと同義であった伝統的な情報資源とは異なり，ネットワーク情報資源を物理的に所有することは難しい。したがって，インターネット上で提供される情報資源の多くは，一時的にせよ，利用（アクセス）できなくなるかもしれないという不安定さと隣り合わせにある。その原因には大きく二つが考えられる。すなわち，情報資源そのものが消失したために起こる場合と，サーバやインターネットのトラブルというメディアに起因する場合である。いずれの場合でも，図書館で所有していた伝統的な情報資源とは異なり，ネットワーク情報資源は，あくまで図書館の外部にある情報資源であるという点に留意が必要である。

　ネットワーク情報資源は，情報そのものの単位に変化を与えている点にも着目しておきたい。インターネット上の情報資源は，その基盤技術であるウェブによって，ハイパーテキスト構造をもった情報として作成，配信されるのが一般的である。リンクによってさまざまな情報に導くハイパーテキストは，これまでのパッケージ化された情報資源の枠を超えた，非線形的な情報利用をも可能とする。求める情報，あるいは興味のある情報のみを拾い読みするといった利用がその典型例である。利用という観点からみた場合，情報そのものが断片化されており，情報の単位が不明確になっているともいえる。何を組織化の対象とするのかという，ネットワーク情報資源の組織化を考える上で重要な手がかりが提示されている。

（3）図書館資料とネットワーク情報資源

　繰り返しになるが，ネットワーク情報資源は，従来の図書館資料とは性格を異にする。しかし，インターネットを基盤とする情報社会において，これを抜きにして情報サービスを展開することはできない。ネットワーク情報資源をも射程に入れた情報サービスの構築が，今，図書館に求められているといえよう。そこで，ⅰ情報へのアクセス保障，ⅱ提供する情報の信頼性確保，という2点から，図書館情報資源としてのネットワーク情報資源について考えてみたい。

❶情報へのアクセスの保障　情報へのアクセス保障には，利用環境の整備と，収集・保存による物理的アクセスの保障という二つの対応が考えられる。

前者の対応としては，インターネットに接続できる PC を用意するなどインターネットの利用環境を整えること，有料コンテンツの利用契約を行うこと，情報検索講習会などの利用者支援サービスを提供することなどが挙げられる。

後者は，外部情報資源であるネットワーク情報資源を図書館が主体となって管理し，アクセスを保障する活動を指す。たとえば，国立国会図書館のインターネット資料収集保存事業（Web Archiving Project：WARP）や，オンライン出版物の収集の制度化は，情報そのものを収集，保存し，いつでもアクセスできるようにしようとするものである。また，図書館ではないが，アメリカの非営利法人 Internet Archive（http://www.archive.org/）が運営する Wayback Machine もまた，大規模なウェブ・アーカイブ・サイトとして知られている。

このほか，複数の図書館や関係機関が共同してネットワーク情報資源へのアクセスを保障する仕組みを構築する動きもある。たとえば，アメリカの主要な大学図書館等が参加する Hathi Trust Digital Library は，各図書館がデジタル化した資料を保存する共同リポジトリとして運用されている。また，出版社の倒産やネットワーク障害などによって，購読している電子ジャーナルや電子ブックの利用が妨げられないように，コンテンツそのものをアーカイブ・サーバに保存する LOCKSS や CLOCKSS[27]，Portico[28]，NII-REO[29]などの活動もある。

■2 **提供する情報の信頼性の確保**　　電子ブックや電子ジャーナルといったオン

27：LOCKSS（Lots Of Copies Keep Stuff Safe）はスタンフォード大学が開発したソフトウェアで，図書館が購読する電子ジャーナルのコピーをそれぞれの図書館で保存し，不測の事態に際し，保存していたコンテンツを提供する仕組みである。これを応用したものが CLOCKSS（Controlled LOCKSS）であり，世界中の図書館および出版社が協働して，12の研究図書館に設置されたアーカイブ・サーバにコンテンツを保存する活動である（http://www.lockss.org/，http://www.clockss.org/）。

28：学術雑誌の電子化を進める JSTOR が2002年に始めたプロジェクトに端を発する，電子ジャーナル・アーカイビング・プログラムである。出版社が提供した電子ジャーナルのコンテンツを保存することで，出版社が倒産したり，サーバに不具合が生じたときなどでも，利用者がコンテンツを利用できるようなサービスを構築している（http://www.portico.org/）。

29：国立情報学研究所が運営する電子ジャーナル・アーカイブ・サイトで，国内の大学図書館等が契約している電子ジャーナルを保存する（http://reo.nii.ac.jp/）。

ライン出版物の多くは有料コンテンツであることから，他の図書館資料同様，選択というプロセスを経る。商用データベースも同様である。ここで対象となるのは，無料のコンテンツである。

　これらのコンテンツを提供する方法として，図書館ウェブサイトにリンク集の一部として掲載したり，パスファインダーなど図書館が独自に作成する資料で紹介したりすることが挙げられる。ここでは，図書館員がネットワーク情報資源の評価者として機能するのである。インターネット上の図書や雑誌に関する情報源について扱った，実践女子大学図書館の「図書・雑誌探索ページ」がその好例である[30]。このほか，図書館が立地する地域や，所蔵するコレクションの特徴を生かしたリンク集やデータベースの作成なども行われている。

30："図書・雑誌探索ページ"．実践女子大学図書館．http://www.jissen.ac.jp/library/frame/index.htm，（参照2012-01-09）．

2章　図書館情報資源の種類と特質

1．有形出版物としての「図書館資料」

(1) 印刷資料

a．図書

　"図書（books）"とは，さまざまな情報を，文字を中心として図や絵，写真などによって表現し[1]，それを印刷した紙を複数枚綴じ合わせて表紙をつけた形態をしているものである。しかし，形態は同じでも，雑誌など逐次的に刊行される"逐次刊行物"とは区別され，さらに厚さの面でも一定以上のものを想定しているのが普通である。ページ数の基準は必ずしも明確ではないが，ユネスコでは，統計作業上，「うらおもての表紙を除き，49ページ以上の印刷された非定期刊行物」と定義しており，それより薄いものは，パンフレット（小冊子）と呼んで区別している。

　人間は，最も抽象化されたシンボルである言語によってコミュニケーションを図ることのできる動物であり，その言語（特に文字言語）による文化伝達の中心的役割を果たしてきた道具が図書であったし，それは現在でも基本的に変わってはいない。

　"図書"は，多様な内容をもつが，本来，出版に際しての編集段階で内容についての評価・審査もされているという前提の下で，ハンディーで，コンパク

1：図書とは，中国の古典「易経」中の句「河出図，洛出書」を出典とする「河図洛書」の略といわれる。すなわち，絵図と文字を意味している。もっとも，写真集や絵画集，統計書，漫画本など，文字を含まないか，部分的にしか含まないものもあり，必ずしもすべてが文字中心の情報というわけではない。

トで，相応の耐久性もあり，値段も適度であることから，「最も古くからある記録メディアとして，すでに完成の域に達している」[2]といわれる。その理由は，情報へのアクセスのしやすさと，読み手の主体的な対応が可能であり，また必要とされてもいることである。すなわち，内容を読み取るのに何の装置も必要としないし，「読み手が主体となって読むスピードや順序をコントロールすることができる」[3]。つまり，「読みながら考えたり，一度読んだところに再度戻ったり，読み比べたりといった反復の過程を可能にする。……（そして）この過程が深い思索と批判的な思考を可能にする」[4]のである。

　図書（特に市販図書）の出版状況については，『出版年鑑』（出版ニュース社）に詳しいが，それによると，年間の新刊出版点数は，1977年には25,148点であったものが，1994年に53,890点と約2倍になり，その後は，1996年に60,462点，2001年に71,073点となり，2005年以降は約8万点を数えるまでに至っている[5]。また，収集する側の図書館でも，図書は，いまでも図書館資料の中心であり，公共図書館の場合，資料費の75％程度を占めている（ただし，大学図書館では30％〜40％弱程度である）。

　しかし，こうした出版点数の大幅な伸びも，売れ行き不振を新刊を増やすことで補っているだけだとの批判もある。また，コミック本や軽い読み物，人気タレントの本（すべてが軽いわけではないが）など，安直な本作りが批判されてもいる。本が消耗品化し短命になっているのであり，それがまた売り上げ減や高い返品率を招くという悪循環を起こしているといわれる。出版が営利行為であり，図書が商品として流通するものであるかぎり，出版界がこうした社会の変化に敏感に対応するのはやむをえないことかもしれない。さらには，ビジュアルな文化の浸透に伴い，そもそも文字主体の本やいわゆる"かたい本"が売れなくなっており，その背景に活字離れ，思考離れといわれる現象が進行しつつあるという問題も指摘されている。

2：三浦逸雄，根本彰．コレクションの形成と管理．雄山閣，1993，p.33-34．
3：前掲注2と同．
4：前掲注2と同．
5：国立国会図書館における日本語図書の受入れ数は，2010年度までの5年間で年平均15万冊であり，市販図書以外の出版物が7万点余り存在することがわかる．

1. 有形出版物としての「図書館資料」 | *25*

　一方，伝統的な印刷形態の図書の短所も明らかになってきている。特に，近年発達の著しい電子資料（パッケージ系とネットワーク系があるが）は，次のような場合には，図書に比べて圧倒的に有利である[6]。
　①頻繁に変化する情報を扱う場合……時刻表や為替レート，図書館目録などは，冊子よりオンラインで提供する方が最新性を保つことができる。
　②情報を再編・加工する必要がある場合……統計データ等はその代表である。
　③膨大な情報の中から特定の語句等を検索しようとする場合……コンコーダンス（concordance，本や作品の用語索引）や書誌・索引類が最も良い例である。
　④遠隔地にある資料の通覧を可能にしたい場合。
　⑤情報内容の迅速な伝達が要求される場合……図書という媒体を経ないで，コンテンツだけを電子化して提供した方がよいことは明らかである。
　こうしたことから，今後は，伝統的形態の図書，パッケージ系電子出版物としての図書，ネットワーク系メディアとしての電子書籍等が，それぞれの特性を生かしながら，一層の住み分けを進めていくことになるであろう。

b．逐次刊行物

❶逐次刊行物とは何か　　逐次刊行物（serials）とは，次のような特徴をもつ出版物のことである[7]。
　①同一標題（title）を掲げて分冊刊行される継続出版物で，通常，各分冊とも同一形態をしている。
　②あらかじめ最終期限を定めず連続して刊行することが意図されている。
　③各分冊には巻・号（volume-number），通巻番号，年（月）（日）など，刊行順序を示す一連の表示（追い番号）が付いている。
　ところで，これら三つの条件による逐次刊行物の判定については若干の説明が必要である。

6：Buckland, Michael. Redesigning library services：a manifesto. ALA, 1992. p.45.
　　（高山正也，桂啓壮訳．図書館サービスの再構築：電子メディア時代へ向けての提言．勁草書房，1994，p.67-68）．
7：日本図書館情報学会編．図書館情報学用語辞典．第3版，丸善，2007．

第1は，出版社が主にその社名を冠したシリーズ名（○○文庫，新書，選書など）を付けて逐次的に刊行する，いわゆる〈出版社シリーズ〉（publisher's series）についてである。これらは，シリーズを構成する各著作が内容と形態において完全に独立・完結した著作物であることと，なによりもその刊行形式が出版社の販売政策上とられているにすぎないことから，逐次刊行物とは呼ばない。

第2は，〈モノグラフシリーズ〉（monograph series）と呼ばれる出版物についてである。モノグラフとは専攻論文とも訳され，ある特定の問題だけを詳しく研究した著述のことであるが，研究調査機関などが，統一的な主題テーマの下に，各冊それぞれの著者と標題をもつモノグラフ（一冊一論文形式）を，統一的なシリーズ名のもとに逐次的に刊行していく場合がある。これらは内容的に各冊独立した著作物とみることもできるが，シリーズの目的という観点からは，出版社シリーズよりはるかにまとまりがあるので，逐次刊行物の範疇に入れられる。ただ，一冊一論文であることから，図書館では図書と同様に扱われることもある。いずれにしても，扱いを逐次刊行物とするか，単行書とするかについては，シリーズごとに一貫した処理を行うことが大切である。

第3は，あらかじめ完結を予定して刊行されるもので，○○講座，叢書，大系などといった共通シリーズ名をもつ出版物である。これらはもちろん逐次刊行物ではないが，完結までに20年以上を要するものもあり，欠巻が生じないよう，完結までは，逐次刊行物と同様の受入れ方法がとられる。分冊刊行される辞書や百科事典などの扱いも同様である。

ところで，逐次刊行物にはその刊行頻度によって〈定期刊行物〉（periodicals）と〈不定期刊行物〉（irregular serials）の二種がある（2-1表）。刊行期日があらかじめ定まっているものが定期刊行物であり，刊行回数や

2-1表 逐次刊行物の刊行頻度

- 定期刊行物
  - 日　刊（daily）
  - 週　刊（weekly）
  - 旬　刊（decadly）
  - 半月刊（semimonthly）
  - 月　刊（monthly）
  - 隔月刊（bimonthly）
  - 季　刊（quarterly）
  - 半年刊（semiannual）
  - 年　刊（annual）
  - 隔年刊（biennial）
- 不定期刊行物

1．有形出版物としての「図書館資料」 | 27

2-2表　著作物の区分

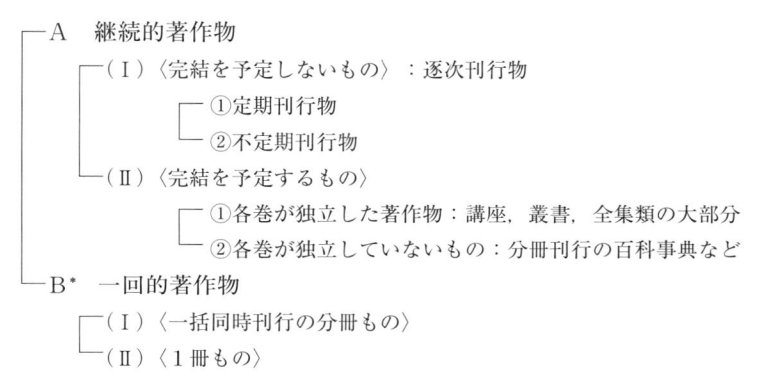

```
─A　継続的著作物
│  ├─（Ⅰ）〈完結を予定しないもの〉：逐次刊行物
│  │        ├─①定期刊行物
│  │        └─②不定期刊行物
│  └─（Ⅱ）〈完結を予定するもの〉
│           ├─①各巻が独立した著作物：講座，叢書，全集類の大部分
│           └─②各巻が独立していないもの：分冊刊行の百科事典など
└─B*　一回的著作物
    ├─（Ⅰ）〈一括同時刊行の分冊もの〉
    └─（Ⅱ）〈1冊もの〉
```

B*については「単行書（本）」の語を当てることもあるが，定義が必ずしも明確ではないので，その使用を避けた。

刊行期日が確定しておらず必要に応じて刊行されるのが不定期刊行物である。逐次刊行物を含む著作物の区分を整理すると2-2表のようになるだろう。

❷逐次刊行物の種類

（1）雑誌

　雑誌（magazine, journal）は，逐次刊行物の中で最も重要な位置を占めるとともに，印刷資料として図書と並ぶ二大情報源である。その特徴は，ⅰ内容的には，論文，評論，解説記事，文芸作品，その他雑報など，文字どおりさまざまな記事があり得るが，一定の編集方針に従って複数の記事を掲載していること，ⅱ通常，週以上の間隔で刊行されること（季刊程度までが最も多い），ⅲ原則として，仮綴じ冊子形態であること，などである。雑誌は，図書に比べて比較的刊行が容易なこと，刊行頻度が高いこと，部分的，断片的記事の掲載が可能なことなどから，図書では得られない最新の研究成果や情報の速報や，図書になりにくい狭い専門分野や未確立の分野の情報提供に適したメディアとなっている。また，気軽に読める読み捨て的娯楽情報の提供にも利用される。

　なお，"雑誌の書籍化"（一つのテーマで編集され，不定期に刊行される増刊，別冊などは，在庫を持ち，いつでも注文に応じる書籍的販売を行う）と，"書

籍の雑誌化"（書籍のレイアウトが雑誌的に，アトラクティブになる）を背景に登場したものとして，雑誌と書籍の中間的な性格をもつ"ムック"（mook）[8]があり，増刊，別冊ではなく，独立した"ムック・シリーズ"も増えている。ジャンルとしては，料理，ファッション，手芸・編物，家庭・生活，コンピュータ，映画・アニメ，住宅・リビング，音楽，レジャー，スポーツ，などがあるが，定期雑誌の不振をカバーするためという出版社の事情もあるといわれている。

　雑誌には次のような種類がある。

　①一般誌……市販を目的に刊行されるもの。高度の専門誌から，漫画雑誌まで，その範囲はきわめて広い。商業誌であるため，読者の好みの変化に対応して，創刊，廃刊，誌名変更など変動が多いのが特徴である。ジャンルも，伝統的な総合雑誌，文芸雑誌，男性誌，女性誌などに加えて，情報誌，科学雑誌，趣味誌，スポーツ誌，コミック誌など，多様である。刊行頻度は，月刊誌が圧倒的に多く，他に週刊，半月刊，隔月刊，季刊などがある。『出版年鑑』2011年版では4,056誌が報告されているが（2-3表），2007年以降，休刊誌の数が創刊誌の数を上回るようになっており，全体の雑誌点数は減少傾向が続いている[9]。

　②学術誌……学術論文を主たる内容とするもの。中核は専門学会誌であるが，数の上では，学術的活動を行う各種協会や大学，研究機関などの〈紀要〉類が圧倒的に多い（論集，論叢，研究報告，研究年報などという誌名も多い）。刊行頻度は，年次の業績報告として年刊が多く，不定期刊もある。市販されるものもあるが，会員への限定配布が多い。大学の紀要については，一冊の雑誌にいろいろな学問領域の論文が混在するなど，学術論文の流通メディアとしての問題も指摘されている。学術誌は，その掲載論文の査読審査の体制が整備・確立しているか否かが，その学術誌の価値を定める大きな要因となる。なお，近年，こうした学術誌については，国立情報学研究所や科学技術振興機構のサイ

8：雑誌（magazine）と書籍（book）との合成語として日本で作られた言葉。
9：国立国会図書館の「雑誌記事索引」で現在採録中の雑誌数は約1万誌に上り，『出版年鑑』の統計以外に，多くの学術誌，専門誌が存在することがわかる。

2-3表　分類別雑誌点数

分類	点数	分類	点数	分類	点数
図　　書	95	風俗習慣	21	諸芸娯楽	162
総　　合	59	自然科学	48	日本語	19
哲　　学	23	医学衛生	443	英　語	14
宗　　教	76	工学工業	425	他外語	8
歴史地理	116	家政学	260	文学文芸	94
政　　治	48	農畜林水	93	詩	10
時局外事	41	商　　業	73	短　歌	22
法　　律	45	交通通信	150	俳　句	30
経済統計	152	芸術美術	86	読　物	446
社　　会	146	音楽舞踊	96	女　性	75
労　　働	44	演劇映画	72	少年・少女	160
教　　育	148	体育スポーツ	249	学習受験	7
				計	4,056

ト，あるいは学術機関リポジトリ等から，インターネットを通して本文公開されるものが増えている。

　③官公庁誌……中央官庁や地方自治体等が刊行するもので，市販されるものもあるが，一般に入手しにくいものも多い。しかし資料価値の高いものが多く，重要な情報源である。官公庁の設置するさまざまな試験研究機関の研究調査報告書類は学術誌でもあるし，自治体の広報誌なども重要である。

　④団体・協会誌……会員頒布を目的とする会報誌的なものが中心である。

　⑤同人誌……文学系統のものが多い。同好の士が自らの作品の発表の場や情報交換の場とするために刊行するもの。

　⑥企業誌……PR誌や社内報のほか，研究成果や新製品・技術の発表を行う技報などがある。

　ところで，公共図書館での雑誌の収集状況はというと，市区町村立図書館のバックアップ機能を担う都道府県立図書館では，全体の8割が1,000誌以上を

受入れており，3,000誌以上も10都府県を数えている。しかし，東京23区と政令指定都市を含む市区立図書館では，400誌を超える図書館はわずかであり，地方自治体の財政難による資料費削減の中で，雑誌の受入れ数は低迷している。

　一方，大学図書館の場合には，公共図書館に比べて雑誌への依存度がきわめて高く，特に膨大な数の外国雑誌の収集も必要なため，大学単位での収集には限度がある。そのため，国立大学拠点図書館に外国雑誌センター館を設置したり，分担収集を進めるなどの対応がとられてきたが，近年では，電子ジャーナルの導入が急速に進められている。大学図書館の資料費に占める雑誌経費は平均で26.8％，電子ジャーナルは28.0％，両者を合わせると54.8％にも達している[10]。

(2) 新聞

　新聞（newspaper）は次のような特徴をもっている。ⓘ時事的ニュースの報道を中心に，解説，論評，その他の記事を迅速かつ広く伝達することを目的とする。ⓘⓘほとんどが無署名記事である。ⓘⓘⓘ形態的には，表紙がなく，折っただけで綴じがない。大きさは，B3判あるいはその半分の大きさのタブロイド判が一般的である。ⓘⓥ刊行頻度は日刊が多いが，週刊や旬刊などもある。新聞は最新の情報源としてだけでなく，時間が経てば歴史的資料としても重要なものとなってくる。新聞には次のような種類がある。

　①一般紙……社会のあらゆる現象を取材対象とし，不特定多数を読者対象とするもので，販路の広がりにより次のように区分される。〈全国紙〉：全国にくまなく販路をもつ新聞。朝日，読売，毎日，日本経済，産経の5紙。〈ブロック紙〉：第二次世界大戦下に行われた新聞社の統合・整理に起源をもつもので，数県または一地方の大部分に販路をもつ新聞。北海道，中日，西日本，東京，の4紙[11]。〈県紙〉：ほぼ一県単位の販路をもつもの。地方紙ともいう。〈ローカル紙〉：市町村程度の範囲で刊行されるもの。

　②専門紙……特定の領域や問題を取材対象とするもの。発行部数では〈スポ

10：文部科学省．平成22年度「学術情報基盤実態調査」（2011.6.29公表）．
11：『東京新聞』は中日新聞社の傘下に入り，同社が発行しているため，ブロック紙としないこともある。他に，『河北新報』と『中国新聞』をブロック紙に加える場合がある。

ーツ紙〉がその雄であるが，種類数では〈業界専門紙〉が圧倒的に多い。

③機関紙・広報紙……政党，宗教団体，労働組合，住民団体，自治体，企業などが，広報，宣伝，教育を目的に刊行するもの。『官報』は国の機関紙であるとともに，国民への公告の手段でもある特殊な情報伝達媒体である。

この他に，ミニコミ紙や各種のフリーペーパーといったものもある。

新聞の収集状況については，都道府県立図書館のデータしかないが，8割程度は受入種類数100以下となっている。公共図書館では，主要一般紙だけでなく，官報，公報，地域と関連のある業界紙，それに代表的な外国日刊紙程度の整備は必要であろう。

(3) 年鑑

年鑑（yearbook, almanac）はさまざまな資料や統計を用いて，一年間の出来事を記録・解説したもので，図書館ではレファレンスブックとして欠かせない。社会のあらゆる分野の事項を対象とする〈総合年鑑〉[12]，分野を限定した〈専門主題年鑑〉〈地域年鑑〉〈白書〉などがある。

(4) その他の逐次刊行物

ⅰ各種年報・月報類——統計年報・月報，企業・団体などの年次業務報告，ⅱ索引誌，抄録誌などの二次資料，ⅲ定期的に開催される会議の議事録，ⅳモノグラフシリーズ，ⅴ六法全書や各種人名録などで毎年改訂されるもの，などがある。

c．ファイル資料

ファイル資料（filing materials）とは，以下に挙げるように，その形態的特質のゆえに散逸しやすく，整理・保管にあたって，図書や雑誌とは異なる特別のファイリングシステムを必要とする資料のことである。

(1) パンフレット（pamphlet）

一般に仮綴じの小冊子を図書と区別してパンフレットと呼ぶ。ユネスコでは，出版物の国際的統計をとる必要から「表紙を除き5ページ以上48ページ以下の印刷された非定期刊行物」と定めているが，基準は国により一様ではない。た

12：『朝日年鑑』（2000年版まで），『毎日年鑑』（1981年版まで），『時事年鑑』（1994年版まで）が，いずれも，終刊，休刊となり，『読売年鑑』が唯一の総合年鑑となっている。

だし，雑誌のような逐次刊行物は含まない。

(2) リーフレット（leaflet）

これは一枚刷りの印刷物を1回折ったもので，片面刷りか両面刷りかにより，2ページから4ページの印刷物となる。

(3) 一枚もの（broadside, broadsheet）

チラシやビラ，写真，絵葉書，複製絵画，ポスターなどの"簡易視覚資料"，一枚物の地図や楽譜などがある。

(4) 切抜資料（clipping file）

新聞や雑誌の記事を切り抜いて台紙に貼り，紙（誌）名・日付・件名などを記入してファイルするもの。

文書類の管理のために用いられるファイリングシステムには次の二つの方式がある。

①バーチカル・ファイリング（vertical filing）……資料を〈フォルダー〉（folder）に収め，バーチカル・ファイリング・キャビネットの引出しの中に垂直に排列・保管する方式。個別フォルダーや雑フォルダーを一定の順序に排列したものの間に，適宜，見出し用の〈ガイド〉を立て，検索の便を図る（2－1図）。

②シェルフ・ファイリング（shelf filing）……適当な間隔に仕切られた書架上に資料をそのまま排架することもあるが，一般には〈フォルダー〉や〈パンフレット・バインダー〉〈ファイル・ボックス〉などに収納し排架する方式。〈オープンファイル〉（open file）やボックス・ファイリング（box filing）とも呼ばれる。キャビネットが整然と並ぶバーチカル・ファイリングに比べると雑然とした感じを与え，資料管理にもやや難点があるが，資料の出納が容易なこと，収容能力が大きいこと，費用が安いことなど，数々の長所がある（2－1図）。

なお，一枚物の地図や楽譜などの保管には，専用の収納ケースが使われる。

ところで，ファイル資料は，自館で作成する〈切り抜き資料〉は別として，一般の出版流通ルートでは入手できず，刊行情報の把握も困難な，いわゆる灰色文献（gray literature）の性格をもつものが多い。また，短命資料（ephem-

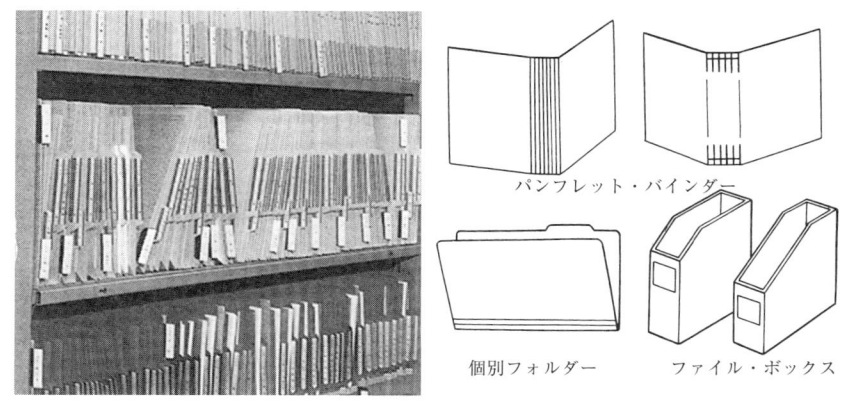

1．有形出版物としての「図書館資料」　　*33*

シェルフ・ファイリング

パンフレット・バインダー

個別フォルダー　　ファイル・ボックス

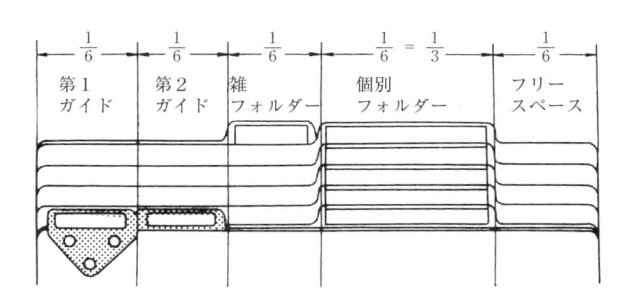

バーチカル・ファイリングにおけるフォルダーとガイドの組合せ方

2-1図　ファイリングシステム
(『資料組織化便覧』日本図書館協会，1975，p.152より)

eral materials）などとも呼ばれ，一時的な目的で作成されるものも多い。しかし，図書や雑誌の記事として刊行されるには時間がかかったり，待っても図書や記事にはならない情報も多く，テーマをしぼって丹念に収集していけば，図書や雑誌では得られない新鮮かつ貴重な情報源となる可能性をもっている。そのため，ファイル資料はレファレンスサービスに発揮する力も大きく，〈インフォメーションファイル〉(information file）と呼ばれることがある。

　情報内容としては，時事的情報，行政関連情報，各種団体の意見表明，催し物や施設の案内情報など多様であるが，積極的な宣伝がなされることが少ない

ため，団体等との寄贈の約束に基づき収集できれば理想的である[13]。また管理上の問題としては，資料価値の変化を考慮して，不要資料の廃棄や，長期保存するものの合綴製本など，ファイル内容を最新の状態に保つ努力が必要である。

(2) 非印刷資料

a. マイクロ資料

1 マイクロ資料とは何か　図書や雑誌，新聞などの資料を，写真撮影により肉眼では判別できないくらいに縮小し，マイクロ画像（micro-images）化することを〈資料のマイクロ化〉といい，できた資料を〈マイクロ（化）資料〉（microforms）と呼ぶ[14]。これは，肉眼で判読可能なマクロ資料（macroforms）に対する言葉である。

　現在，マイクロ資料といえば，フィルム形態で利用する〈マイクロフィルム〉（microfilm）のことである[15]。マイクロフィルムを判読するには，リーダー（reader）と呼ばれる光学的拡大装置を使って拡大された投影像を読み取るか，複製機能を備えたリーダープリンタ（reader-printer）によって，普通紙にとったコピーを利用するか，いずれかの方法による。フィルムにはネガ形態とポジ形態の2種があるが，ネガフィルムは熱を吸収するため，リーダーで読むにはポジフィルムの方がよい。

　マイクロフィルムの主な形式には次の三つがある（2-2図）。

　(1)　ロールフィルム（roll film）

　最も伝統的なマイクロフィルムで，ロール（巻き物）形態のフィルムにマイクロ画像を撮影したもの。文献用には35mm幅や16mm幅が使われるが，大判の図面や地図用に70mm幅や105mm幅もある。特に105mm幅は，マイクロフ

13：行政資料の収集については，自治体との連絡を密にして独自の収集活動を行っている日野市立図書館市政図書室（東京都）の例がある。
14：縮（小）率は直線比で表わされ，low（15Xまで，1/15までの意），medium（30Xまで），high（60Xまで），very high（90Xまで），ultra high（90X以上）の5段階に区分される。
15：かつては印画紙などの不透明なベースにマイクロ画像を焼きつけたりした〈マイクロオペーク〉（micro-opaque）があった。しかし光の反射光を映して読むため，画像が不鮮明で，複写をとりにくく，現在では使われていない。

ィッシュ作製用として利用される。オープンリール方式での利用が一般的であるが，リーダーへの着脱が容易なカセット式やカートリッジ式などもある。しかし広く普及しているとはいえない。

35mmフィルムの場合，1コマの標準サイズは32×45mmで，1巻100フィート（30.5m）の標準フィルムに約640コマの撮影が可能である。さらに，1コマのサイズを標準サイズの半分にし，その1コマに書物の2ページずつを撮影すれば，全体では約2,500ページが収められる計算になる。このように，ロールフィルムの最大の長所は，大量の情報が1本のフィルムに収納できることである。反面，複数資料の混在化，一覧性の欠如による検索の不便さ，巻き取り操作を要することなど，短所も多い。

(2) マイクロフィッシュ（microfiche）

1枚のシート状フィルムに碁盤の目状にマイクロ画像を撮影したもの。ficheとはフランス語でカードのことである。ロールフィルムがアメリカで発達したのに対して，マイクロフィッシュはヨーロッパで考案された。しかし1964年，アメリカ連邦政府が政府関係レポートの配布用にフィッシュを採用したことにより，急速に普及をみた。

フィッシュの大きさは105×148.75mm（4×6インチ，A6判に相当）のものが標準サイズとなっている。1枚のフィッシュに収録されるコマ数は60コマ（5段×12列）と98コマ（7段×14列）のものが最も多いが，1枚に数千コマの撮影が可能な，縮小率1/100～1/300の超マイクロフィッシュ（super microfiche, ultra microfiche）と呼ばれるものもある。

マイクロフィッシュには次のような長所がある。ⅰロールのような巻き戻しの不便さがなく，リーダーへのセットも容易である。ⅱ一つの資料（論文1件，あるいは雑誌1号分など）が1～数枚のフィッシュに収められるので，資料単位で扱うことができる。ⅲ最上段には，タイトルなど書誌的事項や図書館での管理事項などが肉眼で読める大きさで記載されており（ヘッダー，headerという），取り扱いが便利である。ⅳ軽くてかさばらないため，郵送費などが安く，配布が容易である。一方，短所は，薄いことからミス・ファイルや一部紛失のおそれがあることである。

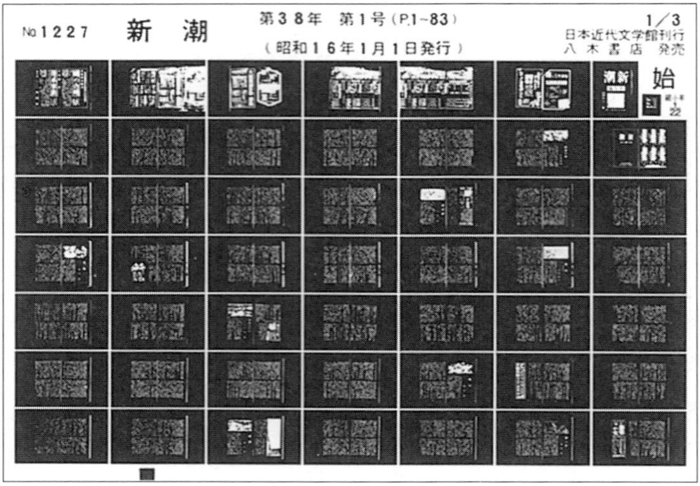

36 | 2章　図書館情報資源の種類と特質

マイクロフィッシュ

アパーチュアカード

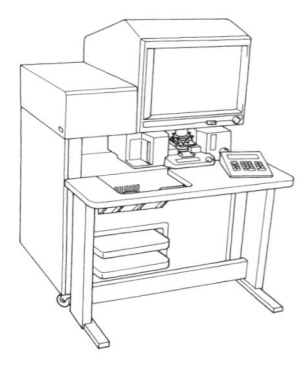

リーダープリンター 　　　　　　　　ロールフィルム

2-2図　リーダープリンターとマイクロフィルムの主な三形式

（3） アパーチュアカード（aperture card）

　機械検索用パンチカードの大きさのカード（82.55×187.25 mm）を用い，その一部を切り抜いた窓にフィルムを固定したもの。アパーチュアとは，開き口とか，穴，すき間という意味である。

　カードはそのまま排列でき，紙の部分には索引情報等も記入できるが，収録できるのは1～12コマ程度である。そのため，設計図や図面など1枚1枚が独立した資料の管理には適しているが，文献の撮影には有効ではない。

❷マイクロ化される資料　　マイクロ資料の作成には，図書館が独自に行う場合と出版社や各種機関が市販（マイクロ出版，micropublishing）や配布を目的に行う場合とがある。マイクロ資料作成の目的には以下のようなものがある。

　①入手困難な資料の収集のため……この目的では，復刻刊行のマイクロ出版（正確には microrepublishing）が盛んに行われてきた。印刷形態では採算がとれないものでも，マイクロ出版であれば可能となる場合が多い。

　②長期保存用として……紙質の悪さや劣化のため長期保存に耐えにくい資料をマイクロ化して保存するもの。

　③貴重書などの閲覧用として……原資料は損傷防止のため保存用とし，閲覧用としてマイクロ資料を用意するもの。

　④保管スペースの節約のため。

　⑤紙に代わる出版媒体として……印刷物なしでマイクロ版のみ刊行するもの。

　⑥機械可読形態の大量情報を，コンピュータから，コンパクトに，かつ高速で出力するための媒体として……いわゆる COM（computer-output microfilm）。

　マイクロ化の対象となる主な資料には次のようなものがある。

（1）　古文書，貴重書，その他の記録類

　原本汚損の心配をせずに資料の積極的利用を図ったり，原資料の代替物としての資料収集が目的である。

　国立国会図書館等の貴重書，準貴重書のマイクロ化や国文学研究資料館のマイクロフィルムによる古典籍収集などの事例がある。また，古文書類のマイクロ化は，県立図書館を中心とする公共図書館でも，郷土資料の収集手段として

活用されている。広く需要を見込めるものについては，マイクロ出版も行われる。

(2) 新聞

新聞は大型資料として日々増加し膨大な蓄積となることや，紙質が悪く長期保存に適さないことから，マイクロ化には最適の資料である。

国立国会図書館による，日本近代史研究に不可欠の昭和20年以前の国内新聞や，新刊新聞（日本新聞協会との協同事業，現在は日本新聞教育文化財団との契約事業）のマイクロ化の事例がある。また，主要全国紙や多くの地方紙についてマイクロ版が作られており，市販目的のマイクロ出版も行われている。

(3) 雑誌

複写による破損防止などが目的で，国立国会図書館では，利用頻度の高い明治・大正期の学術雑誌をマイクロ化している。また，各種雑誌のバックナンバーのマイクロ出版も行われている。

(4) 図書

紙質（酸性紙など）や利用が原因で劣化した図書，あるいは劣化が予想される図書を，保存・閲覧用としてマイクロ化するのが目的。国立国会図書館の〈明治期刊行図書マイクロ版集成〉や早稲田大学図書館の〈明治期刊行物集成〉，〈大正文芸書集成〉などの例がある。

(5) 目録などの二次資料

コンピュータからマイクロフィッシュに出力された COM 目録が，コンピュータ目録普及前に出現したが，短期的試みに終わった。

(6) その他

統計資料，特許資料，有価証券報告書，テクニカルレポート[16]，学位論文など。

❸ マイクロフィルムの特性と意義　　マイクロフィルムには次のような特性がある。

① 写真撮影によるため，原資料を損なうことなく，容易に正確な複製を得る

16：助成研究や委託研究などの成果報告書を，原則1件1論文として，統一したシリーズ名のもとに固有の番号を付けて刊行するもの。

ことができる。また印刷形態より作製時間が短く、コストも安い。

　②縮小性……この特性により保管スペースが大幅に節約できる。また持ち運びも容易である。特にフィッシュは軽くてかさばらないため郵送費などが安く、複製配布や相互貸借に大きな威力を発揮する。

　しかし、リーダーの使用は操作が面倒なこと、目が疲れること、書き込みができないことなど、利用者に心理的・身体的抵抗感を与えるのが短所である。

　③定型性……原資料の形態やサイズにかかわらず、すべて画一化され規格化されるので、資料管理が格段に容易になる。保管はすべて規格化された専用キャビネットを用いるため、保存スペースの予測も立てられる。また、フィルムの自動出納システムや、必要なコマの自動検索など、機械化ともなじみやすい。一方、短所としては、原資料のサイズや紙質を確認できないこと、画一的で識別が困難なためミス・ファイルを生じやすいことなどがある。

　④耐久性……マイクロフィルムの保存寿命は、長期保存用で100～200年、複製・配布用で100年程度と推定され、劣化を抑えるための品質改善も進んでいる。しかし、高い保存性の確保には、フィルムの現像処理が完全であることに加え、温度や湿度、ほこり、汗などの付着に対しても細心の注意が必要である。

　⑤複製機能……紙へのプリントだけでなく、フィルムプリントも容易で、費用も比較的安価である。このため、マスターフィルムさえ用意すれば、閲覧や複写用のフィルム作製は、複製量の多少にかかわらず容易である。

　ところで、マイクロ資料は、近年、「コンピュータの画像処理技術と蓄積メディアの発展に伴って、検索にも優れた画像データベースシステムへと移行しつつあり」[17]、国立国会図書館も、2009年度以降の所蔵資料のメディア変換は、原則としてデジタル化によることに方針を変更した。これにより、貴重書や明治期図書等についてのマイクロフィルムからの電子化が行われ、CD-RやDVD[18]、あるいはインターネットを通しての提供が行われている。また、先に挙げた国文学研究資料館の古典籍収集でも、現在ではデジタル画像での収集が行われている。この他、有価証券報告書についても、電子開示が義務化され、

17：日本図書館情報学会編．図書館情報学用語辞典．第3版，丸善，2007．
18：情報の高密度記録という面では、デジタル型のマイクロ資料ともいえる。

金融庁の管理する EDINET でインターネット公開される等，状況は大きく変化している。

　一方，こうした電子メディアについては，記録媒体の劣化や記録情報の改ざん・消失の可能性，あるいは頻繁な規格変更により，古いメディアを閲覧するための機器が入手できなくなるなどの問題が指摘されている。これに対して，マイクロフィルムの場合には，情報の改ざんも難しく，リーダーが使えなくなる心配もないことから，現在のところ，マイクロ資料が直ちに完全に電子メディアに取って代わられるという状況にはない。

b．視聴覚資料

❶視聴覚資料の種類　　1章で述べたように，19世紀半ば以降に次々と開発されるようになった写真・映画・録音などの新しい情報記録の技術は，音や視覚的イメージなど，文字では伝達困難な情報の記録・資料化を可能にした。こうした新しい情報メディアは，絵や図などとともに視聴覚資料（AV 資料，audio-visual materials）と総称されている。視聴覚資料には次のような種類がある。

（1）　簡易視覚資料

　利用の際に機械装置を要しない簡易な視覚資料。整理・保管の観点からはファイル資料でもあり，その多くが印刷資料でもある。

　①写真，絵はがき類……人物や風景，社会風俗などを記録したものとして，歴史資料，地域資料としての価値がある。

　②複製絵画……鑑賞用や教材用としての意義がある。

　③ポスター……グラフィックデザインとしての芸術的価値とともに"時代の証言者"としての歴史的資料価値がある。

　④紙芝居……幼児教育用や児童サービス用として重要な資料である。

（2）　映像資料（音の記録を伴うものを含む）

　①スライド（slide），トランスペアレンシー（transparency：TP）……前者は，1コマのフィルムを約5cm四方のマウントに固定したもので，スライド映写機で投影される。後者は，オーバーヘッド・プロジェクター（overhead projector：OHP）用の大型透明陽画のことで，OHP シートとも呼ばれる。教

材や資料提示用に使われてきたが,コンピュータのプレゼンテーションソフトの普及で,スライドはほぼその役割を終え,OHPも書画カメラ等にその座を譲りつつある。

　②映画フィルム……一般興業映画のほか,学校教育や社会教育用の各種教材映画,企業や官公庁の企画による産業映画・広報映画など,さまざまな種類がある。興業用以外は16mmフィルムが圧倒的に多い。

　③ビデオテープ,ビデオディスク（video disc）……映像と音声を同時に記録できるもので,前者は磁気テープ,後者は光ディスクである。光学式のビデオディスクは非接触式の読取り方式のため,テープに比べて劣化しにくく,音質・画質ともにすぐれ,ランダムアクセスもできるなどの長所がある。光学式ビデオディスクには,映像信号をアナログ方式で記録するレーザーディスク（LD）があったが（直径30cm）,現在では生産も終了し,デジタル方式のDVD[19]にその座を譲っている。ビデオソフトの内容は,テープ,ディスクともに,映画・音楽物が中心であるが,学校教材用ソフトの刊行も盛んである。

　(3)　音声・音響資料

　音の記録には,音の波形を音溝の凹凸として記録するアナログ方式の,いわゆる〈レコード〉（phonograph record）と,音の波形をアナログ的に磁気パターンに変えて記録する磁気録音方式のテープ（カセットテープなど）とが使われてきた。しかし,現在では,音声信号をデジタル化して記録する〈デジタル・オーディオディスク〉（digital audio disc：DAD）としてのCD（compact disc）が,音質,機能面（ランダムアクセスなど）ですぐれた特質をもつことから,音声・音響資料の中心となっている。オーディオソフトの内容はもちろん音楽が中心であるが,語学学習用や文学作品の朗読など,非音楽資料も多い。

■2■**視聴覚資料と図書館**　　公共図書館での視聴覚資料の収集に関しては,昭和25(1950)年の「図書館法」第3条で,「……美術品,レコード,フィルムの収集にも十分留意して,図書,記録,視聴覚教育の資料その他必要な資料を収集し,一般公衆の利用に供すること」と明記されたが,その後も久しく,視聴覚

19：CDに代わる大容量光ディスクで,digital video discの略。しかし,用途がビデオだけでなく多目的性があることから,digital versatile discの略でもある。

資料の収集にまで手を伸ばす余裕はほとんどないという状況が続いた。ようやく，図書のみならず視聴覚資料の収集，提供をも積極的に推進しようという機運が生まれるのは，わが国の公共図書館活動が活性化する昭和40年代後半以降のことであった。

　現在，公共図書館では，簡易視覚資料として，児童サービスに欠かせない紙芝居の収集が定着している。また，地域歴史資料としての写真資料の収集も広く行われており，各種印刷物への掲載資料として利用されている。複製画の収集・貸出も一定の広がりをみせている[20]。一方，再生機器を要する資料としては，かつてはアナログレコードとカセットテープ，およびビデオカセットが中心であったが，現在では，CDとビデオカセット，およびDVD中心の収集・貸出が一般的である（なお，館内鑑賞用としてのLDもまだ残っている）。

　ところで，著作権法では，映画を除く著作物についての"貸与権"[21]が著作者に認められているが，映画以外の著作物を，非営利，かつ無料で公衆に貸し出す場合は，権利者に無断で貸与できることとされている[22]。そのため，音楽CDやアナログレコードの貸出は，書籍や雑誌と同様に，著作者の許諾を得ることなく行うことができている。

　一方，DVDなどのビデオソフトを含む映画の著作物について著作者に認められているのは"頒布権"である[23]。著作権法は，こうした映画の著作物についても，非営利，かつ無料での貸与は認める規定を設けているが，映画以外の著作物と違い，貸与が認められる施設を公共図書館や視聴覚教育施設（国や地

20：簡易視覚資料の収集では，社会労働問題の研究所であり，専門図書館でもある「法政大学大原社会問題研究所」の戦前・戦後のポスター，及び写真のコレクションが有名である。
21：（第26条の3）著作者は，その著作物（映画の著作物を除く。）をその複製物（映画の著作物において複製されている著作物にあっては，当該映画の著作物の複製物を除く。）の貸与により公衆に提供する権利を占有する。
22：（第38条の4）公表された著作物（映画の著作物を除く。）は，営利を目的とせず，かつ，その複製物の貸与を受ける者から料金を受けない場合には，その複製物の貸与により公衆に提供することができる。
23：（第26条）著作者は，その映画の著作物をその複製物により頒布する権利を占有する。2．著作者は，映画の著作物において複製されているその著作物を当該映画の著作物の複製物により頒布する権利を占有する。

方自治体が設置するもの）に限定し，権利者に対する補償金支払いを義務付けている[24]。これを受けて，現在，日本図書館協会は，権利者側との話し合いで「著作権処理済」として承認されたものを，公共図書館向け映像資料として購入・納品の仲介を行っているが，その他の作品については，個別の許諾交渉が必要である。なお，公共図書館での映画上映は，非営利で，料金を徴収しない場合には，著作者の許諾がなくても可能である（著作権法第38条第1項）。

いずれにしても，図書館でのCDやビデオソフトの提供には，教育・教養作品や各種の受賞映画など，評価の定まったものや，資料性の高い作品を中心に，営利事業としてのレンタル店などとは差別化された運営理念が求められる。

ところで，個人利用が中心の公共図書館とは別個の機関として，学校等の教育機関や社会教育関係の団体，グループに対して，16mm映画フィルムやビデオテープ，DVDなどの視聴覚教材を機材とともに貸し出す〈視聴覚ライブラリー〉[25]の存在がある。ただし，東京都立多摩図書館のように，団体貸出を目的に，独自に1万本余りの16mm映画フィルムを所蔵する図書館もある[26]。

最後に，図書館における視聴覚資料を考える上で，出来合いの資料の収集だけではない，自館製作の重要性について指摘しておきたい。国立国会図書館は，わが国憲政史に残る"生き証人"からの録音による証言収集をすすめている（オーラル・ヒストリーと呼ばれる）が，公共図書館でも，地域に残る民話や民謡，方言などを録音採取したり，失われゆく郷土芸能や地域行事，変貌する地域の風景などを映像記録として残すことで，貴重な地域資料を生み出すこと

24：（第38条の5）映画フィルムその他の視聴覚資料を公衆の利用に供することを目的とする視聴覚教育施設その他の施設（営利を目的として設置されているものを除く）で政令で定めるものは，公表された映画の著作物を，その複製物の貸与を受ける者から料金を受けない場合には，その複製物の貸与により頒布することができる。この場合において，当該頒布を行う者は，当該映画の著作物又は当該映画の著作物において複製されている著作物につき第26条に規定する権利を有する者に相当な額の補償金を支払わなければならない。
25：現在では，視聴覚資料の製作や職員研修，さらには視聴覚教材を用いた教育・学習活動を実施する総合的な学習情報提供機関として，相当規模の専有施設と設備，専門職員を擁する〈視聴覚センター〉の名称をもつ施設も作られている。
26：国内外の興業映画を収集・保存している国立の映画機関として，東京国立近代美術館フィルムセンターがある。

ができる。なお，こうした資料の製作・収集には，市民との協働も有効である。

c．パッケージ系電子出版物

　パッケージ系電子出版物とは，CD-ROMやDVDなどの有形の媒体に情報を固定した電子出版物のことで，国立国会図書館では，「電子的方法，磁気的方法その他の人の知覚によっては認識することができない方法により文字，映像，音又はプログラムを記録した物」（国立国会図書館法第24条）として，2000年から納本対象に組み入れている。また，図書館法でも，2008年の改正時に，「電磁的記録」として図書館資料に追加された。内容的には，〈コンテンツ系〉（従来の紙媒体による書籍，雑誌等の内容に相当する情報を収載し，出版したもの），〈ゲーム系〉（娯楽用や教育娯楽用のゲームソフト），〈アプリケーション系〉（文書作成や表計算ソフト等のコンピュータ・プログラム）の三つに大きく類型化されるが[27]，一般図書館で収集対象[28]となるのは〈コンテンツ系〉であり，頒布タイトル数も最も多い。

　パッケージ系電子出版物は，ⅰ情報収録量が大きく，文字，画像，音声情報を共に収録できる，マルチメディアの記録媒体として優れた機能をもつこと，ⅱ検索機能が優れていること，ⅲ従量制ではないため，料金を心配せずに使えること，ⅳ所蔵スペースを節約できることなど，多くの長所をもっている。こうした特性を生かし，これまで，次に挙げるような，二次資料から一次資料にわたるさまざまなコンテンツ系電子出版物が市場に送り出されてきた。

　①辞書，事典，百科事典類……わが国のCD-ROM出版は辞典から始まった。

　②書誌，目録，記事索引などの二次資料[29]……『日本全国書誌』（J-BISC：カレント版はCD-ROMだが，明治期からのデータを1枚に収めたDVD版もある），『国立国会図書館蔵書目録』（明治期，大正期，昭和戦前期），雑誌記事索引（国立国会図書館[30]や大宅壮一文庫のものなど），新聞記事索引（記事見出し索引の他，記事本文を収めた全文データベースがある），専門分野に特化

27：納本制度調査会．答申・21世紀を展望したわが国の納本制度の在り方：電子出版物を中心に．1999，p.6．
28：通常の購入方式の他に，ライセンス契約を要するものや，リース方式もある。
29：これらの中には，冊子体をすでに刊行しなくなっているものも多い。
30：1948年から2001年までの記事データ約520万件を1枚に収めたDVD版もある。

した索引・抄録誌（『科学技術文献速報』,『法律判例文献情報』等）など。

　③電子復刻版……日本東洋美術研究誌『國華』のDVD-ROM復刻や,『国立国会図書館所蔵昭和前期刊行図書デジタル版集成』（CD-R版とDVD版がある）などが代表例である。他にも，さまざまな貴重資料の復刻に利用されている。

　④数値・データ集……国勢調査，統計年鑑，企業の財務データ，電話帳など。
　⑤その他……白書，図鑑，名鑑（人物，企業等），法令・判例集，地図など。
　⑥一般書……1995年発売のCD-ROM版『新潮文庫の100冊』はその代表例である。

　しかしながら，パッケージ系電子出版物は，頻繁な更新が可能なネットワーク系と比べてタイムラグが大きく，保存環境次第では劣化や記録消失もあり得ることから，インターネットが急速に普及すると，ネットワークでの提供に移行するものが増えていった。特に，常に最新の状態を保ちながらの検索機能が要求される，辞書や百科事典，書誌・索引類，データ集などでは，CD-ROM版の刊行終了とネット配信が進んだ[31]。また，白書や年次報告書，各種政府統計データなども，電子政府の総合窓口（e-Gov）を通して，インターネットでの入手が可能となり，一般書でも，ネット配信の電子書籍化が進んでいる。一方で，電子復刻版や『新聞記事データ集』（日外アソシエーツ）のように，更新の必要性が低く，保存性重視のものでは，引き続きCD-ROM等での出版が行われている。

d．視覚障害者用資料

　視覚障害者を対象とした図書館サービスには，拡大読書器や印刷物を読み取り音声で読み上げる音声読書機などの設置や，対面朗読サービスがあるが，ここでとりあげるものは，視覚障害者のために特別に作成された資料である。

　(1) 点字資料
　点字（braille）とは墨字（すみじ）に対する言葉で，視覚障害者が指先の触

31：CD-ROM版については，国立国会図書館の『雑誌記事索引』が2004年度で終了。『大宅壮一文庫雑誌記事索引総目録』と『科学技術文献速報』も2008年版で，『理科年表』も2006年度版で終了し，それぞれウェブ版に移行している。

覚で読みとることができるように考案された記号である。縦3点横2列の6点を1マスとして，その突起の有無の組み合わせで文字や数字などを表す，いわゆる6点式点字が世界各国で使用されている。

点字資料の作成には，点字器や点字タイプライターが使われてきたが，現在では，パソコンで入力したデータを自動点訳ソフトで変換し，点字プリンターで打ち出す方法が一般的である。なお，著作権法第37条により，公表された著作物の点字による複製は従来から自由とされてきたが，その後の法改正で，パソコンによる点字データの保存や公衆送信も，著作権者の許諾なしで認められるようになった。作成される点字資料としては，点訳ボランティアによる点訳図書が大部分を占めているのが現状である。

点字資料の出版は，営利事業としては成り立ちにくいため，出版社の数も少なく，出版点数もわずかである[32]。点字資料の印刷には，二つ折りにした亜鉛板に自動製版機で点字を打ち，その間に用紙を挟んでプレスする方法や，発泡インクを用いて印刷し，加熱して印刷部分を膨張させる方法（サーモフォーム図書）などがある。点字資料はかさばるのが難点で，排架にあたっては，点をつぶさないよう配慮が必要である。

(2) さわる絵本

視覚障害児が手でさわって鑑賞できるように作られた絵本で，文字の部分は点字と墨字で記し，絵の部分は布や毛糸，皮，プラスチック，ボタン，ビーズなど，さまざまな素材を使って，実物が想像できるように工夫して貼り付けてある。

(3) 録音資料

図書や雑誌などの文字資料を音声に変えて記録したもので，カセットテープにアナログ録音したものが長い間使われてきたが，現在では，デイジー（DAISY）規格[33]によりデジタル録音されたCD-ROMに移行している。デイジー図

32：点字出版物を知る書誌として，日本盲人社会福祉施設協議会点字出版部会が編纂した『日本点字出版総合目録』（2004）がある。また，週刊の点字新聞『点字毎日』は大正11(1922)年に創刊され，90年の歴史をもっている。

33：Digital Accessible Information System の略称で，視覚障害者や識字障害者のためのデジタル録音図書の国際的標準規格である。

書は，CD1枚の収録時間の長さや読みたい場所への移動の容易さなど，テープ図書に勝る機能を備えている。録音資料は，点字習得の労を要しないことから，点字資料をしのぐ普及をみせている。

　著作物の録音による複製やデータの公衆送信は，視覚障害者等の福祉に関する事業を行う者で政令で定めるものには認められているが（著作権法第37条），公共図書館等の一般図書館では著作権者の許諾が必要である。このため，日本図書館協会は日本文藝家協会が管理委託を受けた著作者リストに掲載された作品については事前許諾を要しないとする協定を結び，公共図書館等での録音資料作成の便宜を図っている[34]。

(4) 拡大図書

　弱視者用に文字や絵を拡大した図書のことで，手書きで製作される〈拡大写本〉，大きな活字で版を組み直して印刷した〈大（型）活字本〉，原本を製版カメラなどで拡大した〈拡大本〉がある。ボランティアによる拡大写本作りだけではなく，高齢化社会を背景に大活字本での出版も増えている。

　ところで視覚障害者用資料の製作には相当の時間と労力を要するため，重複製作を避け，相互貸借を進めることが必要である。そのため，国立国会図書館では，『点字図書・録音図書全国総合目録』[35]を作成し，全国の図書館で製作された資料の所蔵情報を提供している。また，民間でも，点字・録音図書の最大の書誌データベースをもつ「視覚障害者情報総合システム：サピエ[36]」が，点字図書，録音図書の検索と，保有する点字データやデイジーデータの会員へのダウンロードサービスを行っている。なお，点字資料，録音資料ともに，文芸書の比重が高く，専門書や学術書を求めるニーズへの対応が課題となっている。

34：「公共図書館等における音訳資料作成の一括許諾に関する協定書」（2004年）。2010年には，図書館関係団体の間で，「図書館の障害者サービスにおける著作権法第37条第3項に基づく著作物の複製等に関するガイドライン」も作成されている。
35：NDL-OPACで検索できるほか，CD-ROMでも提供されている（年2回更新）。
36：日本点字図書館がシステムを管理し，全国視覚障害者情報提供施設協会が運営を行っている。日本IBMが1988年に始めた社会貢献事業「てんやく広場」が起源で，1998年には「ないーぶネット」と改称，2010年4月に再改称したもの。

2．無形出版物としてのネットワーク情報資源

（1）オンライン出版物

a．電子ブック（電子書籍）[37]

　2010年4月にアップルがiPadを発売して以来，電子ブックに関するニュース，新聞記事，その他メディアによる報道は枚挙に暇がない。iPadそのものは，いわゆるタブレットPCと呼ばれる類のもので，アマゾンのKindleやソニーのSony Reader，アメリカの大手書店バーンズ＆ノーブルのNookといった電子ブック・リーダーとは異なる。しかし，その用途の一つとして電子ブックの利用をアピールしたこと，また電子ブック販売サイトiBookstoreを立ち上げたことから，国内でも電子ブックへの期待が一気に高まった。

　アメリカにおける電子ブックの火付け役は，アマゾンが2007年11月に販売した電子ブック・リーダーKindleである。E-ink社の開発した電子ペーパーを用いたKindleは，アマゾンが運営するオンライン書店から電子ブックを購入し，端末にダウンロードして利用する。紙の図書に対して低価格であること，300から500g程度と軽量であること，1,500冊以上の図書を持ち運べること，Whispernetと呼ばれる携帯電話網を利用した簡便な電子ブック配信の仕組みをつくったことなどから，急速に普及した。アメリカでは，2009年時点で新刊図書の9割が電子ブックでも配信されているといわれる[38]。

　一方，日本国内では，パソコンや携帯電話向けに，電子ブックの配信サービスが早くから行われていた。たとえば，パソコン向けの電子ブック販売サイトである電子書店パピレスは，1995年11月に立ち上げられた。また，携帯電話向けにもNTTdocomoやau，softbankなどのキャリアごとに電子ブック・コン

37：電子化された図書の呼称には，電子ブック，電子書籍，電子図書などがあるが，多くのメディアでは「電子書籍」の語が普及している。しかし，「電子書籍」が指すものの多くは，個人利用のコミックなどが中心であり，公立図書館や大学図書館が提供するものとは異なるため，本書では，「電子ブック」の語を採用した。

38：阿部伸哉．新刊の9割が電子化．東京新聞．2009年9月24日．朝刊．8面．

2．無形出版物としてのネットワーク情報資源 | 49

テンツが配信されているほか，携帯電話の利用者が自ら小説を執筆，投稿したケータイ小説が人気を博したことも記憶に新しい（2007年）。

これらの電子ブックは，主に一般ユーザ向けであるが，その提供は図書館でも広まりつつある。アメリカでは，2009年10月現在，OverDrive 社が提供する電子ブック・サービスを利用する図書館は約5,400館あり[39]，そのなかには，ニューヨーク公共図書館も含まれている。国内でも，千代田区立図書館が千代田 Web 図書館として，2007年11月から電子ブックの貸出サービスを開始して注目を集めた。いずれの場合も，電子ブックの閲覧・貸出は専用サイトにアクセスして行う。貸出期間は2週間から3週間程度に設定されており，貸出期間が過ぎると自動的に返却処理される。

国内の大学図書館でも，海外の電子ブックを中心に導入が進んでいる。電子ブックは，主として次の二つの方法で提供される。一つは出版社が自社の出版物を電子化し，ウェブサイトで提供するものである。Springer や Wiley-Blackwell，Elsevier といった大手学術出版社のサービスが有名である。もう一つは各出版社が発行する電子ブックを収集，組織化し，利用者に配信提供するアグリゲータ[40]によるサービスである。これには，EBSCO Publishing の NetLibrary や eBrary 社の eBrary などがある。NetLibrary では，日本総代理店の紀伊國屋書店が国内の出版社と連携し，日本語図書の充実を図っている。また，小学館グループのネットアドバンスが運営する JapanKnowledge は，『日本大百科全書』（小学館）や『日本国語大辞典』（小学館），『国史大辞典』（吉川弘文館）といったレファレンスツールに加え，東洋古典の一次資料として名高い『東洋文庫』シリーズ（平凡社）や『新編日本古典文学全集』（小学館）などの書籍系コンテンツを提供している。

b．電子ジャーナル，電子雑誌

雑誌の電子化は，海外の学術雑誌が先行している。360以上の学協会が加盟

39：Rich, Motoko. "Libraries and Readers Wade Into Digital Lending". New York Times, 2009-10-14, http://www.nytimes.com/2009/10/15/books/15libraries.html?_r =2&hp, (accessed 2012-01-07).
40：複数の出版社が発行する電子ブックや電子ジャーナルなどのデジタル・コンテンツをまとめて提供するサービス業者。aggregate は'集める'，'総合する'の意。

する国際的な学術出版社協会ALPSP（The Association of Learned and Professional Society Publishers）の2008年調査によれば，自然科学系の96.1%，人文社会科学系の86.5%の学術雑誌がウェブで提供されている[41]。

　国内の大学図書館でも多くの電子ジャーナルが導入されており，文部科学省による「学術情報基盤実態調査」によれば，8学部以上を有する国立および私立の大規模大学では，紙の学術雑誌よりも電子ジャーナルの平均所蔵数が多くなっている（2-3図）。その要因としては，国立大学では2002年以降，私立大学では2004年以降に，国立，公立，私立といった設置者ごとに[42]，あるいは同一主題分野や近隣に位置する複数の大学図書館が連携してコンソーシアムを組織し，海外の各出版社とのビッグディール契約[43]を通じて，利用できる電子ジャーナルのタイトル数を拡大したことが挙げられる。

　電子ジャーナルは，主として出版社が運営するウェブサイトのほか，電子ブックと同様，アグリゲータから提供される。著名な出版社サイトとしてElsevierのSciVerse ScienceDirect，SpringerのSpringerLink，Wiley-BlackwellのWiley Online Libraryなどがある。アグリゲータには，EBSCOhost，IngentaConnect，ProQuest，BioOneなどがある。国内では，科学技術振興機構のJ-STAGEや国立情報学研究所のCiNii Articles（旧NII-ELSのコンテンツ）などがある。

　電子ジャーナルの論文形式にはHTMLとPDFの二つの形式がある。論文の内容をざっと確認したり，検索したりする時にはHTML形式を，熟読する場合にはPDF形式のファイルをダウンロードし，印刷して利用する研究者が

41："Latest ALPSP Scholarly Publishing Practice Survey on online journal publishing is now available", (Press Release), 2008, http://82.45.151.109/Ebusiness/Libraries/Publication_Downloads/SPP3PressRelease.sflb.ashx?download=true, (accessed 2012-01-07).

42：2011年4月に，国立大学図書館協会コンソーシアム（JANULコンソーシアム）と公私立大学図書館コンソーシアム（PULC）が連携して，大学図書館コンソーシアム連合（Japan Alliance of University Library Consortia for E-Resouces：JUSTICE）が発足した。

43：購読雑誌の支払い実績にアクセス料金を加えた費用で，出版社の雑誌のすべてか大部分へのアクセス権を購入する，包括的なライセンス契約のこと。

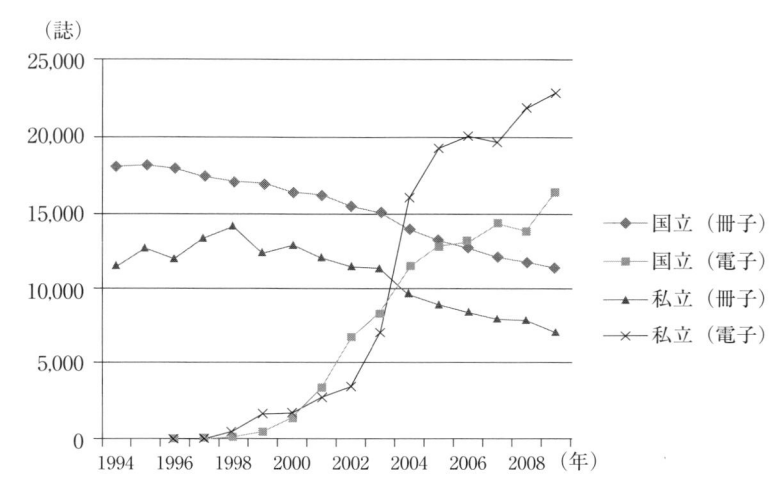

2．無形出版物としてのネットワーク情報資源 | 51

2-3図 大規模大学における雑誌所蔵タイトル数の推移

多いようである[44]。

ところで，電子ジャーナルという呼称は，電子化された学術雑誌に用いられ，一般誌の電子版は，電子雑誌やデジタル雑誌と呼ばれることが多い。国内でも，スマートフォンやiPad，その他電子ブック・リーダーの登場によって，電子雑誌のタイトル数も増えてきている。富士山マガジンサービスが提供する雑誌の定期購読サービスFujisan.co.jp（http://www.fujisan.co.jp/）では，冊子体の雑誌紹介のほか，電子雑誌を提供している（2012年5月現在1,470タイトル）。同様のサービスとして，雑誌オンライン＋BOOKS（http://www.zasshi-on-line.com/）がある。また，スマートフォン，iPad向けに電子雑誌や電子新聞を定額料金で提供する，ビューンといった新たなサービスも生まれている。

c．電子新聞

2010年3月の日本経済新聞・電子版のスタートに続き，2011年5月には朝日

44：医学研究者489名対象の調査（2007年）では，最近読んだ論文は電子ジャーナル掲載のものを印刷したものとの回答が260名と半数以上であった（倉田敬子ほか．日本の医学研究者の電子メディア利用とオープンアクセスへの対応．2007年度三田図書館・情報学会研究大会発表論文集, p.33-36）。

新聞の電子版，朝日新聞デジタルが創刊された。これらは，朝夕刊記事の全文を有料で配信するもので，パソコンや携帯電話，スマートフォン，iPadなどで読むことができる。2012年5月には毎日新聞とスポニチの記事を主体としたTAP-iというサービスも始まった。また，国立印刷局のインターネット版官報は，最新30日分の『官報』を無料で配信している（PDF形式）（http://kanpou.npb.go.jp/）。このほか，地域紙（23紙）や専門紙（11紙），スポーツ紙などを電子新聞として配信・販売するポータルサイトとして，新聞オンライン.COMがある（http://www.shimbun-online.com/）。

（2）デジタルアーカイブ，電子図書館

　図書館は，早くから資料の電子化と公開に取り組んできた。図書館で電子化の対象となった資料の多くは，その図書館が所蔵する貴重図書や文書類である。こうした資料は，研究目的に限るなどの閲覧制限があったり，まったく閲覧できなかったりしたものであるが，電子化されることで多くの利用者がインターネット上のデジタル画像で閲覧できるようになった。デジタル写真技術の向上による高精細な画像によって，細部にわたって資料を観察，検討できるようにもなった。一方，図書館によって採用される画像フォーマットが異なっていたり，閲覧にあたって特別なソフトウェアが必要であったりするなどの技術的問題も発生した。また，画像によってのみ提供された場合，その内容を対象とした全文検索ができなかったりもする。さらには，これらを提供するウェブサイトがデータベース化されている場合は，サーチエンジンで情報を収集することが難しく，インターネットに公開してもサーチエンジンではヒットしないということもあり得る。提供方法をも考慮に入れた公開が求められる。

　大規模な資料の電子化といえば，Googleの進めるGoogleブックスがある。人類の知識の集積である図書が電子化され，検索できるのは便利であるが，一部にはこうした情報を一私企業が独占することに対する懸念も存在する[45]。

　日本国内では，著作権の切れた著作物をボランティアベースで電子化して公

45：ジャンヌネー，ジャン=ノエル；佐々木勉訳．Googleとの闘い：文化の多様性を守るために．岩波書店，2007，166p．

開し，パソコンはもちろん，携帯電話，スマートフォン，iPadなどでも利用できるようにした青空文庫（http://www.aozora.gr.jp/）[46]が1997年に開設されている。その後，国立国会図書館も蔵書のデジタル化を開始し，2000年の貴重書画像データベースの提供を皮切りに，現在までに，絵本ギャラリー（2000年），明治・大正時代に刊行された図書を中心とした近代デジタルライブラリー（2002年），児童書デジタルライブラリー（2003年），歴史的音源（2012年）が公開されてきている。さらに，2009年度からは，補正予算として計上された127億円と2010年1月1日に施行された著作権法改正により[47]，1945年から1968年までに受け入れた所蔵資料などを対象とした大規模な電子化が進められている[48]。著作権の保護期間内の著作物はインターネット上で公開されないが，その利用のための仕組みについて，現在，検討が進められている[49]。

一方，国立公文書館でも所蔵文書のデジタルアーカイブ化が精力的に進められている。特に国立公文書館の一部門であるアジア歴史資料センター（http://www.jacar.go.jp/）は明治維新から1945年までの大日本帝国政府と近隣諸国との関係を示す公文書約3,000万コマをインターネット上に公開している世界最大級のデジタルアーカイブとなっている。

海外でも，国立図書館を中心とした資料電子化の動きが盛んである。たとえば，米国議会図書館が所蔵するアメリカ史資料（文字，音声，画像，動画，地図など）をデジタル化したアメリカン・メモリーが著名である（http://memory.loc.gov/ammem/）。ヨーロッパでは各国の国立図書館の取り組みのほか[50]，国を超えて，図書館や博物館，文書館が連携したプロジェクトEuropeana

---

46：1971年に始まるプロジェクト・グーテンベルク（http://www.gutenberg.org/）がモデルとなっている。
47：国立国会図書館では，原本の滅失，損傷，汚損を避けるために，著作権者の許諾を得ることなく，閲覧利用のための原本電子化が可能になった（第31条第2項）。
48：植村八潮．グーグル和解案の波及効果か，いま国会図書館で起こっていること．*Journalism*．no.231, 2009, p.70-71．
49：長尾真．ディジタル時代の本・読者・図書館．ブックビジネス2.0：ウェブ時代の新しい本の生態系．岡本真，仲俣暁生編著．実業之日本社，2010, p.103-139．
50：柳与志夫．デジタル化対応に苦慮する国内図書館，求められる明確な情報資源政策．*Journalism*．no.229, 2009, p.34-41．

(http://www.europeana.eu/) がある。同様の活動として，UNESCOと米国議会図書館が中心となって設立したWorld Digital Library がある（http://www.wdl.org/）。このほか，アメリカの主要な大学図書館等が参加するHathi Trust Digital Library（http://www.hathitrust.org/）は，各図書館がデジタル化した資料を保存，提供するリポジトリとして，2008年10月から運用されている。

（3）二次情報データベース

　学術雑誌に掲載された論文を検索するためのツールとして，索引や抄録といった二次資料が早くから作成されてきた。1879年に創刊された索引誌 *Index Medicus*（医学）や1884年創刊の抄録誌 *Descriptive Index of Current Engineering Literature*（工学，のちの *Engineering Index*）が最初期のものである。国内では，医学分野の抄録誌（後に索引誌）である『医学中央雑誌』が1903年に創刊されている。

　これら二次資料の多くは1970年代にはオンライン・データベースとして，1980年代にはCD-ROMデータベースとして検索できるようになる。そして，1990年代後半には，主要なデータベースがウェブで提供され始めた。特に，1997年には，世界最大規模のデータベースDIALOG Webや科学技術振興事業団（現・科学技術振興機構）のEnjoy JOIS，NICHIGAI/WEBサービス（日外アソシエーツ），特許情報を扱うPATOLIS-Web（パトリス）などの商用データベースに加え，米国国立医学図書館が提供するMEDLINEのウェブ版であるPubMed，国内の大学図書館の総合目録NACSIS Webcat[51]が無料で公開されている。

　ウェブによるデータベース検索の特徴としては，⒤インターネットを利用するのでネットワーク利用料金が比較的安価である，ⅱブラウザさえあればどの端末でも検索できる，ⅲ一般ユーザが使いやすい検索画面や検索方法を用意できる，ⅳ文字情報だけでなく画像や動画，音声情報を扱いやすい，といった点

51：NACSIS Webcatは2013年3月でサービスを終了する。後継サービスとして2011年11月からCiNii Books（http://ci.nii.ac.jp/books/）が公開されている。

が挙げられる。

　最近では，無料で利用できる文献データベースも，インターネット上に数多く存在する。国内に限っても，国立国会図書館サーチ（NDL Search），国立情報学研究所のWebcat PlusやCiNii Articles，科学技術振興機構のJ-Globalなどが挙げられる。商用データベースのように，高度な検索手法を用いることはできないが，図書館をはじめ，出版社やオンライン書店などが書誌情報をインターネット上に無料で公開しつつあるので，利用者は多様な情報資源を簡便に発見できるようになってきている。

　新聞記事は，大手新聞社が全文データベースを提供している。図書館向けの有料サービスには，聞蔵（朝日新聞），毎索（毎日新聞），ヨミダス歴史館（読売新聞），日経テレコン21（日本経済新聞）などがあり，大学図書館や規模の大きな公立図書館で導入が進んでいる。このほか，『官報』をインターネットで検索できる会員制有料サービスの官報情報検索サービスがある。

（4）オンライン配信されるニュースや音楽，動画

　世の中の最新動向を知るうえで，ニュースは欠かすことのできない情報である。インターネット上では，新聞社や通信社，テレビ局のウェブサイトのほか，Yahoo! JapanやGoogleといったポータルサイトでニュースを無料閲覧できる[52]。ポータルサイトでは，新聞社などから配信されるニュースを時系列，あるいは主題ごとに分類して掲載している。

　新聞社のウェブサイトで提供されるニュースがすべて，新聞に掲載されているわけではなく，ウェブサイトでのみ配信されるニュースもある。また，過去のニュースは一定期間経過後には閲覧できなくなるので，注意しなければならない。

　音楽ソフトは，現在では，インターネットに開設された音楽配信サイトからダウンロードして楽しむ時代となっている。また，インターネットのブロードバンド化によって，動画配信サービスも普及しつつある。

52：電子版新聞の有料配信開始に伴い，ウェブサイトでの無料閲覧を止める新聞社も出てきている。

音楽ソフトや動画のオンライン配信には，利用者が視聴したいと思ったときにウェブサイトにアクセスするオンデマンド方式と，パソコンなどにダウンロードして視聴する方法の二つがある。前者は視聴する都度コンテンツが配信サーバから送られてくる方法が一般的で，ストリーミングと呼ばれる。ダウンロードの場合，無制限で視聴できるものと，一定期間のみ視聴が可能なものと2種類の方式がある。このほか，テレビやラジオ放送のようにリアルタイムでコンテンツを配信するものもある。

図書館向けのサービスには，たとえばナクソス・ミュージック・ライブラリーが提供する音楽配信サービスがあり，CDや図書と同様，期限付きでの貸出（利用権限の付与）ができる。また，動画配信サービスには，図書館流通センターによるTRC映像情報netがある。

ところで，インターネット上には多様な動画コンテンツが公開されており，これらも図書館サービスの視野に入れる必要があるだろう。たとえば，テレビ局や新聞社のウェブサイトでは，ニュース番組の動画を無料で公開するところも少なくない。また，電子政府の推進施策によって，国会や政府，地方自治体でも積極的に動画を配信している[53]。大学でも広報ビデオのほか，講義のようすを配信する取り組みがみられる。このほか，YouTubeやニコニコ動画といった動画共有サイトでは，一般の利用者をはじめ，企業や大学，地方自治体などがさまざまな動画を公開している。

(5) 情報資源としてのウェブ情報

玉石混交といわれるウェブ情報であるが，信頼できるウェブサイトも数多く存在する。たとえば，政府は電子政府の推進を施策の一つとして掲げ，白書や年次報告書，統計データをはじめとして，数多くの行政情報をウェブで提供している。電子政府の総合窓口e-Gov（http://www.e-gov.go.jp/）は，こうした情報へのアクセスを容易にするポータルサイトとして機能している。また，

53：自治体の44％がホームページで映像を配信している（地方公共団体における行政情報化の推進状況調査結果．平成22年度資料編．総務省）．http://www.soumu.go.jp/denshijiti/chousah22.html．（参照2012-01-07）．

地方自治体も，その進展速度に濃淡はあるものの，ウェブサイトを通じた情報提供に取り組んでいる。

　大学などの学術研究機関のウェブサイトもまた，信頼度の高い情報源の一つである。最近では，学術論文などの研究成果に，だれもが無料でアクセスできるようにするオープンアクセスが盛んになっており，研究成果を公開する機関リポジトリ（institutional repository）の設置が進みつつある。

　信頼できるウェブサイトは公的機関に限らない。たとえば，国内でもっとも利用されるポータルサイトの一つであるYahoo! Japanは，小学館や三省堂が発行する国語辞典や英和辞典などを検索できるYahoo! 辞書，『日本大百科全書』（小学館）を基礎としたYahoo! 百科事典，東洋経済新報社の『会社四季報』に掲載された企業情報を検索できるYahoo! ファイナンスなどの情報サービスも展開する。有形出版物をもとにしたウェブ情報は，伝統的な図書館資料の延長に位置するものであり，重要な情報源の一つといえる。

　もちろん，有形出版物を電子化したウェブ情報のみが有用であるというのではない。ウェブでのみ発信される情報も数多く存在する今日においては，伝統的な図書館資料では入手できなかった情報にアクセスできる機会も格段に増加している。多種多様なウェブ情報のなかから，利用者に有用な情報を選択，提供することは，情報インフラを目指す図書館にとって重要なサービスになってきているといえる。こうした信頼できるウェブサイトを選択し，さまざまなトピックの下に分類，組織化してリンクを提供してきた事例として，アメリカの"Librarians' Internet Index"があるが[54]，わが国の公共図書館ウェブサイトでも，市民生活に役立つリンク集が少しずつ増えている。

　では，ネットワーク情報資源を図書館サービスに活用するためには，どのような点に留意すればよいだろうか。1章でも述べたように，ネットワーク情報資源は有形出版物とは異なり，所有するものではなく，利用の都度，ウェブサイトにアクセスするという利用形態をとる。また，そこで利用できる情報は固定されているとは限らず，新しい情報によって置き換わったり，場合によって

54：リンク数は2万件以上に上る。ただし，2008年からは，ドレクセル大学'iSchool'が運営するInternet Public Library（IPL）に統合されている。

はウェブサイトそのものがなくなったりする可能性もある。したがって，ウェブサイトの作成者や発信者の信頼度，内容の正確さはもちろんのこと，永続性やコンテンツの蓄積性，最新情報への更新状況といった点も重要な観点といえるだろう。同時に，図書館が主体となってネットワーク情報資源を管理，保存する活動にも積極的な姿勢が求められる。

3．政府刊行物と地域資料

(1) 政府刊行物

a．政府刊行物とは何か

　政府刊行物（government publications）とは，国の諸機関によって刊行された出版物の総称である[55]。この言葉が登場したのは第二次世界大戦後であるが，特に普及をみたのは，1956（昭和31）年の閣議了解「政府刊行物の普及の強化について」以降のことである[56]。

　ところで，わが国では，「政府」といえば，内閣あるいは内閣の統轄する行政機関を意味することが多く，行政府を，立法・司法の機関と区別して呼ぶ場合に使われる。しかし，広義の政府は，立法・司法・行政を営む一国の統治機構全体を総称するものであり，欧米ではこの意味に用いられるのが普通である。政府刊行物という場合は，この広い意味で使われる。したがって，国の諸機関には，次に示す立法・司法・行政すべての部門の機関が含まれることになる。

　①国会（衆・参両議院），国立国会図書館。
　②最高裁判所，下級裁判所。
　③行政機関……内閣府および内閣の統轄する各省，各省の外局（庁，委員会），これらの付属機関，各種諮問機関（審議会など），地方出先機関，人事院，

55：この名称とは別に〈官庁刊行物〉の語も古くからあり，現在でも使われている。特に，地方公共団体の諸機関の出版物も含める場合は〈官公庁刊行物〉と呼ばれる。
56：黒木努．政府刊行物概説．帝国地方行政学会．1972，p.17．この閣議了解に基づき，当時の総理府内に〈政府刊行物普及協議会〉が設けられた。

会計検査院（内閣に対し独立した地位を有する憲法上の機関）など。

④政府関係機関，特殊法人，独立行政法人，特殊会社等……国策上必要な公共性の高い事業を，運営の弾力性や効率性などの観点から，国の行政機関とは別組織を作り経営に当たらせるもの。名称としては，公庫，事業団，機構，株式会社などがあるが，いずれも，法律に基づき設置され，主務官庁の監督を受ける。国の代行機関的性格からみて，これらも，国の機関に入れて考える。経費については，全額政府出資のものから，民間企業と同じく国による経費調達の保証がないものまでさまざまである。

これら国の機関と政府刊行物との関係については，国の機関が著作者，編者の場合はもちろんだが，他の機関が著作者，編者でも，国の機関が監修者や発行者であれば，政府刊行物といえる。また，外郭団体[57]の単独編集，発行でも，国の機関の委託による場合など，その著作物に対する国の責任が明らかなものは，広く政府刊行物に含めるべきである。要するに，政府刊行物とは，「国の機関が著作者，編者，監修者あるいは発行者となるなど，国がその著作物に対し，直接なんらかの責任をもつことが明確であるもの」ということができる。

b．政府刊行物の種類と意義

今日国家機関の活動はきわめて広範囲に及んでおり，国の機関が記録，報告，広報などを目的に刊行する政府刊行物は，次に示すように多岐にわたっている。

［議会関係資料］：ⓘ国会会議録（本会議録，委員会議録），ⓙ法令，ⓚ条約，ⓛ請願・陳情資料，ⓜ委員会などの参考資料。

［司法関係資料］：ⓘ裁判記録（判決録，判例集），ⓙ司法調査資料，ⓚ司法研究報告。

［行政関係資料］：ⓘ行政報告（白書，年次報告，事業報告，業務年報など），ⓙ統計報告（統計法に基づく指定統計，行政執行上収集した数値をまとめた業務統計，各種の統計調査を加工した加工統計など），ⓚ調査研究報告（各省庁および付属試験研究機関が実施する各種実態調査，民間団体が各省庁の委託によって行う調査研究など），ⓛ公示記録（官報，工業所有権公報），ⓜ審議会答

57：官庁から補助金等を受け，その官庁の活動を助けるために，調査，出版，啓蒙宣伝等の活動を行う団体。大蔵財務協会，農林統計協会など多くの団体が存在する。

申・研究会報告（審議会や大臣等の私的諮問機関である懇談会，研究会などの資料），ⅶ広報資料（広報誌・紙から情報誌，一般教養書まで），ⅷ行政要覧（人事・組織要覧，法令集，執務資料など），ⅷ解説・手引書（法律詳解，各種ガイドブック，研修テキストなど），ⅸ二次資料（書誌類）。

こうした政府刊行物の意義としては，次の３点を挙げることができる。

①国の政治，経済，社会の実態を映す鏡として，あるいはそれを知る手がかりとしての意義……民主主義社会では，国民は国の施策や活動の実態を知り，それを監視する義務と権利をもっている。一方，国はその施策や活動について国民に知らせる義務を負っている。民主主義社会を支える"informed citizen"[58]の形成に，政府刊行物は不可欠の情報資源となっている。

②学術資料としての意義……特に，行政機関が多額の費用と組織力を背景として実施，作成する各種統計資料（官庁統計）は，政治，経済，社会の実情を知るための一次データとして，高い資料価値をもっている。これらは，各種会議録や業務報告類とともに蓄積され，重要な歴史資料ともなっている。

③レファレンスツールとしての意義……政府刊行物には，統計資料や白書など各種情報資源として有効なものが多い。

c. 政府刊行物の流通と収集の問題

本来，国の刊行物は，国がそのすべてを，図書館など公開に適した機関に積極的に頒布し，国民の自由な利用に供すべき性質のものである。この意味で，米国の寄託図書館（depository library）制度[59]は，一つの理想であるといってよい。わが国にも，これと似た制度として，次に示す「図書館法」第９条による官公庁刊行物の公共図書館への頒布規定がある[60]。

　　政府は，都道府県の設置する図書館に対し，官報その他一般公衆に対する広報の用

58：国の施策や活動などについて，その判断材料となる情報を十分にもっている，あるいは十分に提供されている国民という意味。

59：米国では，いわゆる政府刊行物の公開利用のため，連邦政府および各州による出版物はすべて，指定された図書館に無料で送付されるべきことが定められている（日本図書館情報学会編．図書館情報学用語辞典．第３版．丸善，2007）。

60：この他，「地方自治法」第100条は，政府刊行物の地方議会への送付と，議会図書室の設置を義務付け，図書室の一般利用を認めている。

に供せられる独立行政法人国立印刷局の刊行物を2部提供するものとする。
　2．国及び地方公共団体の機関は，公立図書館の求めに応じ，これに対して，それぞれの発行する刊行物その他の資料を無償で提供することができる。

　しかし，この規定は現在でも十分には活用されていない。また，政府刊行物がすべて国立印刷局で印刷発行されるわけでもなく[61]，無償または実費で関係機関や一部関係者に配布されるものや，部内資料扱いとされるものも多く，刊行情報がとらえにくい灰色文献（gray literature）の性格をもっている。

　このため，国も，政府刊行物の普及のため，1956（昭和31）年の閣議了解以降，大蔵省印刷局（現・国立印刷局）直営の販売機関である政府刊行物サービスセンター（現在全国10か所）[62]や民営の同サービスステーション（官報販売所，現在全国56か所），さらには，政府刊行物の常備寄託書店の整備などを行った。しかし，センターの数が少ないこと，サービスステーションでの常備点数が十分でないこと，さらに一般書店には一部の資料しか配本されないことなど，さまざまな問題が残されていた。

　しかし，2001年4月の「情報公開法」[63]の施行により，政府刊行物を含む国が保有する情報へのアクセス問題は，ようやく改善に向かうこととなり，2004年11月には，「行政情報の電子的提供に関する基本的考え方（指針）」もまとめられた。現在では，この指針に基づき，各府省のホームページ上で共通のカテゴリーを設けて情報提供が行われるとともに（2-4表参照）[64]，総合的な検索・案内機能をもった「電子政府の総合窓口イーガブ（e-Gov）」も整備されるなど，国民がこれらの情報にアクセスしやすくするための運用が行われている。

　図書館としては，こうしたポータルサイトを自館のウェブサイト上のリンク集を通して，利用者に提供することが大切である。しかし，こうして得られる行政情報以外にも，多くの政府刊行物があり，印刷物での収集・蓄積も重要で

61：1956（昭和31）年の閣議了解では，「政府刊行物の印刷発行については，各省庁は大蔵省印刷局（現・国立印刷局）を活用するものとする」とされたが，発行機関の一元化は現在も実現してはいない。
62：東京（2か所），大阪，名古屋，福岡，札幌，広島，仙台，金沢，沖縄の10か所。
63：正式名称は「行政機関の保有する情報の公開に関する法律」。
64：http://www.e-gov.go.jp/doc/pdf/20041112doc1.pdf，（参照2012-03-03）．

2-4表 各府省のホームページ上に共通のカテゴリーを設け提供する情報

区分	共通のカテゴリー	提供内容
行政組織, 制度等に関する基礎的な情報	組織・制度の概要 (※)	○ 内部部局, 審議会等, 施設等機関, 特別の機関及び地方支分部局の内部組織, 任務, 担当する主要な事務又は事業 ○ 所在案内図（電話番号・府省メールアドレスを含む） ○ 所管行政の概要 ○ 幹部職員名簿, 可能な限り課等の単位までの電話番号・ファクシミリ番号
	所管の法人	○ 所管法人及び国立大学法人等（可能な限り「組織・制度の概要」に準じた情報）, 公益法人及び特別の法律により設立された民間法人に関する情報
	所管の法令, 告示・通達等	○ 所管法令の一覧及び全文 ○ 所管の告示・通達（法令等の解釈, 運用の指針等に関するもの）その他国民生活や企業活動に関連する通知等（行政機関相互に取り交わす文書を含む。）の一覧及び全文 ○ 新規に制定された法令の全文, 概要その他分かりやすい資料 ○ 改正された法令の全文, 改正の概要その他分かりやすい資料
	国会提出法案	○ 国会に提出した法律案の全文, 概要その他分かりやすい資料
行政活動の現状等に関する情報	審議会, 研究会等	○ 答申・報告書等の全文及び要旨 ○ 審議録の要旨又は全文 ○ 関係資料の全部又は抜粋
	統計調査結果	○ 統計資料その他の公表資料
	白書, 年次報告書等	○ 白書等の全文及び要旨
	パブリックコメント (※)	○ 規制の設定又は改廃に係る意見提出手続（平成11年3月23日閣議決定。平成12年12月26日一部改正）に基づく掲載
	法令適用事前確認手続	○ 行政機関による法令適用事前確認手続の導入について（平成13年3月27日閣議決定。平成16年3月19日一部改正）に基づく掲載
	申請・届出等の手続案内 (※)	○ 手続案内 ○ 様式, 記入方法及び記入例 ○ 審査基準, 標準処理期間 等
	調達情報	○ バーチャル・エージェンシーの検討結果を踏まえた今後の取組について（平成11年12月23日高度情報通信社会推進本部決定）及び情報システムに係る政府調達制度の見直しについて（平成14年3月29日情報システムに係る政府調達省連絡会議了承。平成16年3月30日最終改定）に基づく掲載
予算及び決算に関する情報	予算及び決算の概要	―
評価等に関する情報	評価結果等	○ 政策評価の結果等
各区分に共通する情報	大臣等記者会見	○ 大臣等記者会見の概要
	報道発表資料	―
	情報公開	○ 情報公開の手続・窓口案内情報

(注1) 本カテゴリーによりがたい場合, 適宜変更等は可能とするが, e-Govにおいては, これを基本としてカテゴリー別案内を行う。なお, 上表中の※印を付した情報はe-Govにおいて政府全体として一元的・体系的に提供する。

(注2) 掲載期間は, 特段の別途の定めがない場合は, 公表後3年間を基本とする。

ある。したがって，刊行情報の迅速な把握に努めるとともに，市販されないものについては，刊行の都度発行機関に直接送付依頼をしたり，普段から国の諸機関の刊行物頒布対象機関に加えてもらうなど，入手のためのアプローチが必要である。なお，政府刊行物に関する情報源については，〈3章の2の(3)：資料選択のための情報源〉をも参照のこと。

（2）地域資料（郷土資料，地方行政資料）

a．地域資料重視のあゆみ

　地方自治団体によって設置される公立図書館にとって，そのサービス対象地域に関連するさまざまな資料を収集し，提供することは，サービスの重要な柱である。これら地域関連資料は，住民がその地域の歴史や現状を知り，地域の諸問題を考える上で欠かせない情報資源である。

　ところで，わが国の公共図書館が地域関連資料の収集に意識的に目を向けるようになったのは，明治43(1910)年の文部省訓令「図書館設立ニ関スル注意事項」の中で，「其ノ所在地方ニ関スル図書記録類並其ノ地方士ノ著述ヲ蒐集スルコト最肝要ナリトス」と述べられたのがきっかけであったといわれる[65]。以来，これら地域関連資料は〈郷土資料〉と呼ばれ，多くの図書館で収集が図られることになるが，その収集内容は，古文書類を含む歴史・地誌関係の資料，つまり郷土史（誌）関係に傾きがちであった。こうした資料の収集実態には，後に「現在の市民生活に直接結びついた，市民生活に有用な資料」[66]という観点からの批判もなされるようになった。

　郷土史料主体の郷土資料からの脱却を意図して，1950年に成立した図書館法では，「郷土資料，地方行政資料……の収集にも十分留意して，……必要な資料を収集し，一般公衆の利用に供すること」として，郷土資料とは別に，全く新しい〈地方行政資料〉という用語を登場させた（第3条：図書館奉仕）。こうして，図書館法は，歴史資料に片寄ることなく現在の地域を知るための資料，

65：黒木努．図書館資料としての地方行政資料．図書館界．1975, 27(2), p.44.
66：日本図書館協会．中小都市における公共図書館の運営—中小公共図書館運営基準委員会報告（通称：中小レポート）. 1963, p.137.

なかでも地方行政に関する資料を特に重視する姿勢を打ち出したのであった。また，公立の公共図書館に各自治体の公文書館的な機能をも付与したこともあった。それは，第二次世界大戦後の新しい地方自治制度を支える公共図書館という意味でも，とりわけ重要な図書館サービスと考えられるものであった。

しかし，こうした図書館法の規定にもかかわらず，郷土史（誌）偏重の傾向は戦後も長く続き，地域の社会教育の拠点としての公民館との競合の中で，次のような指摘もなされるようになった。

> 郷土資料と言えば，古記録や近世資料のみを指すような考え方が強い。もちろんこれらの資料も重要であるが，趣味的，好事家的な感覚では，これらの資料もアクセサリーの域を出ない。殆んど利用されない虫食い本の収集に力をいれていて，市の予算書もなく，市の公報もない図書館では，図書館そのものがアクセサリーになってしまうであろう[67]。

地方行政資料をはじめ，現在の市民生活に深い関係をもつ今日的資料を，郷土資料の中核に据えるべきだとの共通認識が形成され，各地でさまざまな試みがみられるようになるのは，ようやく1970年代以降のことである。それは，わが国の公共図書館が，いわゆる〈市民の図書館〉の実現をめざして活発な活動を展開するようになったことや，行政とのかかわりを伴う情報公開を求める運動の高揚など，一般市民の地方行政への関心が著しい高まりを見せるようになったことなど，社会状況の変化と密接な関係をもつものであった。

なお，現在では，郷土史的イメージの残る〈郷土資料〉に替えて，〈地域資料〉あるいは地名を冠した〈○○資料〉の名で呼ぶ図書館が多くなっている[68]。

b．地域の範囲と地域資料の種類

郷土とは「生まれ育った土地，ふるさと，故郷」を意味するもので，明確な地理的範囲を示す言葉ではない。そのため，図書館での収集にあたっては，各館の置かれた地域の実状に応じて，地域資料（郷土資料）の範囲を定めなけれ

67：日本図書館協会：中小都市における公共図書館の運営―中小公共図書館運営基準委員会報告（通称：中小レポート）．1963．p.137．
68：東京資料，東京情報（東京都立中央），かながわ資料室（神奈川県立），大阪資料（大阪府立中之島），北方資料室（北海道立：北海道と旧樺太，千島列島関連資料），環日本海資料（福井県立），瀬戸内海資料（広島県立）など．

ばならない。一般には，設置者である地方公共団体の現行行政区域を中心とし，それに歴史的関連をもつ地域（すなわち，近世以前の区域，及び明治初期における行政区域の変遷を考慮する），および生活，文化，経済などの面で密接なかかわりをもつ近隣地域を，適宜，その範囲に加えて考えることになる。

　地域資料（郷土資料）の種類としては，以下のようなものが挙げられる。

　①地方行政資料……狭義には，地方公共団体の諸機関（議会や行政機関など）によって作製された地方行政に関する資料を指すが，広義には，当該地域に特に関連の深い政府刊行物や，住民からの請願書，要望書，さらには住民運動のビラの類などをも含んだ，地方行政に関する公私一切の資料を指す。

　このうち，地方公共団体で作成される資料には，地方議会の会議録，例規集，予算・決算書，各種計画書，行政報告，調査・統計報告，公報，県（市）勢要覧などがある。こうした行政資料も，国の行政情報が各府省のウェブサイトで提供されるのと同様に，各地方公共団体のウェブサイトで公開されるものが多くなっている。しかし，印刷資料としては，公刊されるものもあるが，部内資料として必要部数しか作成されない非公刊資料も多いため，収集には，絶えず役所内各部局と接触を図り，刊行情報を迅速に把握することが必要である。特に公文書については，現用文書としての保存年限を満了し，歴史公文書（非現用文書）として公開可能な文書を迅速に把握して寄贈・移管依頼を行うなど，図書館側からの積極的な働きかけが必要である。理想としては，条例で，これら行政関係資料の図書館への"移管"を義務づけることである。なお，地方行政の記録・文書である非現用の公文書に関しては，本来〈文書館〉が扱うべきものであるが，地方自治体の公文書館が未設置の場合には，公立の公共図書館に管理責任がある。また，地域行政資料については地方議会図書館（資料室）との関係に配慮する必要がある。

　②地域に関して書かれたもの……ⅰ地域がかかえる諸問題を扱ったもの，ⅱ歴史，地誌を扱ったもの（古記録，古文書，近世資料などは，文書館が存在する場合には，公文書とともに，その扱いを委ねることが望ましい），ⅲ自然，産業，風俗，文化などを扱ったもの，ⅳ地域とかかわりの深い人物を扱ったもの（伝記など），ⅴ地域を題材とする作品。

③地域内で刊行されたもの……ⓘローカル新聞，ミニコミ誌（紙），同人誌，ⓘⓘ地域内の団体，企業などの刊行物（要覧，社史，社内報など）。ⓘⓘⓘ地方出版社の出版物（特に，その地域に関連する内容のもの）。

④地域にかかわりの深い人物の著作物……出身者，在住者，あるいはその土地で活躍したり，地域に影響を与えた人物が対象だが，地域と関係のない内容のものをどこまで収集対象とするかは問題のあるところである。

⑤自館作成の地域資料……既に資料化された記録物を受動的に収集するだけでなく，変貌する地域の風景や地域に残る民話や方言，郷土芸能などを，写真や録音，録画などで採録し，図書館自らが地域資料の作製を行うことも大切である。また地域の歴史や伝承文化等を，地域在住者から積極的にオーラル・ヒストリーの手法等で記録化し，蔵書に加える必要もある。その際，市民ボランティアや地域に関わる研究会やサークルなどとの協働した収集体制作りが有効である（東京都調布市立図書館の「市民の手による，まちの資料情報館　伝えたい～まち・ひと・お話～」や岡山県立図書館の「デジタル岡山大百科」などの例がある）。こうした活動は，図書館が地域文化創造の要の役割を果たしていく上でも重要である[69]。

現在では，こうした自館作成資料に加え，所蔵する地域資料の中から，絵図や絵葉書，浮世絵，活字資料などをデジタル化して発信するデジタルアーカイブの構築が盛んに行われている[70]。この他，郷土史関係の未刊の稿本を図書館が翻刻するなど，出版活動の意義も大きい（高知市民図書館などの例がある）。

69：川崎市立図書館協議会．平成20・21年度川崎市立図書館協議会研究活動報告書―川崎としての特色のある図書館のあり方について―．2010年5月，p.6-7．
70：東京都立図書館の「都市・東京の記憶」「江戸・東京デジタルミュージアム」や，横浜市立図書館の「都市横浜の記憶」などの例がある。

4. 人文・社会・自然科学，および生活分野の情報資源と特性

（1）学術情報の生産・流通と情報資源の特性

　一般に，学問分野は人文科学（または人文学；humanities），社会科学（social sciences），自然科学（natural sciences）の三つに区分される。特に，近年では，学際的（interdisciplinary）な研究が増加し，必ずしも，それぞれの研究がこの三区分に排他的に位置づけられるとは限らないが，学問分野の特徴や性質を考える上では，人文・社会・自然科学という分類は依然として有用である[71]。

　ところで，研究者が自らの研究成果を公表する際の典型的な手順は以下のようである。ただし，この手順には例外も数多く，実際には，人文・社会・自然科学の各分野の性質に依存して，さまざまなパターンがみられる。

　①学会等が開催する学術的な会議（conference）にて，口頭発表（aural presentation）またはポスター発表（poster presentation）を行う。

　②発表内容を論文としてまとめ，学術誌（学会誌や紀要など）に掲載する。

　③複数の論文の内容をまとめて，学術書として出版する。あるいは，他の研究者の成果も取り込んで，解説書または教科書（textbook）として出版する。

　たとえば，自然科学の分野では，①の会議での発表は欠かせない。これは，研究テーマが研究者間で共通する程度が高いため，自分の研究成果の独創性（originality）をいち早く周知し，先取権（priority）を確保しなければならないことに起因している。また，研究成果に対する意見・評価を直ちに聞くこと

71：自然科学の領域には技術が深く入り込んでおり，「自然科学・技術」の呼称を用いる場合もある。なお，分野区分に関しては，日本学術会議では，人文社会科学，生命科学，理学・工学の三区分法をとっている。文部科学省の科学研究費補助金の申請区分では，人文社会系，生物系，理工系の三区分は，日本学術会議と同様だが，これに加えて，専門細分化した学問では対応できない問題を扱う「総合・新領域系」の区分を設けている。

ができるという点でも，会議での発表は重要な意味をもっている[72]。もちろん，人文・社会科学分野においても，同様な傾向を持つ領域があり，こうした手順がとられる場合には，会議おける予稿集や会議録（proceedings）などの会議資料が重要な情報資源となる。かつては，この種の資料は会議に参加しなければ手に入らないことが多く，灰色文献（gray literature）の典型として挙げられていたが，最近では，インターネット上で公開されるものも多く，入手しやすくなっている。

　もちろん，特定テーマの学術的な会議が毎週のように開催されるわけではないので，定期的な公表に限定されるという点では，学術誌と同様である。しかし，査読制を導入している学術誌では，投稿された論文の審査に時間がかかるため，一般的には，会議での公表のほうが，速報性が高い。とは言え，査読者（referee）の評価が伴うことによって，査読付きの学術誌の品質は高くなるため，この種の雑誌に研究成果を公表することは研究者の実績としてたいへん重要である（国際会議等での発表にも査読制が採用される場合がある）。

　逆に，査読制の学術誌に掲載する必要がない場合や，査読付き学術誌が存在しない研究領域では，会議での発表を経由せずに，直接，雑誌論文として刊行することも多い。一般的には，自然科学よりも，人文・社会科学においてこの傾向は強く，この場合には，大学や研究所等の研究機関が発行する紀要が重要な媒体となっている。

　学術誌に掲載される論文と図書の形式的な相違はその長さである。程度の差はあるが，一冊の図書のページ数はかなり多く，その分量に見合うだけの研究成果を上げるには通常，長い時間を要する。そのため，先取権確保のためにも，公表可能な結果を得た時点で逐次的に雑誌論文として公表しておき，何年か後に，その蓄積を学術書として集大成するのが一つの理想的なパターンである。しかし，人文・社会科学分野では，論文での公表を経ずに，独創的な研究成果

72：学術誌や学術書のような媒体を通じて知識を伝達することをフォーマルコミュニケーション（formal communication），会議等での対話を通じた伝達をインフォーマルコミュニケーション（informal communication）と呼んで区別することがある。学術情報伝達におけるインフォーマルコミュニケーションの重要性については，しばしば指摘されているところである。

が，直接，学術図書として刊行されることもある。もっとも，自然科学分野では，情報資源としての図書の役割は相対的に低く，解説書や教科書等に限定されるのが通常である。

a．自然科学分野の情報資源の特徴

ある数学的な定理の証明を新たに発見した場合などに，会議の開催を待たずに，他の研究者に手紙で知らせたり，予稿を配布したりすることは歴史的に行われてきた。自然科学分野では，それほどまでに先取権の確保が重要であり，そのための速報誌（たとえば，*Physical Review Letters* など）も刊行されている[73]。さらに，インターネットの発達以降は，PDF 等のファイルで予稿や報告書（report）を自分のホームページに掲載したり，学術論文の刊行前原稿であるプレプリント（preprint）を，その流通・蓄積を目的として開設されているイープリントアーカイブ（e-print archive）に投稿して自由なアクセスを可能とすることも行われている[74]。

本来，何らかの公的な組織が発行する科学技術関連の報告書はテクニカルレポート（technical report）と呼ばれ，自然科学分野では重要な情報資源であった[75]。最近では，大学や研究機関が独自に発行するテクニカルレポートも，インターネットを通じての公開が容易になっている。これらのテクニカルレポートは，通常，査読を経てはいないが，速報性があり，形式的には分量やレイアウトが比較的緩やかで，この点で，貴重な情報資源として機能している。

その他，自然科学分野で重要な役割を果たす情報資源としては，科学技術関連の特許資料（patent）や規格資料（standard），非刊行物としての研究ノート，さらにはレビュー誌などが挙げられる。ここでレビュー誌とは，ある特定

73：研究の新発見部分や結論だけを短くまとめて，中間結果をとりあえず報告するものがレターであり，レターだけを収録して刊行する速報誌がレター誌である。
Physical Review Letters は，最も権威のある物理学専門誌とされるアメリカ物理学会の *Physical Review* 誌から派生したレター誌である。
74：物理学や数学の分野を中心に発達した arXiv.org がその典型例である。1991年に，アメリカのロスアラモス国立研究所のギンスパーグ（Paul. H. Ginsparg）によって始められたもので，現在はコーネル大学に移されている。詳細は次の文献を参照。倉田敬子．学術情報流通とオープンアクセス．勁草書房，2007．196p．
75：詳細は次の文献を参照。戸田光昭編．専門資料論．樹村房，1998．p.138-141．

の研究テーマに関して，特定期間の文献を網羅的に掲げ，その内容を整理したレビュー（展望論文ともいう；review）を掲載した学術誌である[76]。このレビューを読むことによって，短時間に研究動向を把握することが可能であり，さらには，レビューの刊行によってそのテーマに関する知識の体系化が促進される。なお，レビューは，一般の学術誌にも掲載されることがある。

　学術的な雑誌の電子化がより進んでいる点も，自然科学分野の特徴である。この種の雑誌は電子ジャーナル（electronic journal）やオンライン・ジャーナル（online journal）などと呼ばれ，たとえば，大学の研究室などから，インターネットで図書館のサーバを経由し，提供機関（ベンダーあるいはアグリゲータなどと呼ばれる）のサーバに置かれたPDFファイルをダウンロードするかたちで，雑誌論文を閲覧・印刷することができる。自然科学分野の研究者にとって，電子ジャーナルの仕組みは必須であり，今後，人文・社会科学分野の諸領域にも普及していく可能性がある。

b．人文・社会科学分野の情報資源の特徴

　一般的な傾向としては，人文・社会科学の分野では，自然科学・技術分野と比べて，研究成果の迅速な公表が求められる度合いは相対的に低いということができる。特に，人文学には，速度と効率を最優先とする市場原理には還元できない価値が存在するともいわれる[77]。また，例外はあるものの，研究テーマが競合する程度は自然科学分野に比べれば低い。これらの性質によって，人文・社会科学分野では，上で述べたように，紀要や独創的な学術書が重視されるなど，特徴的な情報資源がやや異なってくる。

　また，自然科学・技術の分野では，実験や技術開発，あるいは自然の事象に対する調査を通じて研究が進められるのに対して，人文・社会科学では，図書や記録などの情報資源そのものが研究対象あるいはデータとなりうるという特徴がある。たとえば，文学研究では作品原典が，歴史研究では古文書や各種の

76：たとえば，情報学（information science）のレビュー誌として Annual Review of Information Science and Technology（ARIST）がある。
77：野家啓一．人文学は何の役に立つのか―「スローサイエンス」の可能性―．学士会会報．2005, no.854, p.53-58.

記録類が研究の対象である。また，美学研究では，絵画やポスター等が直接的な研究対象であり，法学・政治学の分野では，日本をはじめ各国の法規類や裁判記録，判例，議会議事録，行政文書などが必須の研究資料となる。さらには，社会科学においては，国勢調査をはじめとする各種の政府統計や行政資料，その他の民間統計，報告書などが，経済学や社会学における重要な研究データとして機能している。

　大学図書館をはじめとする研究図書館においては，人文・社会科学分野の情報資源をこのような観点から捉え，資料・情報の提供を図っていく姿勢が大切である。この点では，公共図書館もまた，郷土史研究や地域研究の拠点としての機能を果たせるよう，関連する資料・情報の収集，提供を図る必要がある。

（２）生活分野の情報資源と特性

　図書館法第2条に「……その教養，調査研究，レクリエーション等に資することを目的とする……」と述べられているように，公共図書館が提供する資料や情報は，教養・学術的なものだけに限らない。また，2006年3月に公表され，国の公共図書館施策の拠り所ともなっている『これからの図書館像』[78]では，これからの図書館サービスに求められる新たな視点のひとつとして，課題解決支援機能の充実が挙げられている。そこでは，ビジネス支援や学校教育支援，子育て支援，さらには，医療や健康，福祉，法務，地域関連情報の提供など，地域の課題や住民の日常生活上での問題を解決するために必要な資料や情報の的確な提供が求められている。このように，公共図書館は，娯楽やレクリエーションを含む，地域住民の生活に役立つさまざまな情報資源を，そのニーズに合わせて提供していくことが期待されているのである。もちろん，「教養・学術」と「生活・娯楽」の明確な線引きは難しく，むしろその境界は状況に依存して決まると考えられ，その意味でも，利用者ニーズの的確な把握が重要である。

　こうした生活に必要な情報の入手という点では，まず，一般的な新聞や雑誌が重要な情報資源となる。雑誌には多分に娯楽的な要素をもったものも多く，

78：これからの図書館の在り方検討協力者会議．これからの図書館像―地域を支える情報拠点をめざして―（報告）．2006.3．

この種の雑誌は公共図書館における重要な情報資源となっている。図書に関しても，実用書や入門書をはじめ，生活課題の解決に資する情報資源は数多い。

しかし，課題解決支援機能の充実のためには，市販の図書や雑誌，新聞だけでなく，パンフレットやチラシ，新聞記事の切り抜き等も含め，地域資料や行政資料等，広範囲な収集・提供が必要である。また，関連する各種データベースの提供も欠かせない。さらには，インターネットを通してアクセスできるネットワーク情報資源にも，厳選して提供すれば，信頼でき，かつ有効な情報資源となるものが数多く存在している。こうした役立つウェブサイトへのリンクサービスを提供している図書館も増えている[79]。このほか，考えられる課題テーマ別に作成されたブックリストやパスファインダーなども，有用な情報資源となっている。また，講座や講演会，相談会などが，さまざまなテーマで開催され，情報提供の場として活用されている[80]。

なお，文部科学省のウェブサイトでは，こうした課題解決支援サービスに積極的に取り組んでいる図書館で構成される「図書館海援隊」の活動と取組内容が紹介され，その推進が図られている[81]。

79：こうしたリンクサービスとして有名な"Librarians' Internet Index"については，2章2節の(5)「情報資源としてのウェブ情報」を参照。
80：テーマとしては，子育て，セカンドライフ，健康作り，福祉，就職・転職，求人，起業，資格取得，法律問題など広範囲に及んでいる。
81：「図書館海援隊」参加図書館一覧．文部科学省．http://www.mext.go.jp/a_menu/shougai/kaientai/1290067.htm，（参照2012-04-22）．2011年12月20日現在の参加図書館数は47館。

3章 図書館情報資源の収集とコレクション構築

1. コレクション構築とそのプロセス

(1) コレクション構築とは

a. 図書館コレクションとその意義

　図書館では，日々さまざまな種類の図書館資料を収集し，整理・保管する仕事が進められているが，こうした業務プロセスの結果として形成される「資料の集まり」が「図書館コレクション」（library collection）である。

　一般には，「コレクション」の代わりに「蔵書」という用語がしばしば使われ，利用者にはこの語の方がなじみやすいかもしれない。確かに，図書・雑誌・新聞などの印刷資料のコレクションに限定する場合には「蔵書」という用語で十分であるが，ビデオソフトやCD，DVDなどの視聴覚資料，さらには，CD-ROMなどに収められた電子資料なども図書館の所蔵資料に含まれることを考えると，「蔵書」よりも，「コレクション」という用語の方が，図書館の所蔵資料の実体をより包括的に指し示していて都合がよい。

　図書館にとってのコレクションの重要性はあらためて指摘するまでもないことであり，コレクションの質と量が図書館に対する利用者の評価を大きく左右することになる。たとえば，利用者が「○○という書名の本を読みたい」あるいは「□□に関する資料を入手したい」と考えたときに，それらを図書館が実際にコレクションとして所有しているかどうかは重要な問題である。利用者が望みの資料をその図書館で利用できるかどうかの可能性を「利用可能性」（availability）というが，図書館は，その利用者集団に対して，十分な利用可

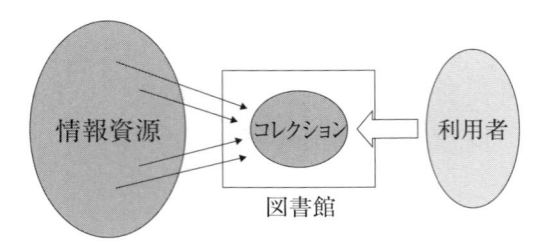

3-1図　図書館コレクションの位置づけ

能性を確保しうるコレクションを構築・維持していく必要がある。

　ところで，こうした図書館コレクションの概念は，インターネット経由でアクセスされる「ネットワーク情報資源」の広がりにより，再検討を余儀なくされている。「ネットワーク情報資源」（電子ジャーナル，電子書籍，ウェブ情報等）については，パッケージ系電子資料と違い，物理的実体を持たないため，ストレートに従来のコレクション概念に含めることはできないのである[1]。

　たとえば，電子ジャーナルの利用契約を結び，紙媒体での雑誌の受け入れを完全に中止した場合，論文の利用可能性は，図書館ではなく，ベンダーなどの提供組織側の方針やサーバの状態に全面的に依存することになってしまう。これは，近年公共図書館でも導入されつつある電子書籍の場合も同じである。そもそも，電子ジャーナルのみで紙媒体を持たない学術雑誌も数多く，学術雑誌のオープンアクセス化の進行により，この種の雑誌はさらに増加が見込まれる。また，学会等の会議で発表された論文がインターネット上で自由に閲覧可能になっている例も多い（主催団体または発表者自身による公開による）。さらには，正式な出版ルートには乗らない数多くの小説が，インターネット上で自主的に公開され，いわゆる「ケータイ小説」として，多くの読者を集めている例もある。こうしたネットワーク情報資源については，図書館の所蔵資料として，

1：ただし，図書館がウェブページを，作成者の許可をとり，自館のコンピュータ上に複製・保存した場合は（インターネット・アーカイビング），有形の図書館資料として図書館コレクションとなる。国立国会図書館が2002年度に開始し，現在では「インターネット資料収集保存事業」と呼ぶ WARP（Web Archiving Project）は，その代表例である。

図書館がその利用可能性を完全にコントロールすることはできない。ウェブ情報についても同様で，有用な情報資源が，ある日突然利用できなくなるということも数多い。つまり，こうした提供される情報の不安定性を特徴とする「ネットワーク情報資源」が，はたして図書館コレクションの対象となるのかどうかを巡り，コレクション概念や，さらには書誌コントロール概念の再考が迫られているのである。

図書館はこれまで，さまざまな資料をコレクションとして所蔵することで，その「利用可能性」を利用者に提供してきている。これに対して，図書館が利用者にとって有用なウェブページを「選択」して，図書館のホームページからリンクを張った場合，それは，ネットワーク情報資源への「アクセス可能性」（accessibility）を提供していることになる（電子ジャーナルの提供も形式的にはこの範疇に属する）。このとき，リンク先のウェブ上の情報資源を図書館コレクションと呼べるかどうかは微妙な問題であるが，「拡張されたコレクション」と呼ぶことは可能かもしれない（3-2図参照）。そう考えるならば，「ネットワーク情報資源」の選択，収集，蓄積，評価・再編についても，従来の「図書館資料」を対象としたプロセスの延長で考えることができるだろう。

したがって，本章では，基本的には，図書館コレクションとして，有形の

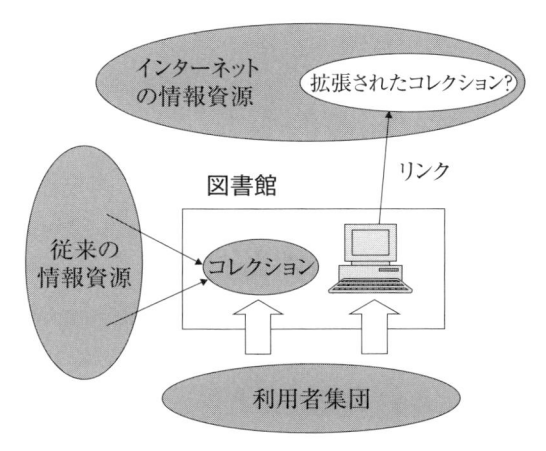

3-2図　図書館によるアクセス可能性の提供

「図書館資料」を念頭に述べていき，「ネットワーク情報資源」，特にオンライン出版物に関しては，適宜，その特性等について触れていくことにする。

b．コレクション構築とその概念の変遷

　もし，世の中に存在するすべての資料をコレクションとして所蔵できれば，資料の利用可能性は著しく高まることになる。しかし，購入予算や書庫のスペースには限界があり，それはもちろん不可能である。そのため，現実的には，世の中に流通している大量の資料の中から，購入すべきものを選択しなければならない。この際，その図書館がサービス対象とする特定の利用者集団の潜在的・顕在的要求に対して十分な利用可能性を確保できるよう，膨大な情報資源の中から，購入する資料を適切に選ぶ必要がある[2]（3-1図参照）。

　この作業は，購入対象資料が図書の場合には，選書あるいは図書選択（book selection）と呼ばれる。選書（図書選択）は，その図書館がよりよい蔵書を維持していくための重要なプロセスであり，図書や利用者に関する高度な知識を必要とする専門的な業務である。かつては，この図書選択の理論・技術がさかんに研究・議論されていた。

　しかし，この「図書選択」という概念は，次の三つの理由から，「コレクション構築」（collection development）という概念に次第に拡張されていった[3]。

■**1 資料の多様化**　　図書以外にも，ビデオやCD-ROMなどのさまざまな情報メディアが登場し，図書館資料としての重要性が高まってきた。

■**2 資料の集合体としての重要性**　　その図書一点に限定して個別的にその購入の適否を検討するだけでなく，その図書が加えられることになるコレクション全体を見て判断する必要がある。たとえば，ある図書館で心理学分野の図書が歴史分野に比べて不十分であるならば，それを重点的に補強して，コレクション総体の構成を是正することが望ましい。

2：なお，すべての図書館資料が購入されるわけではなく，寄贈や交換といった手段で入手できる場合もある。この場合にも同様に，整理のコストやスペースの制限から，受け入れるかどうかの選択が必要になる。

3：コレクション構築の基本概念と変遷の詳細については以下の文献に詳しい。
　河井弘志編．蔵書構成と図書選択．新版，日本図書館協会，1992，p.1-4．
　三浦逸雄，根本彰．コレクションの形成と管理．雄山閣，1993，p.14-18．

❸**継続的な評価プロセスの導入**　新たに購入すべき資料を選択するだけでなく，コレクションの中から不要な資料を識別する作業もまた重要である。つまり，購入した後も，評価プロセスを継続し，適切なコレクションを維持していく必要がある。

　さらには，「コレクション構築」(collection development) の他にも，書庫管理などのコレクションに対する管理的な側面を含む概念としてコレクション管理（collection management）がある。これらの〈collection development〉や〈collection management〉には，いくつかの日本語訳があるので，注意を要する。たとえば，前者に対しては，本書で使用する「コレクション構築」のほかに，「蔵書構築」「蔵書構成」「コレクション形成」などの用語が実際に用いられている。また，後者についても，「コレクション管理」以外に，「蔵書管理」などの訳語を当てることがある。

c．コレクション構築に影響を与える要因

　実際にコレクションの構築を進めていく際には，さまざまな要因を考慮する必要がある。その主なものとして，次の四つを挙げることができる。

❶**利用者集団**　それぞれの図書館が想定するサービス対象である利用者集団の特徴を十分に把握して，コレクション構築を進める必要がある。この際，現在の利用者だけでなく，潜在的な利用者をも含めて考えなければならない。また，利用者は個人ではなく，組織や団体の場合もある。

❷**情報ニーズ**　単に利用者の特徴把握だけでなく，利用者のもつ情報ニーズ（information needs）をも考慮しなければならない。多くの利用者は，何らかの情報に対する要求が生じたために，図書館を利用する。たとえば，何かの時事問題について詳しく調べたい，心に感銘を受けるような本を読みたい，料理の作り方について学びたい，などであり，それらを情報ニーズと呼ぶ。このような情報ニーズを的確に把握して，コレクション構築を進める必要がある。

❸**経済的・物理的制約**　資料の購入予算や書庫スペースには限界があり，その制約の範囲内で，少しでも良いコレクションを構築するよう，努力していく必要がある。

❹**現有のコレクション**　すでに述べたように，その時点で図書館が維持・管

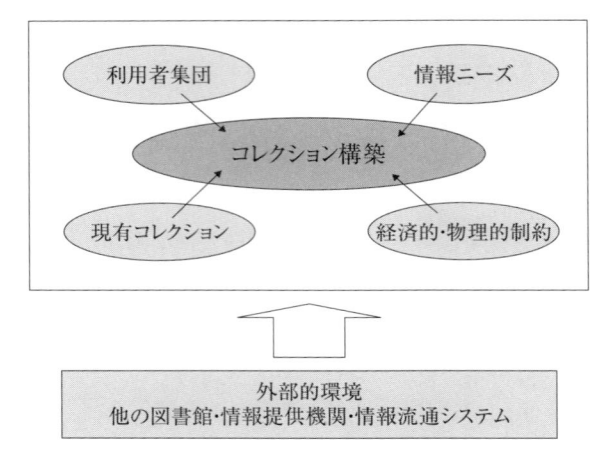

3-3図 コレクション構築に影響を与える要因

理しているコレクションの特徴または長所・短所を十分に把握したうえで，コレクション構築を進めていかなければならない。このためには，現有コレクションの評価・分析が重要になる（この方法については後述する）。

　コレクション構築は以上の四つの要因に影響を受けるが，さらに，他の図書館のコレクションや，図書館以外の情報サービス機関・情報流通システムなども考慮する必要がある（3-3図）。たとえば，近隣の図書館や文書館，博物館，あるいは（古）書店，さらには，インターネットなどのネットワーク経由でも，さまざまな情報が入手可能であり，それぞれの図書館を取り巻くこのような外部的環境にも考慮しつつ，コレクション構築を進めることが望ましい。

d．コレクション構成の館種別特徴

　実際には，館種別にコレクションの特徴は大きく異なる。ここでは，所蔵資料の種類や想定される利用者集団などの点から，館種別のコレクションの特徴を簡単にまとめておく。

❶市区町村立図書館　　市区町村立図書館は，公共図書館のうち第一線図書館として位置づけられ，子どもから大人・高齢者まで，地域住民を包括的にそのサービス対象としている。このため，そのような多様な人々のさまざまな情報ニーズに応えうるような，コレクションを構築していかなければならない。

基本的には，図書・雑誌・新聞が中心であるが，オーディオCDやビデオカセット，DVDなどの視聴覚資料を提供している図書館も多い。学術書が所蔵されていないというわけではないが，教養・趣味・娯楽のための資料がコレクションの中心であり，小説が多いのが一つの特徴である。また，児童向け資料，ヤングアダルト向け資料が収集され，独立したコレクションとして存在する場合も多い。さらには，その地域に特有の郷土資料や行政資料（地域資料）を重点的に収集していることもある。

❷都道府県立図書館　都道府県立図書館は，市区町村立図書館では満たされなかった情報ニーズを解決するという役割をもち，近隣地域住民個人へのサービスに加えて，市区町村立図書館に対するサービスをも行う必要がある。そのため，一般に，市区町村立図書館よりも大規模なコレクションを維持・管理している。また，市区町村立図書館に比べて，専門的・学術的な資料の比重が高いことが多く，さらに，地域資料を網羅的に収集し，それらを使った研究に大きな貢献を果たしている場合が少なくない。

❸学校図書館　学校図書館の利用者には教職員も含まれるが，主たるサービス対象は，小・中学校や高等学校の生徒である。学校図書館の第一義的な目的はこうした生徒たちの学習・教育への支援であり，教育課程（カリキュラム）を補助する資料や課外読書のための資料提供が重要な責務である。そのための図書や視聴覚資料がコレクションの中心であるが，さらに，教材としての模型，標本，地球儀等をはじめとする博物館資料類を図書館が管理する場合もある。

❹大学図書館　大学図書館では，学生の学習や教育活動への支援のほかに，教職員・大学院生を含めた研究活動を支えることが重要な役割となっている。そのため，公共図書館や学校図書館に比べて，学術的資料の割合が圧倒的に多く，また，日本語以外の言語で書かれた資料も数多く収集している。

　学術的な情報の効果的な提供のために，レファレンスコレクションが充実しているのも大きな特徴である。また，データベースや電子ジャーナルなども積極的に収集・提供されている。なお，実際には，大学図書館のコレクションの特徴は，個々の大学を構成する学部・学科のタイプに大きく依存する。

❺専門図書館　専門図書館には，企業の図書館や各種学会・協会の図書館，

地方議会・官公庁の図書館などが含まれ、それぞれの利用者に応じた専門的なサービスが提供されている。したがって、そのコレクションの特徴は各図書館の「専門性」に大きく依存することになる。なお、企業の図書館では、調査報告書や社内報、図面類など、非出版物としての社内的な文書や資料を管理・保管している場合もある。この点で、文書館あるいはビジネスアーカイブとの接点が大きくなる。

（2）コレクション構築のプロセス

a．一般的なプロセス

図書館における実際のコレクション構築は、3-4図に示す六つの段階から成る一連のプロセスとして実行される。ここでは、この各段階について簡単に説明する（「整理」以外についての詳細は、本章の第2節以降を参照のこと）。

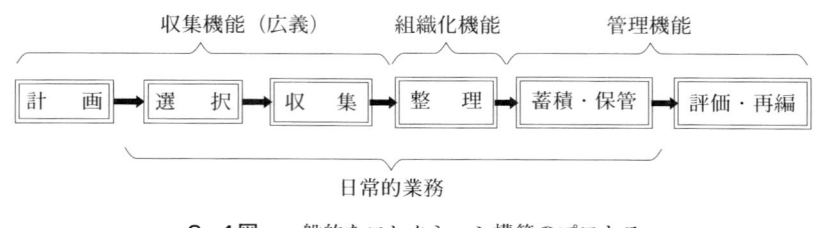

```
        収集機能（広義）      組織化機能    管理機能
    ┌─────────────────┐  ┌─────┐  ┌─────────┐
  計画 → 選択 → 収集  →  整理  → 蓄積・保管 → 評価・再編
    └──────────────────────────┘
              日常的業務
```

3-4図　一般的なコレクション構築のプロセス

❶計画　図書館における計画立案（planning）の一環として、コレクション構築に関しても、短期計画あるいは中・長期計画を立案し、それに沿って実際の作業を進めていく必要がある。短期計画は通常1年（すなわち一つの会計年度）であり、それ以上は中・長期計画となる。担当者が代わっても、一貫したコレクション構築が維持されるように、5年〜10年程度の中・長期計画を立てることが望ましい（もちろん、利用者集団や環境の変化に応じた、計画の見直しも重要である）。

具体的には、資料収集方針やガイドラインを策定し、その中で、短期あるいは中・長期計画を明示することが必要である。

なお，資料収集方針やガイドラインは一般に蔵書構築方針書（Collection Development Policy Statement）または収集方針書と呼ばれ，文書形式で明文化して，関係者内で共有することが望ましい。

❷選択　コレクション構築の計画，具体的には収集方針書に基づいて，収集すべき資料の選択が日常業務として行われる。具体的には，世の中にどのような資料が存在するかを把握し，その上で，収集方針書に示された基準やガイドラインに照らして，実際に受け入れる資料を決めていく。このためには，司書はさらに，上で述べたような利用者ニーズや経済的制約などを考慮しなければならず，また，各資料の主題にも精通している必要がある。この点で，資料選択は高度な知的判断を必要とする専門的な作業であるといえる。

❸収集　選択された資料を実際に取り寄せて，コレクションの一部として受け入れる作業が「収集」である。たとえば，図書を購入する場合には書店や取次業者を通すことになるが，その業者が取り扱わない図書の場合には，その購入方法を検討しなければならず，それほど容易な作業ではない。一般に，通常の流通経路に乗らないような資料（「灰色文献」または「グレイリテラチャ」とも呼ばれる）を収集することは難しく，知識・手腕が要求される。また，購入のほかに，寄贈，交換，寄託，会員加入，納本などの収集方法もあり，それらの手順にも精通しておく必要がある。

❹整理　収集に引き続いて整理が行われる。これは具体的には，目録作成，書誌・索引作成，分類記号付与，件名付与，請求記号付与などを指す。目録作成・分類作業は図書館における非常に重要な作業であるが，これらについては，本シリーズの他巻を参照してもらいたい[4]。

❺蓄積・保管　整理作業の済んだ資料に対しては，蔵書印の押印や図書ラベルの付与などが行われる。これを装備と呼んでいる。そして，装備の終わった資料は書架に並べられ（排架），一般の利用に供される。このようにして，資料が体系的に整理・蓄積されていくことになる。

　蓄積された資料が破損・散逸しないよう，長期にわたって保存していくこと

4：田窪直規編. 情報資源組織論. 樹村房, 2011.

はたいへん重要である。このためには，損傷・劣化を防ぐための予防措置と，それらを修復する作業の二つが必要になる。さらに，書架や書庫を整理された状態に保つための書架・書庫管理も大事な仕事である。

❻評価・再編　定期的にコレクションを評価し，そのコレクション（蔵書）構成に偏りがないか，あるいは，利用者集団の情報ニーズを十分に満たしているかどうかを確認することは重要である。もしその評価結果が十分でなければ，それを資料収集方針や実際の選択作業に反映させなければならない。図書館の評価のための一般的な指標を規定した標準規格として，JIS X 0812（ISO11620）があり，その中に，コレクション評価のための指標がいくつか含まれている。

また，評価の結果，「古くなった」などの何らかの理由で，将来にわたって利用が期待できないような資料が見つかったならば，保存書庫や保存図書館への移管や廃棄を検討する必要がある。このような資料除去によるコレクションの再編も，資料選択と並んで，重要なコレクション構築のプロセスである。

b．図書と逐次刊行物のプロセス

図書と逐次刊行物についての，より詳細なプロセスを3-5図，3-6図にそれぞれ掲げた。各プロセスの詳細は，本章の第2節以降を参照のこと。

c．プロセスの機械化

以上のコレクション構築のプロセスは，コンピュータを利用した効率化が図られている。たとえば，3-5図に示された重複調査（選択された図書がすでに購入されていないかどうかの確認）には，目録データベースのコンピュータによる検索が欠かせない。そのほか，発注・検収・登録業務や目録作成業務，書庫管理，評価作業などにもコンピュータは重要な役割を果たしており，多くの図書館では，それらを一貫して支援するシステムを導入している。

（3）コレクション構築に関する研究

図書館情報学の研究者や図書館員によって，コレクション構築についてのさまざまな研究がなされている。ここでは特に，その一連の研究の中で発見・探究されてきた統計的な法則について触れておく。

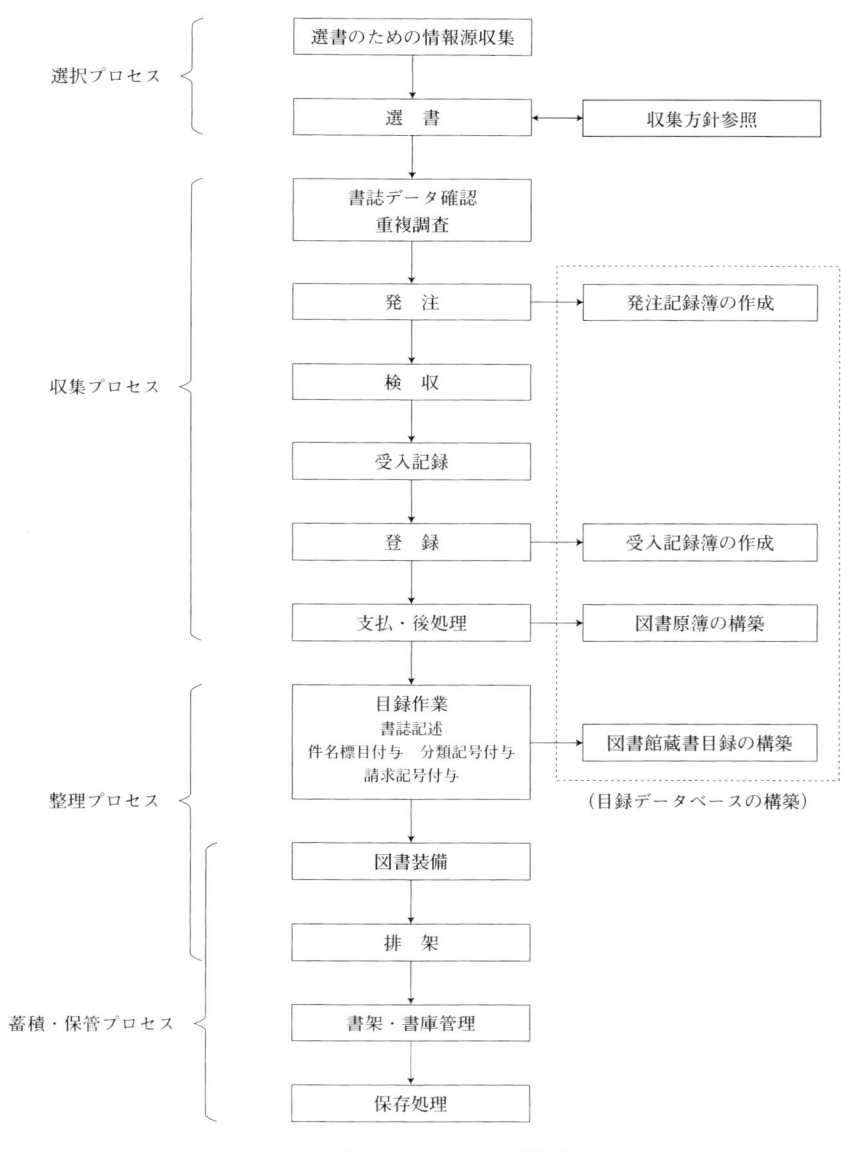

1. コレクション構築とそのプロセス | 83

```
選択プロセス ┤ ┌─ 選書のための情報源収集
              └─ 選書 ←→ 収集方針参照

収集プロセス ┤ ┌─ 書誌データ確認 重複調査
              ├─ 発注 → 発注記録簿の作成
              ├─ 検収
              ├─ 受入記録
              ├─ 登録 → 受入記録簿の作成
              └─ 支払・後処理 → 図書原簿の構築

整理プロセス ┤ ─ 目録作業
                書誌記述
                件名標目付与 分類記号付与
                請求記号付与 → 図書館蔵書目録の構築
                （目録データベースの構築）

蓄積・保管プロセス ┤ ┌─ 図書装備
                     ├─ 排架
                     ├─ 書架・書庫管理
                     └─ 保存処理
```

3-5図 図書のコレクション構築プロセス

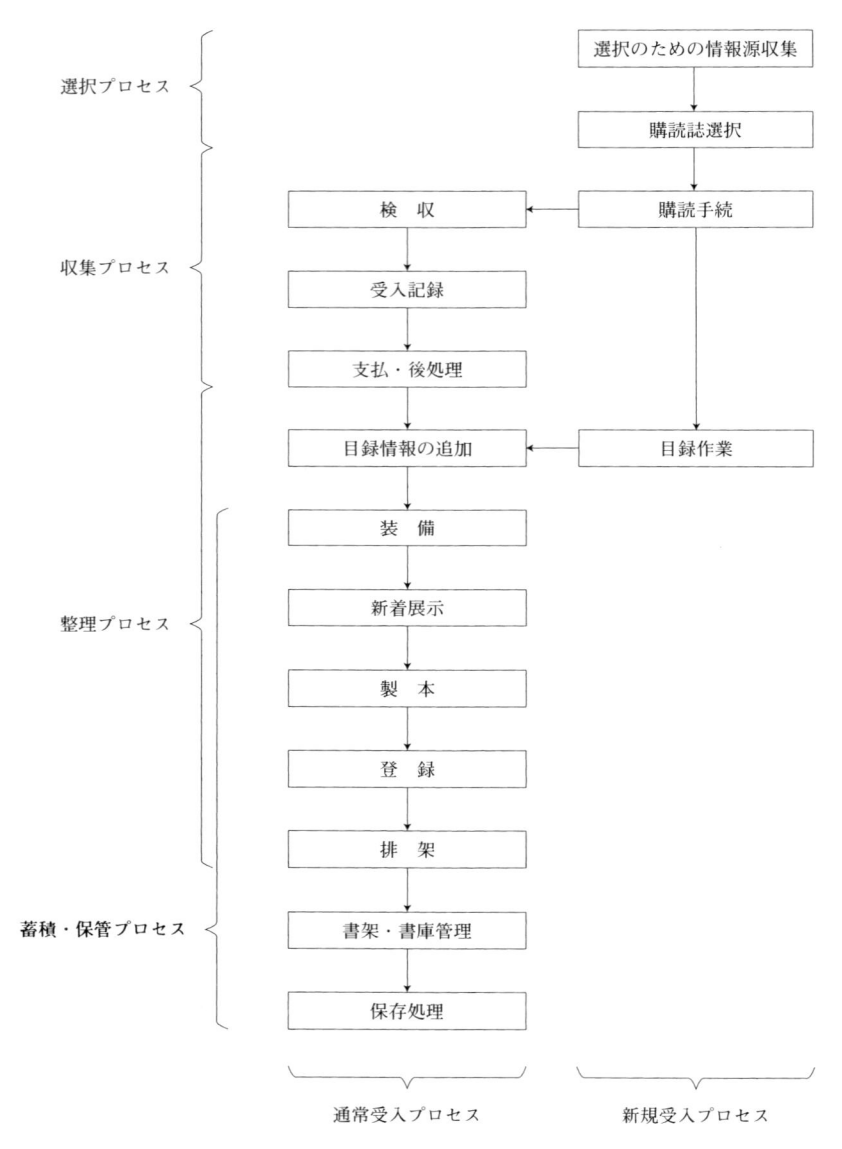

3-6図 逐次刊行物のコレクション構築プロセス

選択プロセス
- 選択のための情報源収集
- 購読誌選択

収集プロセス
- 検 収
- 受入記録
- 支払・後処理
- 購読手続

整理プロセス
- 目録情報の追加 ← 目録作業
- 装 備
- 新着展示
- 製 本
- 登 録
- 排 架

蓄積・保管プロセス
- 書架・書庫管理
- 保存処理

通常受入プロセス／新規受入プロセス

a．ブラッドフォードの法則

　1930年代にブラッドフォード（S. C. Bradford）によって発見された，学術論文の雑誌への掲載に関する統計的な規則性を，一般に〈ブラッドフォードの法則〉（あるいは〈経験則〉）と呼ぶ。この法則は，「特定主題に関する論文を集中的に掲載する雑誌が少数存在する一方で，その主題に関する論文をごくわずか掲載する雑誌が多数存在する」という，いわば「集中と分散の現象」を記述したものである。

　コレクション構築の観点からは，「特定主題を集中的に掲載する雑誌」を優先的に購入することで，より少ない予算によって，その主題に関する論文をより多く集められることになる。このような雑誌をコアジャーナルと呼ぶことがある。また逆に，「その主題に関する論文をごくわずか掲載する雑誌が多数存在する」ということは，ある主題に関する論文を完全に網羅したコレクションの構築を試みたときに，それがいかに難しいかを示しているわけでもある。

　なお，興味深いことに，同じような「集中と分散の現象」は経済学や言語学，天文学など，図書館の世界を超えて，普遍的に観察されている（たとえば，少数の人々に富が集中し，低所得者が多数存在する状況など）。また，図書館においても，ごく少数の図書が数多く貸し出され，大部分の図書は全く貸し出されないか，ごくたまに貸し出されるだけであるという，〈ブラッドフォードの法則〉によく似た現象が観察されることが知られている。この現象は，「80/20ルール」（80％の貸出が20％の蔵書によって充足される）と呼ばれることもある。同様に，インターネット上のオンライン書店に関して取り上げられる「ロングテール現象」も一種の集中と分散の現象を意味している（この名称は，一般に，縦軸に販売数，横軸に商品をその販売数の降順に並べてグラフを描くと，グラフの右側が低くなだらかに伸びることに由来している。このグラフの形状こそが「集中と分散」にほかならない）。

b．資料の老化

　資料が受け入れられたのち何年も経てば，当然，その内容は古くなり，利用が減少していく。これを資料の老化（obsolescence）という。中には何年経ってもよく利用されるような資料もあるが（たとえば，古典的な名著など），全

体的な傾向としては，その利用の程度は年々，指数関数的に減少していくということが何人かの研究者によって指摘されている。ただし，この減少の比率は主題分野によって異なる。場合によっては，この指数関数的な減少を〈老化の法則〉と呼ぶこともある。

その減少の曲線が指数関数になるかどうかは，実際にはその状況に大きく依存するので別としても，利用が減少していくのは当然であるから，その減少率を勘案して，コレクションの再編計画を立てていくことが重要であるといえよう（本章の5節参照）。

2．資料選択のプロセス

（1）資料選択の基準と実際

図書館に備えるべき資料（電子資料を含む）を受け入れ，あるいは利用できる電子資料契約を選択する作業は，次のような数多くの要因が相互に関係する，複雑で知的な意思決定プロセスである。

①資料収集方針
②利用者とその要求（ニーズ）
③資料自体の特徴や価値
④所蔵・利用可能コレクションの特徴
⑤資料購入・利用契約のための予算の制限
⑥図書館間相互貸借，異なる媒体などによる利用可能性（availability）

資料選択にあたっては，これらの要因を総合的に検討しつつ，選定を進めていく必要がある。たとえば，資料選択の担当者が，ある新しい資料の出版情報を得たとする。この資料を図書館で購入，あるいは利用契約すべきかどうかを検討する際には，まず，当該図書館の資料収集方針（蔵書構築方針ともいう）に照らし合わさなければならない（上記の①）。そのうえで，その資料が当該図書館のサービス対象である利用者にとって必要かどうかや，利用者が希望する理由が妥当かどうかについての検討（上記の②），さらには資料自体の内容

や質，利用環境の検討（上記の③）を行う。また，類似の資料をどの程度所蔵しているのかについての考慮（上記の④）や，資料が高額の場合には，予算の確認も必要である（上記の⑤）。さらには，冊子体を購入しない場合，近隣の所蔵館と相互貸借などの方法で代替利用ができるかどうか，あるいは電子資料を利用契約しない場合には，複数出版社の商品を収録した他社の商品に当該電子資料が含まれていて代替利用ができるかどうか，あるいは当該電子資料の内容がすでに所蔵している冊子体，マイクロフィルム，DVDなどの異なる媒体で代替利用ができるかどうかを検討することもある（上記の⑥）。

　資料選択のプロセスでは，こうした要因の検討が不可欠であり，その手順や要領については，収集すべき資料の範囲などとともに「資料収集方針」の中に明示することが望ましい。以下に上記①から⑥について，順次，解説する。

a．資料収集方針

　図書館の目的や，収集すべきコレクションの範囲などを文章として規定したものを資料収集方針（蔵書構築方針：Collection Development Policy ともいう）と呼ぶ。資料収集の根拠として最も基本的な枠組みを与えるのは，その図書館の目的である。たとえば，公共図書館ならば，「図書館法」第2条に従って，一般公衆の「教養，調査研究，レクリエーション等に資すること」が最上位の目的となる。大学図書館ならば，その大学の構成員である教職員，大学院生，学部生への「研究，教育，学習支援」が最上位の目的になる。しかしながら，このような目的は，通常，抽象的であり，実際的な問題に対処するためのよりどころとしては十分ではない。そこで，多くの図書館では個別に，より具体的な運営方針を規定しているが，その中で特に資料収集にかかわる部分が資料収集方針（Collection Development Policy Statement）である。この資料収集方針に含めるべき要素については，おおよそ次のように集約することができる（3-1表参照）。これらは必ずしも相互排反的なものではなく，中には密接に関連するものもある[5]。

5：大学図書館や専門図書館では，「冊子体での所有」から「電子形態での利用」へという，考え方の大きな変化が起こっている。今後，これまでの「冊子体での所有」を前提とした資料収集方針は，修正を余儀なくされる可能性がある。

①図書館，あるいはその親機関の目的や役割
②収集すべき資料の収集範囲
　◦主題別基準（方針，年代，言語，地理的範囲，資料形態，内容の深さなど）
　◦媒体別基準（冊子体資料，電子資料，マイクロ資料，視聴覚資料など）
　◦逐次刊行物の種別基準（雑誌，新聞，大学紀要，統計など）
　◦コレクションの種別基準（レファレンス，郷土資料，貴重書，開架図書，法判例，政府刊行物，個人文庫など）
③選択の基準（複本，著者，出版社，参考文献，価格，他図書館の所蔵状況，他媒体の所蔵状況，大きさ，ページ数など）
④寄贈図書受け入れの基準
⑤収集の優先順位
⑥利用者とその要求
⑦利用環境の基準（パソコンでの稼働の可否，電子資料を契約解除した場合のその後の利用権利など）
⑧コレクション評価の方法と手順
⑨コレクションから除くべき不要な資料の選択，および雑誌などの継続購入中止，電子ジャーナルのパッケージ利用契約中止に関する方法と手順
⑩資料のデジタル化の方針と手順

　ところで，資料収集方針は単なる業務上の具体的な手順のマニュアルではない。場合によっては，社会における図書館の役割や立場を明確にするためのよりどころになることさえある。適切な資料選択に基づくコレクション構築は，図書館活動の基礎であり，図書館の司書にとって充分に精通している必要がある。

　資料収集方針の成文化にあたっては，個別的な事例や細かな規定にまで言及すればするほど，その作業労力が必要となり，また，それが膨大になれば，その理解や運用に困難が生じる可能性もある。しかし，資料収集方針に従って作業を進めることで，資料選択担当者の独断に左右されない，その図書館の目的に合った一貫性のあるコレクション構築が実現できるメリットがある。それゆ

え，多少の作業労力の増大にもかかわらず，成文化が求められる。

　ここでは，一つの考え方として，国際図書館連盟（International Federation of Library Associations and Institutions：IFLA）の「コレクション構築方針のためのガイドライン（2001）」[6]を紹介する。このガイドラインでは，コレクションをどの程度の内容的な深さで収集するかについて，次の六段階のレベルを提示している。

　　0 ＝ 対象外（out of scope）
　　1 ＝ 最小限の情報レベル（minimal information level）：
　　　　　基本的な著作以外はほとんど収集しない
　　2 ＝ 基本的な情報レベル（basic information level）：
　　　　　入門的な知識や主題領域の概要を知るのに役立つもののみを収集
　　3 ＝ 学習や教育支援レベル（study or instructional support level）：
　　　　　研究レベルまでは届かないレベルで資料を収集
　　4 ＝ 研究レベル（research level）：研究に必要となる資料を収集
　　5 ＝ 網羅的レベル（comprehensive level）：
　　　　　使用言語を問わず，可能なかぎり収集

　これらの六つの収集レベルを「日本十進分類法」（以下，NDC）の各分類項目（第三次区分）に割り当てることで，業務に活用できる資料収集方針ができる。このような考え方をNDCの総記（0類）に適用した事例が3-1表である。

b．利用者とその要求

　図書館は利用者のあらゆる資料要求に応えることが前提となる。これは，資料選択に一つの重要な基準となる。このような利用者の要求を基準とする考え方は，一般に「要求論」と呼ばれる。この考え方と対極的な主張が，資料それ自体の価値を重視する「価値論」である。

　資料選択の長い歴史の中で，「要求論」と「価値論」のどちらに依拠すべきかについての不毛の議論が数多くの研究者，実務家の間でなされてきた。たとえば，19世紀後半から20世紀初頭にかけての欧米の公共図書館における，いわゆる「フィクション論争」はその典型である。これは，公共図書館に娯楽小説

6："Guidelines for a collection development policy using the conspectus model". IFLA. http://www.ifla.org/files/acquisition-collection-development/publications/gcdp-en.pdf, (参照2012-03-25).

3-1表　収集方針書（ポリシーステートメント）の例：0類

NDC		主題	収集レベル	収集留意事項	語種
0類	002	知識，学問，学術	5	学問の案内書からフィールドワーク方法論まで幅広く積極的に収集する	日
	007	情報科学	3	情報技術の政策や動向，オペレーティングシステムやプログラミング言語など最新の技術情報を提供できるようにする	日英
	010～018	図書館	5	一般向け図書から専門書まで包括的に収集する	日英独仏
	019	読書，読書法	5	読書に関する案内書から，専門家の書評まで積極的に収集する	日
	020	図書，書誌学	4	読書へ誘導する分野なので網羅的に収集する	日中
	021	著作，編集	5	著作権，知的所有権，あるいはコンピュータによる編集について積極的に収集する	日
	022	写本，刊本，造本	5	調査・研究のための需要に対応するため積極的に収集する	日
	023～024	出版，図書の販売	5	最新の出版状況を概観できるもの，専門的な出版統計を積極的に収集する	日
	025～029	書誌，目録	5	調査・研究のための需要に対応するため積極的に収集する	日英
	030～039	百科事典	5	最新情報に対応できるように積極的に収集する	日英
	040～049	一般論文集，一般講演集，雑著	3	厳選が必要であるが，特に049に分類されるような雑著は厳選する	日
	050～059	逐次刊行物，一般年鑑	2	各種年鑑も積極的に収集する	日
	060～069	団体：学会，協会，会議	2	需要の高い専門団体，機関の名簿類は積極的に収集する	日英
	070～077	ジャーナリズム，新聞	4	一般向け図書から復刻した新聞まで網羅的に収集する	日
	080～089	叢書，全集，選集	5	一貫した方針のもとに編集された全集や著者の個人全集は積極的に収集する	日
	090～099	貴重書，郷土資料，その他特別コレクション	4	郷土資料は網羅的に収集する	日

注：
・この例はNDCによる主題分類の0類の一例を示し，NDC分類の1～9類の箇所は省略した。
・収集レベルは前頁記述のIFLAのガイドライン（2001）の6段階レベル表示に準じている。
・収集留意事項の記述内容に従って選書を行う。
・多文化サービスを行うためには語種欄を参考に外国語出版物の選書も行う。当面は日本語，英語出版物中心であろうが，外国人居住者の多い地域の館では，居住外国人の状況に応じてタガログ語，ポルトガル語，インドネシア語等々の出版物への配慮が必要となる。

を置くべきか否かという論争であり，肯定派は「要求論」に依拠し，否定派は「価値論」に依拠したといえる[7]。後者の主張の背後には，市民にいわゆる「良書」を読ませ，その知的水準を引き上げることを図書館の使命と考える「教育主義」があり，この立場からは，娯楽小説を図書館に置くべきでない，あるいは，その分の予算を他の有用な資料に充てるべきだということになる。要するに資料の選択は資料価値の高い良書であって，利用者の要求にかなう資料であることとなる。

　現在のわが国の公共図書館界では，住民である利用者の要求を重視する「要求論」が，いわゆる『中小レポート』に基づく貸出至上主義の影響の下優勢であるといえる。すなわち，「要求論」に依拠して住民に親しまれる図書を積極的に貸し出したことが，旧来の教育的価値は高いが，資料利用度のきわめて低い保存書庫的な図書館からの脱却の原動力となり，現在の公共図書館の地位を築き上げてきたという歴史的な流れが背景にある。もちろん一見価値のない，低俗と思われる図書でも，風俗や歴史に関する研究にとっては，有用な資料となることもあり，個々の状況を十分に考慮する必要がある。

　要するに，「要求論」か「価値論」かという議論は不毛な論争であり，図書館にとって適正なコレクションを構築するには，識見ある司書が予め設定された収集方針に従い，主体的に選書・収集することが肝要なのである。

　情報要求の発生から図書館の利用までの大まかな流れは3-7図のとおりである。人間は，自分のもっている情報だけでは解決できない何らかの問題に直面したときに情報を求める。これは明確に意識された情報要求と考えることができる。ただし，そのすべてを明確に認識できるとは限らず，漠然とした要求をもつことも多い。また，普段，明確には意識されていない情報要求（すなわち潜在要求）が何かのきっかけで顕在化し，明確に意識されるようになることもある。これらの意識された情報要求によって，情報探索行動（information seeking behavior）が引き起こされ，図書館が利用される。もちろん，図書館以外の情報源にアクセスする場合も多く，すでに述べたように，図書館の資料

7：詳しくは，次の文献を参照。河井弘志．アメリカにおける図書選択論の学説史的研究．日本図書館協会，1987, p.52-91.

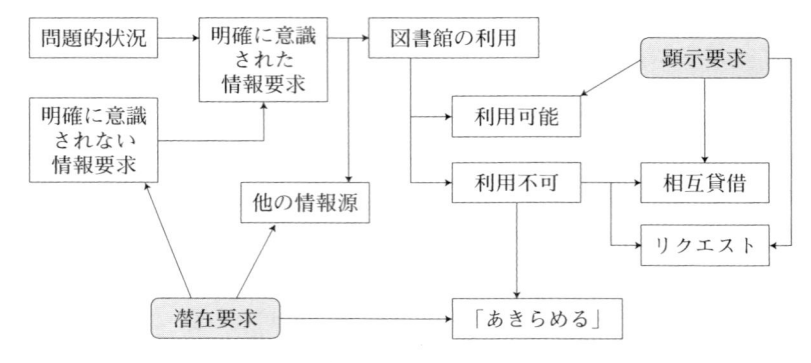

3-7図 情報要求の発生と図書館の利用

選択の立場からは，これらも一種の潜在要求ととらえることができる。

図書館にもたらされた要求は，館内閲覧，館外貸出，電子複写，図書館員への質問，データベース検索，館内施設利用などのさまざまな形をとる。これらの顕示要求は，図書館員の業務上の経験や，図書の貸出データ，電子資料への利用アクセスなどの業務記録の統計を通じて知ることができる。また，その図書館の資料では要求が充足できない場合には，資料予約，図書館間相互貸借，購入希望，所蔵している他図書館への紹介状発行などの要求が図書館にもたらされることがある。これは当該図書館の所蔵・利用可能コレクションの評価にとっても重要である。しかし，そのような積極的な手段をとらずに，あきらめてしまう利用者がいる可能性も忘れてはならない。この場合には，来館者調査など，特別な調査を実施しない限りは，その要求を知ることはできない。

資料選択においては，図書館にもたらされる顕示要求にも，形となって現れない潜在要求にも適切に対応することが望ましい。このためには，担当司書の選書能力の開発に加え，利用者との日常的な接触による体験や情報入手，さらには潜在要求についての組織的な統計調査などが重要である[8,9,10]。

8：総務省「社会生活基本調査」：1976年から5年ごとに実施されている国民の暮らしぶり調査で，日々の生活での時間の過ごし方や，余暇活動の状況などがわかる。
9：毎日新聞社「読書世論調査」：1947年から毎年実施されている全国調査。1954年からは学校読書調査もあわせて実施されている。
10：全国大学生活協同組合連合会「学生の消費生活に関する実態調査」：1963年から毎年実施

大学図書館においても，利用者の要求は重要である。一般に，大学図書館は，所属する教職員，大学院生，学部生の研究・教育・学習活動への支援が主要な目的であり，授業の学習計画を周知するために作成されたシラバスに基づいた資料選択や，「学生に良書を」という観点からの資料選択が重視されることが多い。その一方で，学問の専門化や細分化が進み，資料選択の担当者がすべての分野を幅広く見渡して，資料を的確に選定することはむずかしい。このため，利用者としての教職員，大学院生，学部生の利用や要求にもとづいた資料選択の重要性が増しつつある。利用者がインターネット経由で，図書館間相互貸借，購入希望，所蔵している他図書館への紹介状発行，図書館員への質問などの申込を24時間，必要な時に自宅や研究室などから申し込めることも多くなり，潜在要求を顕示要求へと移行する機会を拡大させている。

c．資料自体の特徴や価値

大学図書館では，資料自体の特徴や価値に重点を置く「価値論」の視点で資料選択が行われる場合が多い。価値論的な資料選択基準の典型としては，ヘインズ（H. E. Haines）[11]の掲げる五つの視点からの図書評価基準（文学作品は除く）がある（3-2表参照）。

ところで，公共図書館の場合にも，価値論的な視点が完全に無視されるわけではない。たとえば，前川恒雄は，公共図書館での資料選択の尺度として，次の三つを挙げている[12]。

①読者が何かを発見するような本。いいものにめぐりあえたと思える本。つまり，独創とまで言わなくても，筆者自身の考え・体験・工夫が，読者に刺激を与え考えさせる本。

②具体的で正確な本。これは科学の分野だけでなく，芸術についても言えることである。さらに，叙述の背後からより本質的なもの，筆者の考え方が浮きでてくる本。

③美しい本。何が美しいかは人によってさまざまだが，感覚的なものだけではなく，

　　されている調査で，大学生の生活や行動状況を知ることができる。
11：Haines, Helen E. Living with books : the art of book selection. 2nd ed. Columbia University Press, 1950, p.53-54.
12：前川恒雄. われらの図書館. 筑摩書房, 1987, p.87.

3-2表 ヘインズの一般図書評価法（一部修正：以下の注記参照）

A. 主題・範囲（subject matter）
  a．主題・テーマはなにか。
  b．主題の範囲：包括的か，部分的か。
  c．周辺的な主題も追加されているか。
  d．論述の網羅性：論述が簡潔であるか，網羅的か，選択的か。
  e．主題の取り扱い：具体的か，抽象的か。
  f．主題の一般性・学術性：一般向けか，学術的か，技術的か。
  g．対象読者：一般読者向けか，学生向けか，専門家向けか。
  h．適時性：主題の時期は適切か。

B. 著者の権威（authority）
  a．著者の適格性：著者の教育，経験，著述の準備状況。
  b．参考資料の信頼性：参考資料を用いているか。用いているとすれば，それは信頼性のあるものか。
  c．著述の主観性・客観性：著述は著者の個人的な観察に基づくものか，調査研究に基づくものか。
  d．著述の正確性：著述の正確性，的確性。
  e．著述に含められている事実や理論に対する理解度。
  f．著述の観点：偏向的か，公平的か，伝統的か，急進的か。

C. 著作の質（qualities）
  a．創造性：著作の創造性の程度。
  b．著述の形式：著述の形式がその意図や主張に対して適切であるか。
  c．独創性は著作の考え方にあるのか，それとも表現法にあるのか。
  d．読みやすさ：明解さ，読みやすさはどうか，魅力的か，深みがあるか，想像性が豊かか。
  e．著作は興味深いものか，文献として永続的に貢献するようなものかどうか。

D. 資料の形態的特徴（physical characteristics）
  a．索引：適切な索引が付けられているか。
  b．図表等：図表，地図，参考文献リスト，付録などが付けられているか。
  c．印刷：印刷の鮮明度や用紙の品質はどうか。

E. 読者にとっての価値（values for reader）
  a．価値のある情報を持っているか。
  b．文化的な貢献をするかどうか。
  c．読者の関心を刺激するかどうか。
  d．読者の娯楽やレクリエーション向けかどうか。
  e．どのような目的の読書に合致するか。
  f．〔対象読者〕どのようなタイプの読者向けのものか。

注：この表は，ヘインズ作成の元の表に適宜小見出しをつけ，一部の説明を省略するなど，わかりやすくするための修正を施した。

数学の簡潔さなどに感じるものを含んだ美しさである。さわやかな気持ちがわいてき，心が洗われるような本。

　これらの尺度は，価値論と要求論との統一という文脈のなかで提示された点に注意する必要がある。すなわち，質の高いコレクションをそろえることが利用者の高い要求を生み出し，その要求に沿うことで，コレクションの一層の充実が達成されるという，いわば相乗的効果としての価値論と要求論との統一であり，その延長上に前述のような尺度が提示されていたのである。

d．所蔵・利用可能コレクションの特徴

　図書館のコレクションとは，資料を個別的に選択するのではなく，その集合体としての所蔵・利用可能コレクション全体の構築・維持に重点を置くものである。こうした傾向は，「図書選択（book selection）」から「コレクション構築（collection development）」，あるいは「コレクション管理（collection management）」への用語法の変化にも反映されている。そこでは，収集する資料と，その時点での所蔵・利用可能コレクションとの関連が強調される。すなわち，その時点でのコレクションの強弱を分析し，弱い部分への補充を念頭に資料選択を行うことで，コレクションを全体としてより良いものに近づけようとする発想である。

　たとえば，大学図書館では，コレクションの弱点箇所を把握するために，次のような作業をすることがある。

　①分野ごとの概説書などを参考に自館所蔵・利用可能コレクションの弱点を見つける。

　②分野ごとに著名な大学図書館の所蔵・利用可能コレクションと比較する。

　③雑誌の場合は，文献引用影響率（ある特定雑誌に掲載された論文が，一論文当たり一年間に平均どれくらい頻繁に引用されているかを示す尺度）の上位を占める雑誌と自館所蔵・利用可能コレクションとの比較を行う。

　④関連する研究者，大学院生とのヒアリングを行う。

　一方，内容的に古くなった資料やほとんど利用されなくなった資料などを取り除いて，所蔵・利用可能コレクションの新陳代謝を促進させるという考え方も，基本的にはこの延長上に沿った発想である。

この他，大型コレクションや特殊資料などの選択では，排架場所を確保できるのかどうか，電子資料であれば，それが図書館設置のパソコン環境で稼働するのかどうか，資料を保存書庫などに別置しなければならない時にその利用方法はどうなるのか，納品後の目録作業にどのくらいの期間・経費を必要とするのかなど，関係する担当部署に事前に確認しておくことも必要である。

また学術雑誌については，冊子体で購入していた時代には，各図書館が資料収集方針に沿って必要な雑誌を選択購入していたが，電子ジャーナルの広がりでその様相は大きく変わった。すなわち，電子ジャーナルの主要なものは，海外の大手出版社から販売されており，大学図書館としてはその販売（契約）戦略に乗らざるをえなくなったのである[13]。そのため，大学図書館員には，出版社との対話・交渉能力が新たに求められるようになっている。

ところで，図書館が当該出版社の電子ジャーナルを全タイトル利用できる契約を結んだ場合には，次のような現象が起こることにも注意が必要である。すなわち，今まで冊子体では購読できていなかった雑誌が電子ジャーナルの導入で利用が増えたとすれば，それは今までの資料選択が正しかったのかどうかという問題を露呈させることになる。一方，今まで冊子体で購読できていなかった雑誌が電子ジャーナルになってもあまり利用されない場合には，今までの資料選択が正しかったという判断にもなりうる。いずれにしても，タイトルごとに利用状況の動向を把握して，日頃から費用対効果を考えておく必要がある。

e．資料購入・利用契約のための予算の制限

図書館の資料購入費は，経済不況の影響もあり大きく減少したままであり[14]，加えて，出版量の増大，出版媒体の多様化，雑誌・電子ジャーナルの購読料の値上がりなどで，今日ほとんどの図書館が資料購入予算の逼迫に直面している。

こうした状況の中で，学校図書館については，文部科学省がその充実をはか

13：販売（契約）方法としては，当該出版社が発行するすべての電子ジャーナルを利用できるパッケージ商品（ビッグディール契約）や，特定の電子ジャーナルや主題別にまとめられた電子ジャーナルを利用できるパッケージ商品などがある。

14：『日本の図書館：統計と名簿』（日本図書館協会），『図書館年鑑』（日本図書館協会），『学術情報基盤実態調査』（文部科学省）などの経年変化表を参照。

るため,「学校図書館図書標準」[15]を設定し, 公立義務教育諸学校の学校規模に応じた蔵書の整備目標を定めている。直近では2007年度から2011年度までの五年間を対象とした「学校図書館図書整備五か年計画」による財政措置もあり, 公立の学校図書館の蔵書整備は少しずつではあるが着実に進んでいる。ただし, 地域による格差もあり, すべての学校図書館での図書標準達成を目標に, その充実をはかることが求められている。

一方, 大学図書館界では, 毎年高騰を続ける電子ジャーナルの利用契約を結ぶにあたり, 個別の大学単独での出版社交渉には効果がみられなかったため, 複数の大学が集まってコンソーシアムを結成し, コンソーアシアム単位で交渉することで, 規模のメリットを活かした, 少しでも有利な条件を引き出すことをめざしている。当初は国立大学図書館協会コンソーシアムと, 公私立大学図書館コンソーシアムの二つがそれぞれに活動していたが[16], バックファイルを含む電子ジャーナル等の確保と恒久的なアクセス保証体制の整備を推進するために, 2011年4月からは, この二つのコンソーシアムが連携した「大学図書館コンソーシアム連合」(Japan Alliance of University Library Consortia for E-Resources：JUSTICE) が新たに発足した。

しかし, コンソーシアム価格を適用してもなお予算不足は深刻であり, これに対応するために, 学内各学部からの費用拠出や, 研究者が獲得した科学技術振興調整費の間接経費からの費用捻出, さらには文部科学省の私立大学経常費補助金による助成金獲得などの策がとられている。それでも予算調達が困難な場合には, コンソーシアム契約から離脱し, 割高となるタイトルごとの個別契約や, 費用体系を固定料金制から, 論文閲覧のたびに課金される従量体系に変更する対策 (Pay per View方式) がとられている。なお, 海外の電子ジャーナルの場合には, 為替相場が予算に大きく影響する要因にもなっている。

ところで, 多くの図書館では単年度会計であるため, 資料選択の担当者は,

15："子どもの読書活動推進ホームページ：学校図書館図書標準". 文部科学省. http://www.mext.go.jp/a_menu/sports/dokusyo/hourei/cont_001/016.htm, (参照2012-03-25).
16：この他, 国内では保健・医療関連分野の電子ジャーナル・コンソーシアムとして, 日本医学図書館協会, 日本薬学図書館協議会の活動がある。

前年度実績を基にしながら,年度初めに計画的な予算計画を練る必要がある。また,毎月の予算消化状況を前年度同時期と比較しながら,適切な予算管理を行うことも大切である。さらには,発注した資料の年度内納品にも注意が必要である。なお,冊子体は現物が手元に残り,資産計上して登録番号を付与できるが,ネットワーク系の電子資料の場合は,出版社のサーバにアクセスして利用できる契約を結ぶだけで,手元には形のあるものは残らないため,非資産化計上の予算を使う場合が多い。近年は,この非資産化計上予算が,資産化計上予算を上回る現象が生じており,両予算での配分も意識しなければならない。

f. 図書館間相互貸借,異なる媒体などによる利用可能性

出版量の増大や情報メディアの多様化に対処するために,複数の図書館間での分担収集や相互貸借の制度が実現されている。

分担収集に関しては,米国のファーミントンプラン(Farmington Plan)が有名である。これは,1948年から1972年末まで実施された計画で,研究価値を有するあらゆる国のあらゆる図書やパンフレット類を,少なくとも米国のどこかの図書館で収集しておき,そこで利用可能にするという目的で,米国の主要大学図書館のグループが実施した協同収集計画である[17]。

国内では,文部省(当時)が指定した国立大学拠点校における外国雑誌の分担収集制度がよく知られている。これは,以下のような分野別に九大学の拠点図書館を外国雑誌センター館[18]に指定して,国内未収集の外国雑誌を体系的に収集・整理し,共同利用に供するというものである(1977年開始)。

〈医学・生物学系〉

　。東北大学附属図書館医学分館,大阪大学生命科学図書館,九州大学医学図書館

〈理工学系〉

　。東京工業大学附属図書館,京都大学附属図書館

〈農学系〉

17:この計画はその後,米国議会図書館の全米収書目録計画(National Program for Acquisition and Cataloging:NPAC)に発展・解消したと考えられる。
18:"外国雑誌センター館". http://wwwsoc.nii.ac.jp/ncop/,(参照2012-03-25)。

。東京大学農学生命科学図書館，鹿児島大学附属図書館
〈人文・社会科学系〉
　　。一橋大学附属図書館，神戸大学社会科学系図書館
　資料の相互貸借を支える基盤としては，国立情報学研究所の目録所在情報サービス（NACSIS-CAT/ILL Catalog Information Service）[19]がある。これは，外国雑誌センター館を含む全国の国公私立大学図書館の多くが参加して，各図書館が所蔵する資料の書誌情報と所蔵情報をデータベース化したもので，参加館は，このサービスを利用することで，自館で所蔵していない資料の借用や文献複写の取寄せをオンラインで所蔵館に依頼できるようになっている。
　また，国立国会図書館では，法定納本制度に基づき納本された国内出版物と，納本以外の方法により収集した国内外出版物とを整理し，国立国会図書館蔵書検索・申込システムNDL-OPACと国立国会図書館サーチ[20]で検索できるようにしている。登録利用者IDを取得することで，遠隔複写として文献コピーを郵送してもらえるサービス（有料）もあるが，図書の貸出は図書館間のみで実施されている。
　一方，海外では，英国図書館の文献提供センター（British Library Document Supply Centre：BLDSC）のサービスが有名である。このサービスでは，依頼した文献を著作権管理の情報が付与されたPDFとして，電子的に受け取ることができるが，これは電子メールに当該文献のPDFが添付されるのではなく，英国図書館のサーバに当該文献のPDFが登録され，そのURLを記した電子メールが届く仕組みになっている。このURLは30日間の有効期間が設定されていて，その期間内に1回だけダウンロードでき，かつダウンロードした当該文献のPDFは，ダウンロードしたパソコンだけで閲覧できる。さらに，閲覧開始後14日間の有効期間が設定されていて，その期間内に紙への印刷が1部だけできるようになっている。なお，依頼手段として電子メール，オンライン目録があるが，一番わかりやすいのはARTWebであり，Webに用意され

19："目録所在情報サービス"．国立情報学研究所．http://www.nii.ac.jp/CAT-ILL/about/,（参照2012-03-25）．
20："国立国会図書館サーチ"．国立国会図書館．http://iss.ndl.go.jp/,（参照2012-03-25）．

ている所定の入力域に，書誌事項を入力する方式となっている[21]。

　このように図書館ネットワークの発達した現在では，分担収集，相互貸借を積極的に利用することにより，より少ない予算で，資料の利用可能性を高めることが可能になっている。このことは，資料選択の際に，購入以外の他の方法による資料提供の可能性を考慮に入れるべきことを意味している。

　たとえば，年に数回程度の利用しか予想されないような専門的外国雑誌については，従来であれば定期購読ではなく，利用要求のつど，図書館間相互貸借により文献複写を取り寄せることで対応した方が，経費や書架スペースの面ではるかに効率的であると考えたであろう。ただし，この意思決定では，経費や書架スペースの節約というメリットだけではなく，雑誌がないことで書架を巡って拾い読みするブラウジングの機会が減少することや，文献複写を入手するまでの時間的な遅れといったデメリットにも注意する必要があった。しかし，近年では，電子ジャーナルであれば，書架スペースや，入手までの時間的な遅れ，図書館員の受入作業がなくなることから，資料収集方針に適合するのであれば，電子ジャーナルの利用契約を結ぶことの方がメリットは大きい。

　ここで，電子資料の利用契約の際に考慮すべき点を二つ挙げておく。ひとつは，同じ電子資料でも，出版社が異なる商品から販売されている場合があることである。通常は，当該電子資料の出版社の商品に含まれているが，同じ電子資料が，複数の出版社の電子資料を専門に代行して利用契約を結び提供する"アグリゲータ"の商品の中にも含まれている場合がある。アグリゲータ商品の場合は，図書館が出版社ごとに交渉，利用契約を結ぶ必要がないので，結果的に手続き費用は安価で済むことになる。ただし，当該出版社との取り決めで，最新号が出版されてから一定期間は公開できない時期，いわゆる情報解禁日（エンバーゴ）が設定されていることもあるので，注意が必要である。もうひとつは，利用契約をする電子資料の内容が，すでに所蔵している冊子体，マイクロフィルム，DVDなどの異なる媒体に含まれている場合があることである。

21：" BLDSC 文献複写サービス：依頼方法 ARTWeb"．紀伊國屋書店電子商品営業部．2012年2月．http://www.kinokuniya.co.jp/03f/denhan/bldsc/dsc_art_guide.pdf．（参照2012-03-25）．

電子資料を契約したからといって，すでに所蔵している異なる媒体を除籍するかどうかの問題については，将来電子資料の契約を解約した場合の利用がどうなるのかを，十分に確認してから決めるべきである。

最後に，大学における機関リポジトリの構築についてふれておく。機関リポジトリとは，大学における教育研究の成果物を電子的形態で管理，保存し，インターネットを通じて世界中に無料で発信・公開する電子書庫である。日本の機関リポジトリは，機関数ではすでに世界のトップクラスであるが，登録論文の内容は全体の約五割が，大学紀要論文であるという特徴がある[22]。また，国立情報学研究所の論文情報ナビゲータである"CiNii Articles"は，学協会刊行物，大学研究紀要，国立国会図書館雑誌記事索引データベースなどの学術論文情報を検索対象とするデータベース・サービスであるが，2008年からは，機関リポジトリのデータとも連携を開始し，検索対象に組み入れている[23]。

このように，異なる商品で，異なる媒体で，あるいはCiNii Articlesや機関リポジトリなどで，代替利用ができるかどうかを見極めておくことは，仮に利用契約を結べなかった際にも，説明として活かされる場合もあるだろう。

（2）資料選択の体制・組織

前項で解説した方針に基づき，効果的かつ効率的な資料選択を行っていくためには，そのための体制・組織が重要になる。通常，資料選択の業務は，次節で解説する収集業務（発注，受入業務）とともに，テクニカルサービス部門の中に位置づけられる。大規模図書館では，選書課や収書係などと称して，資料選択や収集のための独立した課や係が設置される場合もあるが，小規模図書館では，組織上は他の業務と一緒にまとめられる傾向にある。

また，資料選択のために委員会が設置されている場合があるが，委員会の構成には，ⓘ図書館員以外で構成されている場合，ⓘⓘ図書館員のみで構成されている場合，ⓘⓘⓘ図書館員とそれ以外とで構成されている場合の三形態がある。

22：“IRDBコンテンツ分析”．国立情報学研究所．http://irdb.nii.ac.jp/analysis/index.php,（参照2012-03-25）．
23：“CiNii Articles”．国立情報学研究所．http://ci.nii.ac.jp/,（参照2012-03-25）．

ⅰの事例には，大学図書館での資料購入を検討するための，大学教員のみで構成される図書委員会などがある。この場合でも，事務的な手続きとの関係から，資料選択の担当者である図書館員は事務局として参加するべきである。

　一方，公共図書館で，貸出カウンターや移動図書館などを図書館員が順番に担当している場合，その図書館員全員が，利用者の要求や読書傾向などを直接的に把握する機会をもっているため，資料選択を兼務担当することがある。その調整のために，委員会あるいは類似した機能が必要になってくるが，これが上記ⅱの事例である。大学図書館では，委員会という体制をとらなくても，図書館員全員に，定期的に近刊案内情報誌や書店のカタログを回覧することによって，それぞれ得意の主題を中心に資料選定体制をとっている場合もある。

　ⅲの事例としては，大学図書館における教員と図書館員の両者が参加する図書選定委員会が挙げられる。大学図書館では，資料選択と教員による研究・教育とは密接に結びついているため，教員の参加が欠かせず，そのために，こうした委員会が設置されることが多い。学校図書館や専門図書館の場合には，一般に小規模なため，独立した選書課や収書係を設置していることは少ない。また大学図書館以上に利用者が限定され，利用者と図書館はより密接に結びついている。したがって，それらの利用者の代表が委員会などの組織を通じて，資料選択作業に参加することが望ましい。たとえば，学校図書館ならば，教員の代表者（各学年代表，各教科代表など）と司書教諭，学校司書などからなる委員会であり，企業内の専門図書館（あるいは資料室）ならば，各部署の代表者と図書館の担当者とからなる委員会を組織することが考えられる。

　このように図書館員以外と図書館員の両方が参加する委員会で資料選択が行われる場合，どちらが主導権を握るかという問題がある。たとえば，わが国の大学図書館では，教員はそれぞれの主題領域に精通しており，教育を担当しているために，学生がどのような資料を使うべきかを把握していることから，教員主導が多いといわれている。しかし，研究や教育に多くの時間を割かれる教員が，資料選択を体系的に行う余地があるかどうかには疑問が残る。また，学問の専門化，細分化によって，限られた主題領域といえども，その全体を網羅することは難しくなってきている。こうした問題を考えれば，主題領域に関す

る知識と図書館学に関する知識とを併せもった図書館員が，コレクションと予算管理を把握しながら，必要に応じて資料収集方針を更新維持することで，資料選択面において積極的な役割を果たすことが大切である。

(3) 資料選択のための情報源

資料選択に必要な出版や販売に関する情報を得るには，さまざまな情報源を用いる必要がある。以前は，こうした情報を得ようとする側が，後述する各種の情報源を，能動的に調べるのが通常であった。しかし現在では，多くの出版社や書店がそれぞれのホームページを活用して，新刊・既刊情報を発信するインターネット書店を開設している。そこでは，希望する読者にメールマガジンとして，出版情報などを定期的に案内してもいる。また，それぞれの関心領域についての最新論文を継続的に知りたいとか，特定の雑誌の目次を毎号確認したいとかいう場合には，電子ジャーナルサイトで利用者登録を行い，条件を設定しておくことで，それに合致した最新情報を電子メールで受け取れるメールアラート機能（無料）などもある。さらには，SNS（ソーシャル・ネットワーキング・サービス）といわれる，出版社と読者が双方向でコミュニケーションできるツイッターやフェイスブックによる情報交換の場も活用されている。

こうした出版側から読者へのプッシュ型行為の浸透によって，その情報だけで満足してしまう読者もいるが，それは情報源全体の一部分に過ぎないことを認識し，情報源全体を見渡した上での，漏れの無い情報収集に努めなければならない。すなわち，資料選択を十分に行うためには，図書，雑誌，視聴覚資料，古書，政府刊行物，地方出版物等についての情報源をしっかりと把握することが重要である。以下に，それらの代表的情報源を挙げ，順次解説する。

a．図書に関する情報源

主なものに，ⓘ各出版社からの出版案内，ⓘⓘ出版情報誌（速報性の高いもの），ⓘⓘⓘ新聞，雑誌の広告，ⓘⓥ書評，ⓥ全国書誌，販売書誌などの書誌，目録類などがある。このうち，ⓘⓘの出版情報誌のデータが累積されて，ⓥの全国書誌，販売書誌が編纂される場合があるが，ここでは，ⓘⓘは速報性の高いもの，ⓥは累積性の高いもの（おおむね一年以上）として，分けて解説する。

3-3表　出版社の出版案内誌の例

誌名	出版社	創刊(年)	URL
ちくま	筑摩書房	1969	http://www.chikumashobo.co.jp/blog/pr_chikuma/
学燈	丸善	1897	http://www.maruzen.co.jp/corp/gakuto/index.html
図書	岩波書店	1938	http://www.iwanami.co.jp/tosho/index.html
春秋	春秋社	1959	http://www.shunjusha.co.jp/magazine/531/
書斎の窓	有斐閣	1953	http://www.yuhikaku.co.jp/shosai
UP	東京大学出版会	1972	http://www.utp.or.jp/topics/up/
創文	創文社	1962	http://www.sobunsha.co.jp/pr.html
本	講談社	1976	http://www.bookclub.kodansha.co.jp/magazines/hon/
波	新潮社	1967	http://www.shinchosha.co.jp/nami/
みすず	みすず書房	1959	http://www.msz.co.jp/book/magazine/

注：上記はすべて2011年9月18日参照

■1 各出版社からの出版案内　各出版社から出される出版案内やPR誌は，近刊・新刊情報を入手するのに便利である。主なものを3-3表に示す。なお，目次情報をはじめ，出版情報は各出版社のホームページから閲覧できる。また洋書については，洋書の輸入・販売業者が定期的に主題別の販売目録を作成しており，書名の日本語訳や，簡単な紹介が付されている場合が多い。

■2 出版情報誌　出版情報誌としては，次の四誌が有名である。

- 『ウィークリー出版情報』　日販図書館サービス　1982年〜　週刊
  日販図書館サービスが商品調達できる，国内の出版社（地方出版社を含む）が刊行する新刊書籍や政府刊行物等の案内誌。
- 『トーハン週報』　トーハン　1957年〜　週刊
  新刊情報，販売情報などを全取引書店に無料配付している情報誌。

- 『週刊新刊全点案内』　図書館流通センター　1976年〜　週刊
  　新刊図書の情報を発売と同時に掲載する，図書館向けに特化した書誌情報誌。
- 『これから出る本』　日本書籍出版協会　1976年〜　半月刊
  　日本書籍出版協会に加盟している出版社の今後1か月間に刊行予定の図書情報を掲載している。書誌事項だけではなく，内容についての短い紹介や，対象読者層も付されている。出版前に事前注文を集める目的で創刊された。
  　これらは，出版された図書の速報を目的としているので，新刊情報を入手するには便利である。いずれも排列は，基本的にはNDCに基づいており，書誌情報として，書名，副書名，著者名，出版地，出版社，出版年，形態，価格，シリーズ名，ISBNなどが掲載されている。
  　次に挙げる二点の新刊情報は，媒体は異なるが，いずれも累積されて，前者は販売書誌として，後者は全国書誌として活用されているものである。
- 『出版ニュース』　出版ニュース社　1946年〜　旬刊
  　10日ごとに出版界の動きや書評，新刊案内などを掲載し，巻末に「新刊分類速報」を収録している。この「新刊分類速報」の累積が『出版年鑑』の中核になっている。
- 書誌情報提供サービス（NDL-OPAC）
  　国立国会図書館では，法定納本制度に基づく納本と，納本以外の方法（購入，寄贈等）で収集した国内発行の出版物，および外国で発行された日本語出版物について，その標準的な書誌情報を広く国の内外に速報するための書誌を作成してきている。これについては，1948年創刊の『納本月報』に始まり，以後，『国内出版物目録』（1949年），『納本週報』（1955年），『日本全国書誌　週刊版』（1981年），『日本全国書誌』（1988年）と改題され，冊子体で提供されてきたが，2002年からはホームページでの提供も開始された。その後，2007年6月には，冊子体の『日本全国書誌』が刊行終了となり[24]，ホームページ版のみの提供となっていたが，2012年1月からは，ホームページ版

24：『日本全国書誌』冊子体の終刊及び贈呈の終了について．国立国会図書館．http://www.ndl.go.jp/jp/aboutus/deposit_07end.html，（参照2012-03-31）．

も終了し，NDL-OPAC からの書誌情報提供サービスとして，あらたな全国書誌のスタートを切った。このサービスでは，指定した年月日に作成が完了した書誌情報が一覧表示され，そのデータを機械可読目録である MARC 形式でダウンロードできるようになっている（全件，あるいは任意選択も可能）。

また，国内刊行図書については，作成中の書誌情報を納入後数日で提供する，新着書誌情報サービスも行っている。これは，国立国会図書館サーチから，RSS 形式で，最新分，最新7日分，最新15日分の単位で配信提供されている[25]。

次に，選択書誌の速報版も出版情報誌の一種と考えることができる。特に，選択書誌では，収録されている図書が，あらかじめ一定の基準で選定されているので，資料選択には非常に参考になる。

- 『選定図書速報』　日本図書館協会　1950年〜　週刊

 日本図書館協会の図書選定事業として，公共図書館，学校図書館，公民館図書室に選定図書情報を提供することを目的として，各専門分野の選定委員約50名が，実際に一冊ずつ目をとおし，適切な図書を選定している。選定委員会が開催される都度刊行されるのが『選定図書速報』であり，書名，著者名，出版事項などの書誌事項，読者対象，NDC による分類番号を掲載している。なお，過去五年分の選定図書を収録し，解説を付したものが『選定図書総目録』である。

- 『学校図書館速報版』　全国学校図書館協議会　1952年〜　旬刊

 全国学校図書館協議会が学校図書館向けに選定した新刊書を，読者対象（幼児，小低，小中，小高，中学，高校，高校（職業），教師）を付して収録している。

❸ 新聞，雑誌の広告　新刊図書を知るには，新聞や雑誌に掲載される広告が役に立つ。特に新聞は多くの人々の目にふれることから，これによって利用者の興味が喚起され，図書館に要求がもたらされることも少なくない。

❹ 書評　書評は通常，その主題に関する専門家が，図書の内容や構成を紹介

25：新着書誌情報 RSS の使い方について．国立国会図書館．http://www.ndl.go.jp/jp/library/data/pbsrss.html，（参照2012-03-31）．

し批評を加えているので，資料選択にとっては有用な情報源である。資料一点ごとに目をとおす労力や時間がない場合や，その主題に関する知識が十分にないような資料の評価を行う場合には，書評が大きな助けとなる。全国紙をはじめとする多くの新聞や雑誌には，定期的な書評欄が設けられている。これらの書評は主に新刊書を取り上げているので，有効な選択手段としている図書館も多い。また，各出版社のホームページでも新刊書籍などの紹介が行われている。また，ホームページで書評者を公開して，書評を掲載する大規模書店もある。その他，書評に関する情報源には，書評紙（誌）や，専門雑誌の書評欄，書評索引などがある。

　書評紙（誌）としては，『図書新聞』（図書新聞社　1949年〜　週刊），『週刊読書人』（読書人　前誌である『全國出版新聞』，『讀書タイムズ』を経て1958年〜　週刊），『政府刊行物新聞』（全国官報販売協同組合　1964年〜）がある。イギリスでは，"TLS, The Times literary supplement"（前誌である"The Times literary supplement"を経て，1969年〜）が代表であり，文章の格調が高く，読むだけのために購読している人もいる。アメリカでは，"New York Times book review"（1896年〜）が本格的な高級書評誌であり，年末には各分野でのその年の推薦図書リストが作られる。

　これに対して，一般的な出版，流通ルートに乗らないために，その存在が知られにくい学術資料については，学術雑誌に掲載される書評が役に立つ。なお，各分野の専門書を選択する際のツールとして，継続的に書評を掲載している国内雑誌100誌の一覧も作成されている[26]。

　なお，書評の活用には，次のような書評の特性を把握しておく必要がある[27]。
◦ 収録範囲：全出版物の一部を書評しているにすぎない。
◦ 時間的な遅れ（タイムラグ）：学術的な書評には時間がかかることが多く，刊行と書評メディアに掲載されるまでには，一年以上かかることがある。
◦ 関連図書との比較：書評が図書館員を対象にしたものではないので，同一分野，関連分野の図書との比較検討，同一著者のほかの著作との比較検討をし

26：河井弘志編．蔵書構成と図書選択．新版．日本図書館協会，1992，p.275-279．
27：前掲注26，p.217-218．

○ 書評者：書評には匿名のものがあるが，書評紙（誌）が高く評価されているか，商業主義的でないか，信頼できるかなど，注意をする必要がある。

❺全国書誌，販売書誌　　速報性は低いが，資料選択には有用である。

- 『日本件名図書目録』日外アソシエーツ

　　先に挙げた国立国会図書館の『日本全国書誌』（現在はNDL-OPACからの書誌情報提供サービス）の書誌情報を中心に編纂された冊子体書誌である。主題を表わす件名の下に各図書の書誌情報が列挙されており，主題からの検索に便利である。1956～69年（10分冊），1970～76年（13分冊），1977～84年（30分冊）の各セットがあり，1985年以降は年刊となり，人名・地名・団体名と一般件名の二編構成で刊行されている。

- 『ブックページ＝Book page 本の年鑑』　日外アソシエーツ編　1988～　年刊

　　一年間に発行された新刊図書について，書名，著者名，出版事項などの書誌情報のほか，目次，内容の要旨，小説のあらすじなどが記載されている。図書は，テーマ別に約1,000項目の見出しのもとに，五十音順で並べられている。2005年からは二分冊となった。なお，このデータをもとに「BOOKデータベース」が（株）トーハン，日本出版販売（株），（株）紀伊國屋書店，日外アソシエーツ（株）の四社で共同構築されており，国立情報学研究所の「Webcat Plus」における収録データの一つにもなっている[28]。

- 『出版年鑑』出版年鑑編集部　年刊

　　『出版年鑑』（出版ニュース社，1951～，年刊）と『日本書籍総目録』（日本書籍出版協会，1977～2001年，年刊）とは独立して刊行されていたが，2002年からは，後者のみCD-ROM版となりセット販売になった。その後，2005年に『日本書籍総目録』は廃刊となり，『出版年鑑』単独での刊行となった。二分冊構成で，第一巻は，資料・名簿編（出版界および関連機関の動向，法規・規約，統計・資料，出版社・図書館などの名簿），『出版ニュー

28：Webcat Plus．国立情報学研究所．http://webcatplus.nii.ac.jp/，(参照2012-03-31)．

ス』縮刷版，第二巻は，目録・索引編（書籍目録，雑誌目録，オンデマンド出版物目録，オーディオブック目録，索引）。『出版ニュース』誌の新刊書籍データを累積し，前年に市販された書籍を網羅的に収録している。

- 『選定図書総目録』日本図書館協会　1950年〜　年刊

　　『選定図書速報』の年刊累積版であり，日本図書館協会が前年に選定した図書を収載した目録である。2006年までは冊子体で刊行していたが，2007年度からはCD-ROM出版のみとなり，毎年，直近五年分の選定図書を収録している。

- 『学校図書館基本図書目録』全国学校図書館協議会　1952年〜　年刊

　　『学校図書館速報版』(1954年〜) の年刊累積版であり，学校図書館の蔵書構成の基本となる図書を示したもので，小学校用，中学校用，高等学校用を掲載した三部作となっている。一点ごとに書誌的事項のほか，分類，件名，ISBN，内容解説が掲載されており，巻末には書名索引，著者名索引がある。次に，アメリカの販売書誌を挙げておく。

- *"Books in print"*. Bowker, 1948年〜　年刊

　　1972年までは，副書名に *"an author-title-series index to the publishers' trade list annual"* が付いていた。主として北米で出版された図書の書籍情報を最も網羅的に収録している。略称BIP。1987年からはCD-ROM版も発売されている。新刊，販売タイトルだけではなく，絶版，近刊，電子書籍，オーディオ，ビデオなども収録している。少し注意して見ると，購入できるか否かがわかるだけでなく，同じ内容で出版社が異なって（当然定価も），ペーパーバックでも購入できることがわかる。

そのほか，図書館に備えるレファレンスブックを選択するためのツールとして，『日本の参考図書』第4版（日本図書館協会日本の参考図書編集委員会編，日本図書館協会，2002年）や『情報と文献の探索』第3版（長澤雅男著，丸善，1994年），『情報源としてのレファレンス・ブックス』新版（長澤雅男・石黒祐子，日本図書館協会，2004年）がある。また，新しいレファレンスブックに関する情報源としては，『日本の参考図書』四季版（日本図書館協会　1966年〜）が有用である。

b．雑誌に関する情報源

　雑誌に関する情報源としては，図書に関する情報源で紹介したものの中にも含まれている場合があるが，ここでは特に雑誌に限定したものを挙げておく。

- 『雑誌新聞総かたろぐ』メディア・リサーチ・センター　1979年版〜　年刊

　国内で刊行されている雑誌，新聞について，書誌情報，発行部数などのほか，内容の特色など，多様な項目について記載している。同一タイトルのものは五年に一回刊までも対象としている。分野ごとの五十音順，各種リストや資料，統計も収録。巻末には，創刊リスト，改題リスト，休刊リストも掲載している。なお，同書の主要項目をデジタルデータ化して提供する「デジタル素材版」もある。

　学術雑誌については，前述した国立情報学研究所の"CiNii Articles"が，重要なデータベースである。そのほか，学術雑誌に限定することなく，一般雑誌も含めて，ほぼ網羅的に収集しているのは国立国会図書館である。これも前述の国立国会図書館サーチで検索することができる。

　海外の雑誌についての情報源としては，次のものが有名である。

- "Ulrich's periodicals directory". Bowker，2001年〜　隔年刊

　最初のタイトルは，"Ulrich's periodicals directory : a classified guide to a selected list of current periodicals, foreign and domestic"である。10版（1963）刊行後，"Irregular serials & annuals : an international directory"と統合し，11版（1965/66）からは"Ulrich's international periodicals directory"となったが，さらに39版（2001）からは"Ulrich's periodicals directory"となり現在に至っている。主題ごとに各国の雑誌を列挙した世界の雑誌ディレクトリーである。

c．視聴覚資料に関する情報源

　視聴覚資料に関する情報源も，図書に関する情報源で紹介したものの中に含まれている場合があるが，ここでは特に視聴覚資料限定のものを挙げておく。なお，対象となる視聴覚資料のメディアは，主としてDVDであるが，VHSビデオやCD-ROMなども含まれている。

- 『視聴覚教育』日本視聴覚教育協会　1951年〜　月刊

1947年に『映画教室』と題して創刊されたが，その後1950年には『映画教育』，1951年には『視聴覚教育』と改題され今日に至っている。日本で唯一の視聴覚教育総合専門誌であり，内容は最新の視聴覚教材・機材の紹介，学校教育，社会教育，産業教育などの各分野におけるすぐれた視聴覚教育実践記録の紹介，最新の視聴覚教育理論などで構成されている。

- 『AVライブラリー』　日本図書館協会

    VHSビデオ，DVD，CD-ROMが対象。掲載作品は，すべて館外貸出（個人視聴）が可能となっている。

- 『BBC総合カタログ』　BBC（英国放送協会）企画・製作・発行　丸善販売

    VHSビデオ，DVDが対象で，オリジナル音声版（主に英語），日本語版（日本語吹替），バイリンガル版（主音声：日本語，副音声：英語），日本語字幕版（音声は英語）がある。掲載作品は，すべて学校図書館，公共図書館などで館外貸出，館内無償上映ができるように著作権処理がなされている。

- 『図書館用新作カタログ』　ムービーマネジメントカンパニー　隔月刊

    DVDが対象。掲載作品は，すべて図書館での館内・館外貸出ができるように著作権処理がなされている。

d．古書に関する情報源

　入手が困難な資料として，絶版，品切れになった図書があるが，これらに古典籍を含めて「古書」と呼ぶ。古書店の販売方法としては，店頭販売や展示即売会，通信販売などがあるが，代表的な情報源として，『日本古書通信』（日本古書通信社　1934年～　途中1941年～1944年は『読書と文献』に改題　月刊）がある。同誌は，古今東西のあらゆる書物や，古書探求にまつわる話題をはじめ，各地で発行された特殊文献の紹介，古書即売会などのイベント情報，書物に関する展覧会情報，全国の古書店の通信販売目録などを掲載している。

　一方，インターネットによる古書の通信販売が活気を呈している。利用者にとっては，古書店巡りの時間が節約できること，目的の資料が複数の古書店で販売されていれば，値段の比較が容易にできることなどのメリットがある。また，古書店側には，若い後継者はパソコンに抵抗がないので取り組みやすい状況にあること，通信販売に載せることで在庫整理が進むことなどのメリットが

ある。代表例に，東京都古書籍商業協同組合の「日本の古本屋」サイトがある[29]。

また，古書を購入したり，所蔵する図書館で閲覧する以外に，費用と時間を節約する便利な方法として，インターネットで国立国会図書館の電子図書館「近代デジタルライブラリー」を閲覧する方法がある。このサービスの目的は，遠隔サービスで，利用者の利便性を向上させると共に，原資料をより良い状態で保存することである。そのために国立国会図書館が所蔵している明治期から昭和前期に刊行された図書を対象に，著作権保護期間が満了したもの，および著作権者の許諾を得たものをデジタル化して，ホームページで公開している（2002年から）[30]。なお，国立国会図書館の館内限定では，インターネットでは閲覧できない著作権処理前の図書の閲覧も可能になっている。

海外の事例では，Googleブックスが有名である。ここでは，Googleを使って無料で書籍の販売促進をめざす出版社，著者に対するパートナープログラムと，世界の主要な大学図書館などの蔵書をデジタル化して登録する図書館プロジェクト[31]によって登録された書籍の全文が閲覧できるようになっている。

e．政府刊行物に関する情報源

政府刊行物を知るための情報源には，以下のものがある。

- 『政府刊行物月報』（政府刊行物普及協議会編　前誌である『政府刊行物目録』を経て，1962年～2007年3月　月刊）

　　2007年4月以降は，政府広報オンラインの各府省からのお知らせに掲載されて現在に至っている[32]。

29：日本の古本屋．東京都古書籍商業協同組合．http://www.kosho.or.jp/servlet/top，(参照2012-04-01)．
30：近代デジタルライブラリー．国立国会図書館．http://kindai.ndl.go.jp/index.html，(参照2012-04-01)．
31：Googleブックス．http://books.google.co.jp/，(参照2012-04-01)．日本からは慶應義塾大学が2007年に図書館プロジェクトに参加した。そのほか，同図書館プロジェクトに加盟しているアメリカの主要大学によって立ち上げられた大規模な協同デジタルリポジトリとして，Hathi Trust Digital Library が稼働している。
32：政府広報オンライン．内閣府大臣官房政府広報室．http://www.gov-online.go.jp/info/index.html，(参照2012-04-01)．

- 『政府資料アブストラクト = *Monthly government abstracts*』（政府資料等普及調査会　前誌である『政府資料等目録』を経て1983年〜　月刊）

　政府機関等で作成される最新の資料の書誌データを収録している。

　さらには，各府省のホームページや新聞等の記事から政府刊行物の刊行を読みとる感覚と能力を司書は身につける必要がある。

　また，アメリカ連邦政府刊行物についての情報は，政府印刷局（Government Printing Office）が開設する"GPO Access"というサイトから入手できる[33]。

f．地方出版物に関する情報源

　地方出版物については，大手取次会社が扱わない小出版社の出版物を流通させるために，東京に地方・小出版流通センターが設立され（1976年）[34]，登録加盟した出版社の新刊案内を収録する『アクセス』（1976年〜　月刊）が刊行されている。その一部はセンターのホームページでも閲覧できる。また，同誌を累積したものが，『あなたはこの本を知っていますか：地方・小出版流通センター書肆アクセス図書目録』（1976年〜　年刊）である。同書は，五十音順出版社目次，地域別出版社目次，センター取扱の書籍・雑誌目録，出版社名簿，書名索引などで構成されている。

3．資料収集のプロセス

（1）資料入手の方法

　資料の入手には，次に挙げるように，ⅰ購入，ⅱ寄贈，ⅲ交換，ⅳ寄託，ⅴ会員加入，ⅵ納本などの方法がある。

■1購入　図書館が収集する資料の大部分は商業出版物であり，これらは書店や

33：U.S. Government Printing Office. http://www.gpoaccess.gov/index.html，（参照 2012-04-01）．1993年制定の「電子情報アクセス推進法」に基づくもの。
34：地方・小出版流通センター．http://neil.chips.jp/chihosho/index.html，（参照2012-04-01）．

取次会社から購入することが多い。しかし，直接販売の図書の場合には，発行元から直接購入することもある。また，大手の取次会社が扱わないような地方出版物は，前述の地方・小出版流通センターなどから購入する必要がある。

　書店からの購入方法には，購入図書の書誌事項を指定して発注する方法と，見計（みはか）らいによる方法とがある。見計らいは，書店から図書館に持ち込まれた資料の現物をみて，購入図書を選択する方法である。そのため，取引する書店は，納期をきちんと守ること，事務処理も確実で迅速であること，図書館にとって有用な資料を持ち込むことなど，図書館との信頼関係を築ける良い書店であることが重要である。このことは，図書館業務の効率化に大きく影響する。

　また，大学図書館では，電子ジャーナルをはじめ，各種デジタル情報資源を積極的に収集しているが，出版社などのサービスとして，特定のデジタル資料を一定期間無料で試用（トライアル）できる場合がある。こうしたトライアル・サービスを経て，購入・契約を決める方法も広く行われている。

2 寄贈　寄贈には，図書館側から寄贈を依頼する場合と，次に挙げるように，図書館からの働きかけなしに送られてくる場合とがある[35]。

　①官公庁や各種の団体，企業等が，国民，県民，市民や関係者への周知のために配布するもの

　②著者（団体）の好意，または著者（団体）が自己の学説，主張を拡めるために贈るもの

　③発行所または個人が，宣伝のために送付するもの

　④個人のまったくの好意，あるいは蔵書処分によるもの

　こうした形で寄贈を受けたときには，図書館は前述の資料収集方針に照らして，受け入れの可否を判断する。特に，④の場合には，その条件に関して問題が生じることもあり，修復や製本，資料整理が必要になることもあるので，注意が必要である。

　一方，図書館側からの寄贈依頼は，政府刊行物や学術資料で非売品のものを入手するときなどに行われる。一般に，寄贈以外では入手できない資料は部数

35：河井弘志ほか編. 蔵書構成と図書選択. 日本図書館協会, 1983, p.171-172.

も少なく，存在を把握することもむずかしい。しかし，資料価値の高いものもあるので，担当者は各種の情報源に気を配り，迅速に対応する必要がある。

3 交換　交換は，商業的に流通しない非売品の資料などを入手する方法であり，寄贈とよく似ている。たとえば，大学間の「紀要」交換の場合，これをお互いの寄贈とみるか，交換とみるかは，実際上は困難である。このため，実際の業務では区別しないことも多いが，概念的には，一方向のみの現物移動が寄贈であり，双方向の現物移動が交換であるということができる。

また，重複所蔵する資料の効率的処分のため，それを他の図書館の資料と交換する場合があるが，この場合には，仲介機関が間に入って交換を促進することがある。日本医学図書館協会が実施する重複雑誌交換はその代表例である。

さらに，国家間の文化交流の意味もある国際交換については，国立国会図書館が最も活発に実施している。国立国会図書館では，ⅰ包括交換，ⅱ特定交換，ⅲ選択交換，の三形態で官庁出版物の国際交換を行っている[36]。包括交換は，日本と相手国との政府間取り決めや，国立国会図書館と相手機関との取り決めに基づき，主要な官庁出版物を包括的に交換するものであり，特定交換は，交換資料がより限定されるもの，選択交換は，海外の図書館・大学・研究機関などと，特定資料に関して個別的に交渉して交換するものである。

4 寄託　団体・機関・組織などが，その発行する資料の利用を促進するために，それらを別の図書館に預けることを寄託という。寄贈と似ているが，寄託の場合には，通常，所有権は移転しない。アメリカにおける官公庁出版物の寄託図書館制度（官公庁出版物を州立図書館などに寄託する制度）が有名である。また，日本には，国際連合の出版物を一般公開する寄託図書館が，全国に14か所ある[37]。

5 会員加入　会員制の学会や協会が発行する機関誌や論文誌，年報類は，一般には市販されず，会員のみの限定頒布が普通である。図書館がこうした出版物

36：資料の国際交換．国立国会図書館．http://www.ndl.go.jp/jp/aboutus/cooperation_exchange.html,（参照2012-04-01）．

37：日本にある国連寄託図書館．国際連合広報センター．http://unic.or.jp/links/UN_libraries_in_japan/,（参照2012-04-01）．

を入手するには，図書館が，会員として加入し，年会費を納入する方法がある。多くの学会や協会などでは，個人会員のほかに，機関会員や賛助会員を設定しており，会費や頒布する出版物に差を設けている[38]。

❻納本制度　わが国では，出版物は必ずその一部を国立国会図書館に納入することが国立国会図書館法で規定されており，この納本制度により，国内出版物はすべて収集され，より完全な書誌調整が可能になっている。

　国立国会図書館以外でも，この納本制度に類似した仕組みを導入して，網羅的な資料収集をはかることが可能である。たとえば，県立図書館と県との間で行政資料の納入を取り決めたり，大学で所属教職員の出版物を図書館に寄贈する取り決めをすれば，効率的で漏れのない収集が可能になる。

（2）資料収集の実際

　収集業務の基本的な流れを示したものが3-8図である（3-5図も参照）。もちろん，館種や親機関の性格，規模などにより，この業務プロセスは異なってくるが，一つの基本として，図に沿って解説する。

❶書誌情報の確認・重複調査・入手先の調査

　①書誌情報の確認……収集業務のスタートは，収集すべき資料の書誌情報の確認である。それは，MARC（Machine Readable Catalog；機械可読目録）のデータを確定することでもある。和書のMARCには，国立国会図書館が作成するJAPAN MARCのほか，図書館流通センターのTRC MARC，日販図書館サービスのNS MARCなどがあり，多くの図書館で利用されている。また，国内の大学図書館と県立図書館などが参加した分担共同目録作業による総合目録作成事業である，国立情報

```
収集する資料の選定
     ↓
書誌情報の確認
重複調査
入手先の調査
     ↓
   発注
     ↓
納品・検収・登録
     ↓
支払いおよび後処理
```

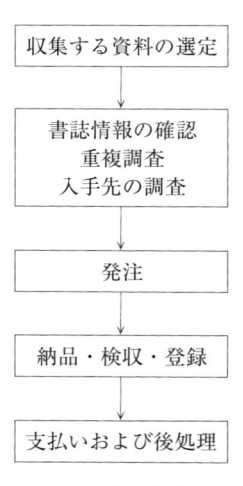

3-8図　資料収集業務の基本的プロセス

38：たとえば，日本図書館協会の会員には，個人会員，施設会員，賛助会員がある。
　　入会のご案内．日本図書館協会．http://www.jla.or.jp/membership/tabid/270/Default.aspx, (参照2012-04-01).

学研究所の目録所在情報サービス（NACSIS-CAT/ILL）は，大規模な書誌ユーティリティ（bibliographic utility）[39]として利用されている。調達されたMARCデータは，各図書館で採用されているMARCフォーマットに変換されてダウンロードされ利用される。このとき，最初にできる限り正確な書誌情報を調達することが大切であり，これにより，その後の重複調査や発注，納品後の目録作成などの作業において，大幅な効率化がもたらされる。なお，最初の段階で書誌情報をMARCとして調達できなかった場合には，収集業務担当者が独自に書誌情報を入力して，重複調査や発注に利用する。そして，納品後の目録作成時に，再び書誌ユーティリティを検索し，この段階で該当するMARCが見つかれば，その書誌情報を先に独自入力したものと置き換えることになる。また，この段階でも，該当のMARCが存在しない場合には，現物を参照することにより，先に独自入力した書誌情報の修正作業を行うことになる。

②重複調査……書誌情報の確定に続き，自館の所蔵，および発注中情報を検索し，重複の有無を調べる必要がある。遡及入力が完了していない場合には，OPACだけでなく，目録カードや冊子体目録などの検索も必要である。なお，重複していても購入すべきかどうかは，当該図書館の資料収集方針による。

③入手先の調査……重複調査を終えたものについては，日常的に発注している種類の資料ならば，普段，依頼している書店に発注すればよいが，特殊な資料の場合には，入手先や価格の調査，入手方法などを検討しなければならない。

❷発注　　発注作業には，ⓘ支出財源の決定・確保，ⓘⓘ書店の選択，ⓘⓘⓘ発注書類の作成と送付，という作業が含まれる。さらに，これらの発注記録を適切に保管・管理することも重要である。

発注には，都度発注と継続発注とがある。都度発注とは，図書の発注のように，購入の決定ごとに，その都度発注することであり，通常，発注件数の多く

39：図書館を主な利用者とし，オンライン分担目録システムのセンターになっている機関のことで，1984年に，前身である学術情報センターが開始した事業である。世界最大規模の書誌ユーティリティとしては，米国のOCLC（Online Computer Library Center）のWorldCatが有名である。http://www.worldcat.org/，（参照2012-04-01）。

を占めている。これに対し，継続発注（standing order）とは，多巻物やシリーズを継続的に購入する場合に，入手先の書店などと予め契約しておき，終刊やキャンセルがない限りは，自動的に発注・納品されるシステムである。また，継続発注を拡大したものに，ブランケットオーダー（blanket order）がある。これは，入手先の書店などとの間で，事前に主題や出版社などの範囲を決めておき，その範囲に該当するすべての図書を自動的に納入させる方法であり，返本の権利は認められない。ブランケットオーダーは，図書館の資料選択業務の省力化，効率化につながるが，見計らい方式と同様，書店側の情報収集能力と選択能力に依存する部分が大きいので，あくまでも補助的な手段として活用すべきであろうし，継続的な評価が重要である。

❸納品・検収・登録　発注した資料が納品されたら，発注した資料と現物とが一致しているかを確認し，その状態（落丁や乱丁，汚れなど）や，納品書，請求書などの書類の点検を行う。この確認作業（検収）に続き，登録作業が行われる。これには，当該発注記録に対して受入情報を入力することで，登録番号を決定し，当該登録番号が記載されたバーコード等を資料の所定の位置に貼り付ける。これらの作業が完了した資料は，分類・目録作業や装備作業へと送られる。

❹支払いおよび後処理　最後に，購入書店への支払い手続きをする。また，図書館システムで自動化されている場合が大半ではあるが，もし自動化されていない場合には，発注ファイルから当該記録を削除するなど，受入の完了を記録として残す。さらに，以上のさまざまな記録を集計して業務統計を作成できるように，記録の管理を行う。

❺その他　発注後長い間未納になっている資料がある場合，当該書店への督促や，発注の取り消し，他の書店への発注などが必要になる場合もある。ただし，見計らいやブランケットオーダーなどの特別な処理は，前述した説明手順とは異なる点がある。また，寄贈や交換の場合には，礼状の発送，交換する資料の発送など，特別な作業が生じてくる。さらに，利用者からの購入希望リクエストの場合には，要求者への連絡が必要であり，不要な資料や欠陥資料が送られてきた場合には，その返品や交渉なども行わなければならない。

4. 資料の蓄積・保管のプロセス

(1) 装備

　資料は，整理された後，書架に排架されるまでに，利用や管理をしやすくするため，装備という作業工程を経る。装備には，以下のような作業がある。

❶ディテクションテープの装着　　多くの図書館では，資料の盗難防止のためにブックディテクションシステム（BDS）が設置されるが，装置を稼働するには，資料一点ごとに，ディテクションテープという磁気テープを装着する必要がある。このテープは，貸出時に図書館員（あるいは自動貸出機）が消磁処理をすれば，BDSを通っても反応しないが，貸出手続きをせずに持ち出せば，磁気が反応してブザーが鳴り，ゲートが開かない仕掛けになっている。

❷蔵書印の押印　　資料の所有を明示する蔵書印を標題紙に押したり，小口印を小口に，隠し印を資料の特定ページに押すことがある。しかし，現在では，バーコードラベルなどに機関名を明示できるので，蔵書印の押印は減っている。

❸新着雑誌の受入印の押印　　冊子体の新着雑誌の場合には，受入業務の完了後，表紙に受入印を押す。受入印には受入年月日とともに，機関名が表示される場合が多い。また，散逸や盗難防止のため，新着雑誌にも，資料を特定するバーコードラベルや，ディテクションテープが貼られる。

❹請求記号ラベルの装着　　請求記号が記されたラベルを，資料の背に貼る。このラベルは，整理担当が付与した請求記号に基づいて，図書館システムからラベルに自動出力（あるいはタイプライターで作成）することができる。

❺識別マークの装着　　たとえば，レファレンス資料などには禁帯出シールや，排架場所を示す参考資料室シールなど，識別マークをその背表紙に貼ることがある。このほか，開架資料に対する開架シールや，大型本や個人文庫，貴重書，特殊コレクションなどに対する識別シールなどもある。これらの識別マークは，禁帯出などの注意を促す場合は赤色系統が多いが，それ以外でも，利用者にわかりやすいように，目的によって色分けして使うのが通常である。

6 返却期限スリップの装着　資料の見返しなどに，返却期限日などの日付印を押印する返却期限スリップを貼る。ただし，返却期限日を押印したしおりなどを資料に添えて貸し出す図書館では，この作業は不要である。

7 帯紙やジャケットの除去　図書についている帯紙やジャケットは，公共図書館などではそのまま付けているが，大学図書館では，取りはずす場合も多い。ただし，取りはずす場合でも，著者紹介など，利用者にとって有用な情報部分は，切り取って見返しなどに貼ることがある。資料にはさまれた「近刊案内」のカタログや愛読者カードなどは除去して廃棄する。

8 付録の装着　地図や図表，CD，DVD などの付録がある場合は，それらが本体資料と別々になってしまわないように，また，本体資料と一緒に利用してもらうためにも，付録を収納するポケットなどを装着する場合がある。メディアによっては，付録を別置する場合もあるが，いずれの場合も付録があることがわかるように，本体表紙に付録の存在案内を表示することが必要である。

9 その他　資料が傷んでいる場合などには，中性紙の箱や袋に入れて保存することもあるが，その場合も，取扱い注意を促す案内を表示する。

(2) 補修・製本

a．補修

資料は，利用されることで次第に傷んでくるため，補修が欠かせない。簡単な補修には次のようなものがある。

①利用者による記載メモや落書きの消去。鉛筆での場合は消しゴムで消せるが，それ以外はたいへんむずかしく，購入できるならば，新たに購入した方がよい。

②ページの切り取りや破損による消失があった場合は，被害程度にもよるが，他の図書館に該当部分のページの複写を依頼し，消失部分に挿入し貼り合わせる。この場合でも，破損量が多い場合は，購入できれば，新規に購入した方がよい。

③ページが破れかかっている場合などは，当該部分が紛失する前に補修しておく。この場合，セロハンテープは，時間の経過とともにもろくなり，紙にそ

の跡がしみとして残ってしまうので，使用してはならない。

　④資料に貼ってあるラベルがはがれたり，あるいは，はがれそうになったり，読みにくくなっている場合には，新たにラベルを作成して貼る。

　これらの補修箇所は，貸し出されていた資料が返却された際に，ページをめくって中を確認することで見つかることが多い。また，後述するシェルフ・リーディングや，蔵書点検の際に発見されることもある。

b．製本

　製本は，紙媒体の保存にとっては必須である。特に雑誌の場合には，一冊一冊がソフトカバーで作られているので，そのままの状態で保存すると，表紙や裏表紙などが破損したり，反ってしまうことがある。また，形態的に薄い場合が多いので，紛失しやすい。雑誌は一冊でも紛失すると，それを後日再購入することは非常に困難であり，他の図書館から借用して欠号分を複写したり，関係者から該当部分を寄贈してもらうなど，欠号部分を埋める努力が必要となる。

　こうした問題を解決するために，雑誌を巻号単位や特定期間ごとにまとめ，ハードカバーの表紙をつけて綴じ合わせ，合冊形態とする。これが製本である。これには，利用者にとっては，望みの雑誌が探しやすくなるという利点もあるが，合冊したために厚くなり，重くなるので，書架から閲覧席やコピー機までの運搬が困難になるという短所もある。一方，図書館にとっては，保存の観点以外にも，製本によって排架しやすくなり，書庫管理が容易になるという利点がある。雑誌以外にも，新聞の原紙や（縮刷版やマイクロフィルムなどの代替がない場合），ソフトカバーの資料については，製本による保存が必要である。

　製本は通常，図書館内では行わず，製本業者に発注するため，雑誌が製本されて戻ってくるまでに，1か月から2か月ほどの時間がかかり，その間，当該資料は閲覧できなくなる。そのため，利用者に迷惑をかけないような配慮が必要であり，何よりも，製本作業予定や作業中であることを，利用者に広報しておくことが大切である。なお，破損などの理由から，既に製本されているものを製本し直す場合がある。これを再製本と呼ぶ。

　最近では，創刊号にまで遡って電子化される電子ジャーナルも多く，冊子体からの複写は減少傾向にある。今後，複写による破損で再製本を必要とする事

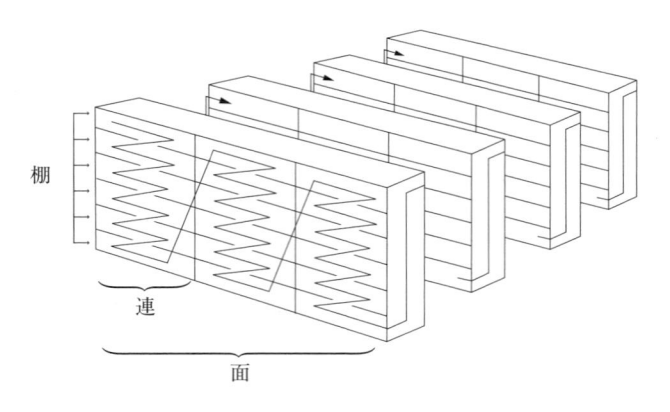

3-9図　書架の構成と排架の順序

例も減少が予想され，資料保存の観点から望ましい傾向が生じている。

（3）排架

　排架（shelving）とは，資料を指定の場所（通常，書架上の特定の場所）に配置することである。書架の排架の原則は，一番上の棚から順に，左から右に並べることである。ある棚とその横の棚との間の継続性はない。したがって，一つの棚への排架が右側まで終われば，その下段の棚への排架に移る。このように縦に連なる棚を総称して「連」と呼ぶ。通常の書架であれば，成人の身長を考慮して，一連は六段から七段くらいの規模になっている。連の一番下の棚右端まで排架が済んだら，次は右隣の連の最上段の左端にその続きが排架されることになる。連が並んだ書架を総称して「面」と呼ぶ（3-9図参照）。

　なお，分類記号順に排架していて，分類の大きな項目が切り替わる場合（たとえば，NDCの「320」（法律）から「330」（経済）へと変わる場合），それらを連続して並べずに，棚に余裕を残して次の「連」などに移り，空きスペースを確保しておく。資料がタイトル順の場合などでも同様である（タイトルの頭文字「A」から「B」への切り替わりなど）。これは，将来の資料の増加への対応であるが，利用者が書架上での特定資料の位置をつきとめやすくなるとい

う長所もある。

a．排架の機会
排架は，次のような時に行われる。
- 新着図書の整理，装備が終わった時。（ただし，新着図書展示にまわる場合はその展示期間終了後となる。）
- 返本台を設置してある図書館で，利用者が閲覧・複写を終えた資料をそれらに戻した時。
- 利用者に貸し出されていた資料が返却された時。（カウンターに返却する場合と，閉館時のブックポストに返却する場合とがある。）
- 他図書館に相互貸借で貸出をしていた資料が返却された時。
- 他図書館からの文献複写依頼に応じ，複写作業に利用した資料を戻す時。
- 業務で利用したり，補修した資料を戻す時。
- 製本業者に出されていた資料が，製本作業を終えて戻ってきた時。
- 請求記号順に排架されていない資料を発見し，正しい排架場所に戻す時。

b．書架の種類
排架先としての書架の種類には，次のようなものがある。

❶開架式書架と閉架式書架　利用者が直接資料に接することが可能な開架式書架と，利用者は直接資料に接することができず，図書館員に出納してもらう閉架式書架とがある。開架式では一般に資料排列の乱れが激しく，書庫管理に労力を要する。一方，閉架式は資料排列の乱れは少ないが，利用者が書架を巡って図書を拾い読みするブラウジングができないという大きな制約がある。

また，自動出納システムも，閉架式書庫の範疇に含まれる。このシステムでは，資料排列がランダムになるので，排架における分類という概念はなくなる。図書館にとっては，正確な排架や出納の作業が不要になり，そのうえ最大限の資料収納が達成できるメリットがあるが，一方で，高い設備投資の費用や，継続的な保守費用の必要性，停電時には利用できないといった問題もある。また，既存の書架を置換する場合には，排架されている資料の仮置き場所が必要であり，その際の搬出搬入に多大な労力を要することから，このシステムは，新たに書庫を建設する際に最初から導入するのが効率的である。なお，このシステ

ムは，利用者からは直接見えないブラックボックスとなるため，どのような資料を自動出納の対象とするかを，図書館の事情に合わせて，よく検討する必要がある。

❷固定書架と集密書架　書架が固定されている固定書架と，書架を左右に移動できる集密書架とがある。集密書架の操作には手動と電動とがあり，図書館にとっては収容能力の増強になって効率的であるが，利用者にとっては，利用したい書架付近に他の利用者が先にいた場合，自分が必要とする書架を自由に移動させることができないという不便さがある。また，書架を巡って図書を拾い読みするブラウジングには，固定書架より多くの時間を要することや，特に電動の場合には，操作方法を覚える必要があるなどの制約もある。

❸資料の種類ごとの書架　たとえば，図書（和書，洋書），雑誌（和雑誌，洋雑誌），レファレンス資料，統計・年鑑資料，紀要，有価証券報告書，法令・判例集，新聞，視聴覚資料，マイクロフィルム資料，文庫本，大型本，地図，郷土資料，貴重書などの種別に基づいて，書架が分けられる場合もある。

c．排架の方式

資料を排架する際の排列基準には，次のようなものがある。

❶請求記号順　請求記号は，一般に，三段組みのシールに記載されて，資料の背表紙に貼られる。たとえば，最上段にはNDCなどによる分類記号，二段目には著者記号，三段目には受入番号を記す。もし最上段に別置記号を記す場合には，分類記号以下を一段ずつ下げる。また，将来の書架移動の作業を容易にするために請求記号の下段に，出版年を表示する場合もある。

❷タイトル順　雑誌などはタイトル順に並べることが多い。和雑誌は，タイトルのヨミで，五十音順やアルファベット順に排列する。洋雑誌は，英語であれば冒頭の冠詞である"A，An，The"を除いて排列する。なお，いずれの場合も，同一タイトル内は，巻号順，あるいは出版年順に並べる。

❸発行機関名順　大学紀要などの場合，発行大学名の順とし，同一大学内は，タイトル順に，さらに同一タイトル内は，巻号順や出版年順に並べる。

❹作家名順　小説は作家名の五十音順に並べることも多い。

❺シリーズ番号順　文庫や新書は，そのシリーズ番号順に並べることがある。

なお，いずれの排架方式であっても，その排列が利用者にわかるように案内表示を書架に掲示する必要がある。

(4) 保存

図書館は，将来の利用者にまで資料提供を保証する責務があり，保存への配慮が欠かせない。対策は，冊子体とデジタル媒体とに分けて考えられる。

a．冊子体の保存対策

冊子体は，利用されればされるほど傷んでしまうことから，利用と保存とが矛盾する性質をもっている。理想は，利用のためのものと保存用の1部ずつ，計2部用意することであろうが，利用頻度が多い一部の資料には適用できても，費用面，排架スペースの面からは現実的な解決とはいえない。

公共図書館の場合，保存については，町村立図書館は市区立図書館に，市区立図書館は県立図書館に，さらに県立図書館は国立国会図書館に保存機能を期待するという，設置母体組織による階層的な役割分担ができている（ただし，郷土資料や地元出身の著名人からの寄贈による特殊資料などは除く）。すなわち国内出版物に関しては，納本制度を採用している国立国会図書館が，最終的に保存の使命を負っている。

一方，大学図書館では，国内出版物のほかに海外出版物も多く所蔵しており，加えて，すぐには利用されなくても，将来の利用に備えて保管の必要性が高いことなどから，保存に対しての関心は高い。大規模図書館の場合などは，中央館のほかに分館などが複数設置されていることがあり，この場合には，分館での保存は限定され，多くは中央館が保存の任務を請け負っている。なお，保存書庫については，中央館内にある場合，図書館とは別の建物内にある場合，さらには郊外等に書庫を建設する場合，外部倉庫などを賃借する場合がある。

冊子体の保存を考える上で最も重要な要因は，次に挙げる書庫環境である。

❶温度・湿度　温度は20度，湿度は50％前後に設定し，24時間稼働のエアコンを設置する。湿度が高いと，紙には天敵となるカビや害虫の発生が促進され，逆に湿度が低く乾燥していると糊がはがれたり，色が落ちたり，革も乾燥して割れやすくなってしまう。

2 空気　窓が開いていると，虫や埃，花粉，大気中の汚染物質などが侵入し，紙の酸性化の促進と変色，革の腐蝕などの原因となる。そのため，書庫には窓は不要で，外気を入れないことが大切であり，空気清浄機を設置して，埃や汚染物質を除去し，きれいな空気を館内に循環させる必要がある。

3 光　直射日光が当たらないようにする。特に紫外線は紙にとって有害である。また，書庫の蛍光灯は紫外線を発するものは使わず，節電対策としても効果があるLED照明をつける必要がある。

このほか，資料を傷めないための予防策としては，次のようなものがある。

4 書架　書架に資料を過度に詰め込まないこと。過度の詰め込みは，資料の出し入れの際に，表紙や裏表紙が破損する大きな原因になる。

5 和綴じ資料　和綴じ資料については，一枚一枚の間に空気が入りやすくなるように，綴じ糸をきつく縛らないこと。

6 災害

①水害……水害には，大雨による床上浸水や，配管のつまりなどによる天井からの雨漏りのほか，猛スピードで一気に襲いかかってくる津波の場合もある。水害は資料を水浸しにしてしまい，しかも泥などが付着する場合もあり，資料の救出・修復には，かなりの時間と費用を要することになる。そのため，災害時には速やかに近隣の類縁施設との相互協力ができるような協定[40]を結んでおくなど，日頃から対策を講じておくことが大切である。一方，初期症状の雨漏りを発見した場合には，影響が及ぶ範囲の資料を一時的に別の場所に退避させ，該当の書架全体をビニールシートで覆うとともに，雨漏りの誘導路を簡易に設定し，床に設置したバケツで，雨漏りを受ける対策を講ずるべきである。

②地震……地震では，書架の転倒以外にも，資料だけが落下する場合がある。そのため，書架の転倒を防ぐ耐震対応を施すことに加え，棚からの資料落下を防ぐ対策が必要である。資料落下対策の商品には次のようなものがある。

。図書落下防止用のテープやシート（図書が滑りにくくなるテープやシートを

40：たとえば次のような事例がある。"広島県立文書館と広島大学文書館，「災害等の発生に伴う史・資料保護に関する相互協力協定」を締結". カレントアウェアネス・ポータル http://current.ndl.go.jp/node/19150, (参照2012-04-01).

棚に貼り付ける方式)。
○感震式ロッドバー（震度4レベルの揺れを感知すると，安全バーが自動的に棚から5センチほど上に跳ねあがり，図書の背に当たって落下を防ぐ方式。ただし，取り付けのため，棚板の両側各2センチほどのスペースがなくなる。）
○棚板の奥を若干下げて手前を若干上げるための金具（棚板固定用の金具のみ購入で，既存の棚板をそのまま使用できる。）

③火災……火災は，資料の焼失という最悪の事態を招くが，消火の際の注水もまた，資料に大きなダメージを与えてしまう。そのため，防火・消火設備に加え，万一の場合の延焼を防ぐような建物の設計も必要である。特に，貴重書などの書庫には，窒息消火を行うハロゲン消火設備が必要である。

7 酸性紙資料　酸性紙とは，製紙過程でインクに，ロジン（松脂）から作ったサイズ剤（にじみ止め）と硫酸アルミニウムを用いた紙のことである。19世紀後半以降に製造された紙の大部分が，こうした酸性紙であった。酸性紙は，紙の劣化を引き起こし，紙を破壊してしまうが，近年は，耐久性を高めるために，ロジンサイズの代わりに中性サイズ剤を用いて製造される中性紙が普及するようになっている。

現在所蔵する酸性紙資料については，本格的に対策を講じるのであれば脱酸処理をした方がよいが，各図書館で脱酸処理をしてまで保存をしなければならないかは疑問である。国内出版物については，国立国会図書館が保存する機能を有しているので，そこに委託すべきであり，個々の図書館としては，当該図書館固有の資料（たとえば，郷土資料，報告書，学位論文など）について，マイクロフィルムなどの他の媒体への変換が現実的である。さらには，劣化速度をいくらか遅くするという機能しか有しないが，酸性紙資料を丸ごと中性紙でできた箱や袋に入れて，書架に排架する方法もある。この場合，その箱や袋には，利用者への注意喚起のメッセージを掲示することが必要である。

b．資料の取り扱い方

資料保存のための環境整備や予防対策がなされても，図書館員や利用者が，次のような，資料取り扱い上の基本的マナーを守らなければ，資料保存の目的

を達成することはできない[41]。

*****

- 書架から資料を取り出す時に、背の一番上の部分（head-cap）に指を引っ掛けて、引っ張り出してはいけない。
- 書架から資料を取り出す時には、隣接する両側の資料の背を軽く後ろへ押し、それによって生じた背の中央部分をしっかりとつかみ、両手を用いて、他の資料が書架から落ちないように注意しながら、ゆっくり引き出す。
- 濡れた手や指、あるいは汚れた手や指で、資料に触ってはいけない。
- 書き込みをしてはいけない。
- 開いている場合でも閉じている場合でも、資料の上でノートをとったりしてはいけない。
- 目印として、ページの角を折ったり、鉛筆などの厚みのあるものをページの間に挟んだりしてはいけない。
- 資料を開いた状態に保つため、他の資料で押さえてはいけない。
- のどの部分（見開いたページの綴目に近い部分）を無理に広げすぎてはいけない。
- 資料を開いたまま、伏せて置いてはいけない。
- 落としたりする危険があり、また余計な重さがかかるので、資料を何冊も積み上げてはいけない。
- 資料を机の上で滑らせて移動させてはいけない。
- 開いたページの上に、重い物を載せてはいけない。
- 後に錆びついてしまうクリップやホッチキスなどを使用してはいけない。
- 酸性化し易い新聞の切り抜きを、ページの間に挟んではいけない。
- ページを繰る時に、めくりやすいように指を唾で湿らせてめくってはいけない。
- 二本の指を使ってページの端をつまんで静かにめくることをせずに、親指でページの表面をたぐるようにして乱暴にめくってはいけない。

41：この注意事項は、次の文献の記述を一部修正したもの。日本図書館学会研究委員会編．図書館資料の保存とその対策．日外アソシエーツ，1985，p.86-87, p.98-99．

- 飲食・喫煙しながら閲覧してはいけない。飲料がページに付着したり，食べ物をページにこぼしたり，煙草の灰がページに挟まったりする。
- 借り出した資料を，長時間，直射日光にさらしておいたり，風雨の被害を受けやすいところに放置してはいけない。
- 雨の日に貸出し中の図書を返却するために図書館まで持ち運ぶ際，あるいは貸出し手続きをして退館する際，それらの資料が濡れることがないように鞄などに入れて雨を避けなければならない。

＊＊＊＊＊

図書館員は，これらをマニュアル化し，利用案内や掲示物などで，利用者への周知を図るとともに，場合によっては，注意喚起のために，書き込みや切り抜きなどの人為的被害にあった資料の展示を行うことも必要である。

c．デジタル媒体の保存対策

　デジタル資料のうち，CDやCD-ROM，DVDなどのパッケージ系資料の保存については，既に述べた冊子体に関する留意事項に加えて，強い磁気が資料の劣化やデータ破壊の原因になる点に注意が必要である。つまり，これらの周辺には強い磁気を発生する機械などを設置してはならない。また，磁気媒体の利用には必ず読み取り装置が必要となるので，読み取り装置とセットで保存することが大切である。さらに，読み取り装置自体の技術改良にあわせて磁気媒体も変化する可能性があるので，注意が必要である。

　ネットワーク系のデジタル資料の場合には，その保存場所として，インハウス型とリモート型とがある。インハウス型とは，購入あるいは作成したデータを，自館のコンピュータ（サーバ）上に置いて利用する方法で，この場合には，システム担当が定期的にバックアップをとる必要がある。一方，リモート型は，データ制作会社と契約をして料金を支払い，遠隔のコンピュータにアクセスして利用する方法であり，電子ジャーナルはまさにこの事例である。現在，出版者が何らかの理由で電子ジャーナルのコンテンツを提供できなくなった場合に備えて，出版社と図書館とが連携して，あらかじめコンテンツを保存しておく，いわゆるダークアーカイブを構築する国際的な事業（たとえば，CLOCKSS[42]）が展開されている（1章の2の(3)も参照，p.21）[43]。

d．資料の修復

　コレクションを構成する資料の中で，何らかの被害を受けたり劣化した資料については廃棄したり，新たに購入等が不能な資料については修復する必要がある。修復には紙媒体資料，マイクロ資料，デジタル媒体のそれぞれに修復の技術があり，通常，それらの修復技術は現在の司書の多くは保有していないために，専門の修復業者に外注することとなる。

　なお，さまざまな媒体の資料保存並びに修復にあたっては，図書館員の対応はもちろんのこと，貴重な資料を査定，収集，整理，保存，管理提供するアーキビストや，学芸員に相当するキュレーターとの連携が必要である。

（5）　書庫管理－シェルフ・リーディングと蔵書点検

a．シェルフ・リーディング

　シェルフ・リーディング（shelf reading）とは，資料が排架順（請求記号順や雑誌のタイトル順・巻号順等）に並んでいるかを確認し，並んでいない場合は，正しい順序に戻す業務である。これにより，利用者が，望みの資料を書架上で探すのが容易になり，利用者の満足度も向上する。このほか，シェルフ・リーディングには，次のような作業も含まれる。

- 開架書架の棚が資料で満杯になると，資料の出し入れがしにくい上に，資料が破損することもある。これを防ぐために，前後に余裕のある棚を利用して，資料移動を行い，少なくとも80％前後の詰まり具合の棚にしておく。
- 資料に貼られたラベルの破損や汚損を発見し，補修担当にまわす。
- 資料は必ず棚の左側に寄せるため，右端にはストッパーを装着し，棚の右側部分の空きスペースに資料が傾かないようにする。
- 資料の位置は徐々に変動していくので，書架の横側などについている分類記

42：“CLOCKSSへ日本の大学図書館が参加”．カレントアウェアネス・ポータル．http://current.ndl.go.jp/e1117，（参照2012-04-01）．

43：ダークアーカイブでは，出版社がコンテンツを提供している間は，アーカイブ構築のみを行い，提供できなくなった場合に，保存したコンテンツが公開される。
　　“国立情報学研究所オープンハウス2010〈報告〉”．カレントアウェアネス・ポータル．http://current.ndl.go.jp/e1065，（参照2012-04-01）．

号を示すサインとの整合性を確認し，適宜，サインを修正する。
◦ 資料を実際に手に取ることで，資料そのものを覚える機会を増やす。
◦ 資料の請求記号の間違いや分類記号への疑問などがあれば，目録分類の担当者に確認する。
◦ 作業に従事している場所付近で，資料が見つからないなどの理由で困っている利用者がいれば，積極的に声をかけ，その場で対応・支援する。
◦ 書架の最上段の資料は，手が届かなかったり，請求記号ラベルが判読できない場合があり，踏み台が使われる。通常，踏み台は複数用意されているので，必要と思われる書架付近に置いたり，おおよそ等間隔に設置しておく。

シェルフ・リーディングは，開架書架を維持していくために必須の作業であり，図書館員全員，あるいは閲覧，レファレンスサービス担当の職員が，組織的，かつ定期的，計画的に，実施していく必要がある。シェルフ・リーディングは，利用者の利用を妨げないように，開館時間前や閉館時に行うのが理想であるが，それが困難な場合には，利用者が比較的少ない午前中のある特定時間を決めて実施すると，作業効率がよい。公共図書館では，月一回，書庫管理のために休館日を設けて実施する場合もある。

b．蔵書点検

蔵書点検（inventory）とは，すべての蔵書の在庫点検，いわゆる棚卸し作業である。その目的は，行方不明の資料を明らかにして，欠本補充をし，蔵書検索でのデータの正確性を高めることである。すなわち，利用者の求める資料が正しい場所に排架されていることで，資料を見つけやすくし（accessibility），利用可能性（availability）を高めるという重要な意味をもっている。

■1開館しながらの実施と，閉館しての実施　　開館しながら実施する場合は，特定個所についての実施が主で，作業対象エリアのみ利用者立ち入り禁止とする場合が多い。利用者には，若干の不便さが残るが，作業エリア以外では資料の利用ができる利点がある。ただし，開館しながらの蔵書点検は，労力の関係で実施できない図書館もある。一方，閉館にしての蔵書点検は，利用者へのサービス低下というデメリットは伴うが，作業効率は高い。

■2実施時期　　年一回，利用者の少ない時期に点検する方法と，コレクション

の規模や図書館員の人数によっては，年度ごとに特定の排架場所や分類箇所を順次点検し，数年かけて全蔵書を点検する方法とがある。

❸蔵書点検の方法　蔵書点検の伝統的な手法は，図書館システムから所蔵データを配置場所ごとに請求記号順で出力し，そのリストを一名が読み上げ，もう一名が書架で資料を確認するというものであり，多大の労力と時間を必要とした。しかし，最近では，書庫内で利用できる携帯用バーコードリーダーを用いて，資料に貼ってあるバーコードを読み込み，それらのデータを図書館システムに送りこんで，貸出中データと所蔵データとを照合するという，より短時間で実施可能な方法がとられるようになっている[44]。さらには，資料一冊ごとにバーコードの代わりにICチップを貼っている先進的図書館では，資料一冊ずつを取り出す必要はなくなり，読み取り機（近接した状態での非接触方式）が向けられた資料群のICチップ内蔵データが，複数冊分一括して読み込まれるという便利な方法も採用されている。

　このほか，蔵書点検作業の委託請負会社もあり，この場合には，蔵書量に関係なく投入作業者数を調整することで，依頼された図書館の閉館後から翌朝の開館前までに，資料の照合作業を完了させることも可能になっている。

5．コレクションの評価・再編のプロセス

(1) コレクションの評価

a．評価の目的と種類

　コレクションを評価する主な目的としては，次の二つが挙げられる。
　①資料選択のプロセスや基準が適切であるかどうかを確認する。
　②不要な資料を選別し，コレクションを更新する。
　コレクションの構築は「資料を選択して受入・排架すれば終わり」ではなく，その結果として形成されるコレクションの状態や利用の程度を評価して，それ

44：ハバード，ウィリアム J.；丸谷洽一訳. 書庫の管理. 勁草書房, 1987, p.117-121.

を選択プロセスへとフィードバックしていく必要がある。また，コレクション中の古くなった資料や利用されなくなった資料などを取り除き，コレクションの「新陳代謝」を促進するためにも，評価は重要である。

　いくつかの基準によって，コレクションの評価を分類することが可能である。たとえば，以下のような基準によって，多種多様なコレクション評価法を特徴づけることができる。

①目的による分類
　　a．選択プロセスの評価・修正　　b．不要資料の選択
②評価の尺度による分類
　　a．効果（effectiveness）　　b．効率（efficiency）
　　c．費用（cost）
③評価の様式による分類
　　a．定量的な方法　　　　　　　b．定性的な方法
④データの収集法による分類
　　a．業務統計　　　　　　　　　b．調査統計
⑤コレクション自体と利用とのどちらに重点を置くかによる分類
　　a．コレクション中心　　　　　b．利用中心
⑥評価基準による分類
　　a．達成目標との比較　　　　　b．ガイドライン・規準との比較
　　c．他の図書館や別のサービスとの比較　　d．特に比較しない場合

このうち，①の評価の目的についてはすでに説明したので，それ以外について，簡単に説明する。

■1 効果と効率，費用　　効果（effectiveness）とは，サービスの目標が達成された程度であり，それに対して，効率（efficiency）とは，その達成に要した資源（時間，費用など）の程度を指す。たとえば，利用者がある図書を読みたいと思ったときに，それをその図書館で「入手できるかどうか」は効果の尺度であり，その図書を「入手するまでに要した時間」は効率の尺度と考えることができる。コレクションの評価を行う場合に，どちらの観点から評価するかを明確にしておくことは重要である。

また，効率を費用で測定した場合に，費用対効果（cost-effectiveness）の概念が導かれる。たとえば，ある目標を同じ程度に達成する二つの方法があったときに，単位費用あたりの達成度が大きい方（あるいは単に費用が少ない方）が優れていると評価できる。

❷定量的方法と定性的方法　たとえば，コレクションをその点数や年平均成長率によって評価する場合が定量的な方法（quantitative method）であり，それに対して，コレクションの質を図書館員や主題専門家が観察によって評価するような場合が定性的方法（qualitative method）に相当する。一般に，定量的な方法は資料を個別的ではなく集合体として把握することが多いので，マクロな評価に適しており，それに対して，定性的な評価は個別的・部分的な評価に適しているといえる（もちろん，例外もある）。

ただし，定量的な方法と定性的な方法との区分はそれほど明確ではない。たとえば，大学図書館において，雑誌の評価を教員に対してアンケート形式で依頼し，その結果を量的尺度に換算する場合などは（たとえば，「有用」を10点，「有用でない」を０点などとする），どちらに分類するかは容易ではない。

❸業務統計と調査統計　数量的なデータを収集して評価する場合，その収集方法による特徴づけが可能であり，それらのデータは業務統計と調査統計とに大別できる。業務統計とは，日常的な図書館業務の記録を集計することによって作成される統計データであり，たとえば，貸出延べ冊数などの貸出統計がその典型例である。図書館業務の機械化によって，以前よりも容易にこの種の統計を集計することができるようになった。それに対して，調査統計とは，通常の業務以外に，なんらかの特別な（余分な）調査を実施することによって得られた統計データを指す。たとえば，来館者調査や住民調査などがその例である。

業務統計を利用する場合には，特別な調査を実施する必要がないので，費用が安く，しかも，統計学的に複雑な調査法を適用しなくてもすむ場合が多い。反面，調査項目（評価項目）が限定されてしまうという欠点がある。それに対して，調査統計の場合は，費用がかかり，しかも，場合によっては調査・分析のために複雑な統計的知識が必要になることがあるが，業務統計に比べて，調べたい（評価したい）項目の設定をより自由に行えるという大きな利点をもつ。

4 コレクションと利用　評価の場合にも，資料選択における価値論と要求論に対応するように，コレクション自体に重点を置く評価と，利用に重点を置く評価の二つが考えられる。前者はコレクション中心評価法（collection-centered measure），後者は利用者中心評価法（user-centered measure）と呼ばれることがある。前者の典型例は，評価基準となる何らかの書誌と，自館のコレクションとを比較するチェックリスト法であり，後者の典型例は，貸出統計から各主題分野の利用状況を把握する方法である（これらに関しては後で詳述する）。

5 評価の基準　評価を行うには，通常，何らかの基準が必要である。業務あるいはサービスの目標が明確に規定されており（たとえば，「住民あたりの蔵書冊数を3冊に増やす」など），その目標に対する達成度を評価するような場合には，当然，その達成目標が評価の基準になる。また，評価したい項目に関して，何らかの外的な基準が設定されていることがある。たとえば，コレクションに関する基準としては，IFLA（国際図書館連盟）による公共図書館のガイドライン[45]や，「公立図書館の設置及び運営上の望ましい基準」（文部科学省告示，平成13年），「国立大学図書館改善要項」（文部省，昭和28年），「公立大学図書館改善要項」（公立大学図書館協議会，昭和36年），「新私立大学図書館改善要項」（私立大学図書館協会，平成8年）などのなかに言及がある[46]。しかし，これらの多くは最低基準を示したものにすぎないし，また，個別的な状況を無視して，どのような図書館にも適用できるような具体的な基準（特に数量的基準）を設定することは一般に非常にむずかしい。外的な基準を適用する場合には，このような点に十分な注意を払うことが必要である。

当該年度の数値を前年度の実績値と比較することは多くの場合に容易であるし，コレクションに関する何らかの改善がその間になされたならば，前年度との比較は必須である。さらには，自館の数値を，規模や性格の類似した他の図書館と比較することによって評価を行うこともできる。公共図書館と大学図書

45：国際図書館連盟公共図書館分科会編，森耕一訳．公共図書館のガイドライン．日本図書館協会，1987．
46：日本図書館協会編．図書館法規基準総覧　第2版．日本図書館協会，2002．

3-4表 『日本の図書館』統計編に公表されている主要なデータ項目

公共図書館	大学図書館
館数，自動車図書館数，奉仕人口，職員数［司書・司書補，その他］，蔵書冊数［うち児童書］，受入図書冊数〔うち購入冊数［うち児童書］〕，年間除籍冊数，雑誌購入種数，団体貸出［団体数，貸出冊数］，個人貸出〔登録者数［うち児童］，貸出冊数［うち児童］〕，前年度支出額〔経常費総額，人件費，資料費［うち図書費］〕，今年度予算〔一般会計総額，経常費，資料費［うち図書費］〕	奉仕対象学生数，職員数［専任職員，臨時職員］，蔵書冊数［うち洋書］，開架図書率，受入図書冊数［うち洋書，うち購入冊数］，受入雑誌種類数［日本語，外国語］，館外個人貸出〔貸出者数［うち学生］，貸出冊数［うち学生］〕，年間開館日数，電子複写枚数，相互協力業務［図書の貸出冊数，図書の借受冊数，文献複写の受付件数，文献複写の依頼件数］，前年度決算〔経常的経費，人件費，資料費［うち図書費］，製本費〕

注：[ ]は内訳あるいは細分を示すための記号である

館については，各館の蔵書冊数や貸出延べ冊数などが『日本の図書館』や『図書館年鑑』（ともに日本図書館協会刊）に公表されているので，これらの数値については，容易に比較が可能である。3-4表に『日本の図書館』統計編における主要なデータ項目を示す。

なお，特に明確な評価基準を設定しないことも少なくない。たとえば，各館の館報には，その年度のさまざまな実績が報告され，そのなかでコレクションに関する統計や貸出統計などが掲載されることがある。これは，基準を用いた明確な評価を目的としていないことが多いものの，実績値の公表であり，一種のコレクション評価とみなすことができる。

b．評価の手順

一般に，図書館評価の手順は3-10図のようになる[47]。

まず，評価の目的・目標を明確に設定することが重要である。何について，どのような目的で評価を実施するのかをこの時点で明確にしておかないと，調

47：高山正也ほか．改訂図書館経営論．樹村房，2002，p.141．

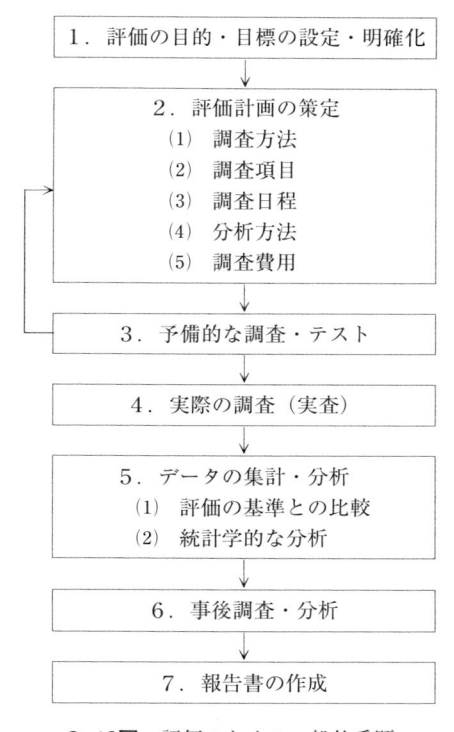

```
┌─────────────────────────────────┐
│ 1．評価の目的・目標の設定・明確化 │
└─────────────────────────────────┘
                 ↓
┌─────────────────────────────────┐
│ 2．評価計画の策定                │
│   (1) 調査方法                   │
│   (2) 調査項目                   │
│   (3) 調査日程                   │
│   (4) 分析方法                   │
│   (5) 調査費用                   │
└─────────────────────────────────┘
                 ↓
┌─────────────────────────────────┐
│ 3．予備的な調査・テスト          │
└─────────────────────────────────┘
                 ↓
┌─────────────────────────────────┐
│ 4．実際の調査（実査）            │
└─────────────────────────────────┘
                 ↓
┌─────────────────────────────────┐
│ 5．データの集計・分析            │
│   (1) 評価の基準との比較         │
│   (2) 統計学的な分析             │
└─────────────────────────────────┘
                 ↓
┌─────────────────────────────────┐
│ 6．事後調査・分析                │
└─────────────────────────────────┘
                 ↓
┌─────────────────────────────────┐
│ 7．報告書の作成                  │
└─────────────────────────────────┘
```

3-10図 評価のための一般的手順

査・分析が進むうちに，何を何のために評価しているかが判然としなくなるということになりかねない。

次に，この目標に沿って，調査方法，調査（評価）項目，調査日程，集計・分析の方法，調査の費用などを具体的に策定する。評価の実施担当者だけではなく，評価にかかわる部門の担当者の意見も聴き，全体として無理のない計画とすることが重要である。また，統計調査を行う場合には，統計の専門家の助言を十分に受けることが望ましい。

策定された計画に沿って実際に調査を開始する前に，予備的な調査を実施しておく。特に，統計調査の場合には，予備調査によって，調査票などの欠陥が発見されることも少なくない。そのような場合には，前の段階に戻って，もう

一度，計画全体を見直す必要もある。

　予備調査を経て計画が完全なものとなったら，本調査を実施する。そして，その結果を集計・分析し，最終的に，評価結果を報告書などの形にまとめる。場合によっては，最終的な結論を出す前に，事後的な調査が必要となることもある。なお，以上の手順は，定量的な手法で評価する場合の典型例であるが，定性的な評価の場合もほぼこれに準ずる。

c．評価の実際（1）：コレクション中心評価法

　評価の実際として，まず，コレクションを中心に評価する方法について述べる。これらの方法は，⒤統計によるマクロ的な評価，ⅱチェックリスト法，ⅲ専門家による評価，に大別できる。以下，順に説明する。

■1 コレクションの統計　　所蔵資料の冊数（あるいは蔵書冊数），年間増加冊数，年間廃棄冊数，雑誌の購入種数などは，業務統計として，比較的容易に集計できる。これらのコレクションの統計は，図書館の資料収集（あるいは廃棄・別置）の活動をマクロ的に評価する場合に便利である。このうち，所蔵資料冊数と雑誌の購入種数は，コレクションのある一時点での規模（すなわちストック（stock））を示す量であり，年間増加冊数と年間廃棄冊数は，一年間のストックの変化量（すなわちフロー（flow））を示す量である。したがって，理論的には，

$$\text{今年の所蔵資料冊数} = \text{前年の所蔵資料冊数} + \text{年間増加冊数} - \text{年間廃棄冊数}$$

が成立しなければならない。

　このようなコレクションの統計で評価を行うには，さらに，「購入／寄贈」の別，資料形態別，利用対象者別，主題分野別などで集計したり，あるいは，サービス対象人口などで基準化する必要がある。このような目的で主に使われる指標としては，次のようなものがある[48]。

48：より詳しい文献として，次のものがある。森耕一編．図書館サービスの測定と評価．日本図書館協会，1985．

$$蔵書密度 = \frac{蔵書冊数}{サービス対象人口}$$

$$蔵書新鮮度 = \frac{年間増加冊数}{蔵書冊数}$$

$$蔵書成長率 = \frac{(その時点での蔵書冊数 - 前の時点での蔵書冊数)}{前の時点での蔵書冊数}$$

　定義からわかるように，蔵書密度は人口あたりの蔵書冊数であり，公立図書館の場合には，分母としては，通常，その地域の定住人口が用いられる。なお，かつてのIFLAのガイドラインでは，これに関して「住民一人あたり3冊」という基準が設定されていた[49]。大学図書館の場合には，サービス対象人口を学生総数で近似することもある。

　以上の統計はコレクションの規模を表すものであり，その質の評価には直接的には結びつかない。しかし，図書館のコレクションの状態を把握するには，最初に押えるべき基本的な統計であるし，量と質との相関，あるいは，量と利用との相関を想定すれば，質や利用の観点からも重要な評価尺度と考えられる。

❷チェックリスト法　　なんらかの資料のリストを基準として考え，そのリストとコレクションとを突き合わせて，不十分な資料を見出す方法をチェックリスト法という[50]。個別的な資料の不足を把握するには最も簡便な方法であり，信頼性の高いリストが設定・利用できれば，同時に最も確実な方法でもある。このためのリストとして代表的なものには，次のようなものがある。

　①全国書誌・販売書誌・選択書誌・主題書誌・索引誌・抄録誌など
　②総合目録や他館の所蔵目録
　③出版社や古書店などの出版・販売リスト

49：国際図書館連盟公共図書館分科会編，森耕一訳．公共図書館のガイドライン．日本図書館協会，1987，p.67.
50：国立国会図書館．蔵書評価に関する調査研究．2006（図書館調査研究リポート　No. 7）.

④なんらかの著作が引用した文献のリスト（引用文献リスト）

　最も典型的な方法は，『選定図書総目録』や『学校図書館基本図書目録』のような選択書誌を用いることである。また，『出版年鑑』，『日本件名図書目録』，各主題書誌などを用いれば，ある主題に関する図書についての「所蔵もれ」を検出することができる。これらの書誌類や，②の総合目録や他館の所蔵目録，③の出版社や古書店の出版・販売リストは，資料選定のツールとして利用されることから考えても，チェックリスト法での比較対象に用いられるのは当然であろう。また，雑誌の評価には，索引誌や抄録誌が使えるが，このためには，オンライン・データベースの検索機能を利用するのが望ましい。冊子体の索引誌・抄録誌では，採録雑誌一覧が使える程度であるが，コンピュータでの検索を利用すれば，件名やディスクリプタごとの収録雑誌や該当文献件数も得ることができ，より便利である。

　なんらかの著作に引用されている文献のリスト，すなわち，引用文献リスト（あるいは参照文献リスト）を基準とすることもできる。たとえば，その分野の基本的な教科書と考えられている著作の引用文献とコレクションとを突き合わせることにより，その分野の基本的な図書や雑誌をどれだけ所蔵しているかを評価できる。また，大学図書館ならば，その教職員や大学院生が執筆した著作物（図書，雑誌論文，学位論文など）における引用文献リストを用いることも可能である。それらの引用された文献のうち，図書館が所蔵していないものは，教職員や院生が個人的に所有しているもの，あるいは他の図書館などで利用したものであり，他の利用者にも潜在的な価値を持っている可能性がある。研究者や学生はある文献に目を通したときに，さらにそれに引用されている文献を読みたくなる場合が多い。この点でも，引用文献リストは重要な情報源である。

　また，「引用される」ということを一種の科学的業績と考え，よく引用される雑誌ほど学術的価値が高いとみなす考え方がある（なお，引用された回数を被引用回数と呼ぶ）。この考え方に立てば，よく引用される雑誌を図書館に揃えるべきという方針が導かれる。このための便利なツールとして，*Journal Citation Reports*（JCR）がある。これは現在では，Thomson Reuters 社による

5. コレクションの評価・再編のプロセス | 141

Mark	Rank	Journal Abbreviation	ISSN	1995 Total Cites	Impact Factor	Immediacy Index	1995 Articles	Cited Half-life
✓	1	J AM SOC INFORM SCI	0002-8231	771	1.156	0.522	69	5.8
	2	KNOWL ACQUIS	1042-8143	253	1.143		0	4.8
	3	ANNU REV INFORM SCI	0066-4200	120	1.111	0.000	8	6.5
✓	4	LIBR INFORM SCI	0373-4447	78	1.000			
✓	5	LIBR QUART	0024-2519	152	0.970	0.083	12	8.5
✓	6	J DOC	0022-0418	271	0.931	0.200	20	>10.0
✓	7	COLL RES LIBR	0010-0870	337	0.865	0.171	41	6.1
✓	8	INFORM MANAGE	0019-9966	420	0.833	0.097	62	4.9
✓	9	INT J GEOGR INF SYST	0269-3798	226	0.719	0.200	35	4.7
✓	10	TELECOMMUN POLICY	0308-5961	195	0.694	0.148	54	3.5
✓	11	B MED LIBR ASSOC	0025-7338	258	0.673	0.147	68	4.2
✓	12	LIBR INFORM SCI RES	0740-8188	109	0.594	0.000	16	5.6
✓	13	INFORM PROCESS MANAG	****-****	307	0.580	0.000	52	5.5
✓	14	LIBR J	0363-0277	472	0.533	1.115	96	3.5
	15	PROGRAM-AUTOM LIBR	0033-0337	68	0.481	0.161	31	
	16	J INFORM SCI	0165-5515	179	0.474	0.174	46	5.0

Sort: Impact Factor　Filter: INFORMATION　57 Journals　12 marked

3-11図　*Journal Citation Reports* の例（図書館情報学）

"Web of Knowledge"の一部として提供されており，自然科学および社会科学の主題領域ごとに，よく引用されている雑誌の順位付きリストをウェブ上で出力することができる（かつては CD-ROM で頒布されていた。その例を3-11図に示す[51]）。このリストを用いることにより，自館の受入雑誌の評価を行うことができる。なお，3-11図は単純な被引用回数ではなく，それを掲載論文数で補正した文献引用影響率（impact factor）の順でのリストである[52]。引用を一種の利用と考えれば，引用文献に基づく方法は，後で述べる利用に基づく評価法に含めることもできる。

❸専門家による評価　　主題専門家や外部のコンサルタント，あるいは担当の

51：棚橋佳子. Journal Citation Reports —引用分析による学術雑誌評価ツール. 書誌索引展望. 1996, vol.20, no.3, p.28.
52：掲載文献数の多い雑誌ほど引用される確率が高くなるので，このような指標が考え出された。この指標の有用性に関しては，次の文献を参照. 岸田和明. 蔵書管理のための数量的アプローチ-文献レビュー. Library and Information Science. 1995, no.33 p.44-47.

図書館員が観察によってコレクションを評価する場合がある。特に，教職員がその主題分野の専門家である大学図書館においては，この方法は比較的容易である。たとえば，教員に受入雑誌の一覧を配布し，各雑誌に対して必要・不要をチェックしてもらい，それを集計して，不要な雑誌を選別する方法は一般によく用いられている。

d．評価の実際（2）：利用者中心評価法

コレクション中心評価法では，書誌や引用文献リスト，あるいは主題専門家の判断が評価の基準となったが，利用者中心評価法では，利用者あるいはその利用が評価の基準である。利用者に関する研究は利用者研究（user study），利用に関する研究は利用研究（use study）と呼ばれる。これらに基づく利用者中心評価法としては，⒤貸出統計の分析，ⅱ利用可能性調査，ⅲ利用者調査（来館者調査あるいは住民調査）などがある。以下，これらについて説明する。なお，すでに述べたように，引用に基づく方法も利用者中心評価法に含められることがある。

■1 貸出統計の分析　貸出回数（一般には館外貸出回数）は，資料の利用の程度の尺度としてよく用いられている。これは，一つには，貸出統計が業務統計として容易かつ確実に集計できるからである。しかしその反面，資料は，館内閲覧や電子複写などを通じても利用されるから，貸出は資料利用の一面しか反映していないということになる。貸出統計によって評価する場合，常にこの点に留意しなくてはならないが，全体的な傾向として，館内で利用される資料は貸出もされることが経験的に知られており[53]，レファレンスブックに類似した機能をもつ図書などを除けば，貸出を資料利用の一次的な近似とみなすことが可能である。

貸出統計は，コレクションの統計と同様に，他の属性別（資料の種類別，利用者別，主題分野別など）に集計したり，他の尺度で基準化することにより，より有用な統計となる。主な指標としては，次のようなものがある。

53：ランカスター，F.W.；中村倫子，三輪眞木子訳. 図書館サービスの評価. 丸善，1991, p.62-63.

5. コレクションの評価・再編のプロセス | *143*

$$貸出密度 = \frac{貸出延べ冊数}{サービス対象人口（定住人口）}$$

$$蔵書回転率 = \frac{貸出延べ冊数}{蔵書冊数}$$

　貸出密度は，人口1人あたりの貸出回数であり，公共図書館の利用の程度あるいは活動の程度を測る指標としてよく用いられる。公共図書館の場合，一般には登録しないと貸出サービスを利用できないことから，分母を「登録者数」にすることもある。この場合には「実質貸出密度」と呼ばれる。また，「貸出サービス指数」は，貸出延べ冊数に図書1冊あたりの平均価格を乗じ，それを図書館の経常費で除したものである（正確には，さらにそれに100を掛ける）[54]。

　貸出密度や実質貸出密度はかなりマクロ的な指標であり，どちらかといえば，コレクションの評価というよりも，コレクションを含めた図書館サービスを全体的に測る尺度としてみなされる傾向がある。それよりも，直接的にコレクションの評価尺度として用いられるのは，蔵書回転率である。この定義は上に掲げたとおりであるが，この指標は次のように利用する。たとえば，ある図書館で，

　　分野A：貸出回数が300回，蔵書冊数が100冊
　　分野B：貸出回数が300回，蔵書冊数が600冊

であったとする。両分野の貸出の量は等しいが，蔵書回転率を計算すると，分野Aは3.0回，分野Bは0.5回で，分野Aの図書の方がかなり頻繁に貸し出されていることがわかる。蔵書回転率が非常に高い場合，貸出のため書架上に十分に図書が残らないような状況が生じている可能性がある。それに対して，蔵書回転率が低い場合には，さらに相互貸借の借受件数や購入希望のリクエストのデータを付け加えることによって，評価することが可能である。たとえば，蔵書回転率の低い分野BとCについて，

　　分野B：蔵書回転率が0.5回，相互貸借の借受件数やリクエストの件数は

54：森耕一編. 図書館サービスの測定と評価. 日本図書館協会, 1985, p.276-277.

(冊)
16,000
14,000
12,000
10,000
8,000
6,000
4,000
2,000

貸出延べ冊数

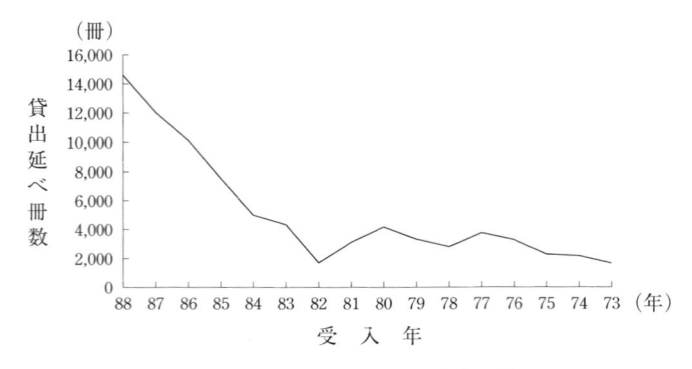

88 87 86 85 84 83 82 81 80 79 78 77 76 75 74 73 （年）
受　入　年

3-12図　出版年別（受入年別）の貸出回数の例

分野別での平均件数よりも多い
分野C：蔵書回転率が0.5回，相互貸借の借受・リクエストはほとんどない

であるならば，分野Bは選択プロセスになんらかの欠陥があってコレクションが十分ではないのに対し，分野Cについては，その図書館の利用者の関心自体がそれほど高くない可能性がある。

さらに，貸出統計を出版年別（あるいは受入年別）に集計することによって不要資料の選別に必要な情報を得ることもできる。一般に，貸出統計を用いて，利用の少なくなった図書を識別する方法には，

①貸出回数を出版年あるいは受入年別に集計して，ほとんど利用されない図書の「年齢」を識別する，

②貸出データから，ある一定期間一度も貸し出されていない図書を識別する，

という二つの方法がある。たとえば，前者の方法における集計結果の例を3-12図として示す。この図が示すように，一般に，資料に対する利用は，その出版からの年数が経過するにつれて（すなわち「年齢」が加算するにつれて），減少していく。この現象は老化（obsolescence）と呼ばれるが，①の方法は，十分に利用の少なくなる年齢を識別して，その年齢以上の図書を不要資料の候補と考えるものである。

この方法には、いくつかの問題点があるが[55]、最も大きな欠点は、有用な図書であろうと、年齢が古ければ不要資料の対象となってしまう点である。それに対して、②の方法は、各資料が貸し出されない期間を個別的に集計するので、そのような欠点はない。その代わり、集計がより困難であり、さらに、二次的書庫への別置の場合には、出版年（受入年）で明確に線引きされる①の方法に比べて、利用者が一次的書庫と二次的書庫のどちらを探せばよいのかを知るのが煩雑になる可能性がある。なお、実際に、どの程度の期間、貸し出されないままの図書を不要資料とするかは各館の状況によって異なるので、その貸出データから決める必要がある[56]。一般に、その期間は公共図書館よりも大学図書館の方が長めに設定される。

なお、雑誌の場合には貸し出されないことが多いので、通常、貸出統計は得られない。そのため、その収録論文の被引用回数によって評価が行われる。たとえば、雑誌の掲載論文の年齢別での引用データはJCRから得ることができる。また、JCRの元データである *Science Citation Index*（SCI）や *Social Sciences Citation Index*（SSCI）などを使えば、より詳細に分析することも可能である（これらは現在では、Thomson Reuters社の"Web of Science"として提供されている。また、Elsevier社の"SciVerse Scopus"でも同様な引用データを得ることができる）。

ただし、電子ジャーナルの場合には、利用者がサーバにアクセスした記録（ログ）が残ることから、アクセス件数やダウンロード件数の集計が可能である。ここでのサーバとは具体的には、電子ジャーナルを提供する組織・機関（ベンダーやアグリゲータなどと呼ばれる）のコンピュータを意味する。利用者は通常、図書館のサーバを経由してから、インターネットを通じてこれらのコンピュータにアクセスし、論文のPDFファイルを閲覧・印刷またはダウンロードする。したがって、アクセス件数やダウンロード件数を図書館自体が集

55：詳しくは次の文献を参照。岸田和明. 蔵書管理のための数量的アプローチ—文献レビュー. Library and Information Science. 1995, no.33, p.51-58.
56：この手順については、次の文献を参照。ランカスター，F.W.；中村倫子，三輪眞木子訳. 図書館サービスの評価. 丸善, 1991, p.55-57.

計することはできず,ベンダーやアグリゲータから利用統計の提供を受けなければならない。この際に,「アクセス」や「アクセス拒否」の定義やその計数方法が提供組織によって異なると不便である。そこで,それを標準化しようとする動きがいくつかある。その中でも,COUNTER（Counting Online of NeTworked Electronic Resources）[57]は著名であり,COUNTERに準拠した利用統計を提供するベンダー・アグリゲータは数多い。これらの利用統計を活用すれば,雑誌の利用実態を把握することが可能となる。

❷利用可能性の調査　利用可能性の調査（availability test）は,資料の選択だけでなく,目録の正確性や書庫管理の程度なども含めて,総合的に図書館を評価する方法の一つである。まず,ある資料を求めて来館した利用者が実際に望みの資料にたどり着くまでには,3-13図に示したようないくつかの段階を通過しなければならないと考える。そして,実際に,図書館内で調査を実施し,それぞれの段階を通過できた人数を集計する。たとえば,目録ホールやOPACの端末コーナーにいた100人の利用者に依頼し,その後の過程を追跡調査した結果,100人中90人に関してその望みの資料が所蔵されており,そのうち80人に対しては目録データが正確で,さらにそのうち70人に対しては他人による貸出中・利用中ということがなく,さらにそのうち60人に対しては,書庫の乱れがなく,資料が正しい位置に排架されているとすると,最終的な成功の確率は,各段階の成功率の掛け算として,

$$\frac{90}{100} \times \frac{80}{90} \times \frac{70}{80} \times \frac{60}{70} = \frac{60}{100} = 0.6$$

のように計算される。成功率の低い段階については,業務・サービスの改善が求められることになる。入手できなかったときに相互貸借サービスやリクエスト制度を利用することを想定し,このような手段をも含めて評価したい場合には,実際に入手するまでの時間（日数）を測定すればよい。なお,利用者の協力を得るのがむずかしい場合,図書館員がいくつかの図書を想定して,利用者

57:加藤信哉. COUNTERについて. 薬学図書館. 2007, vol.52, no.3, p.258-269.

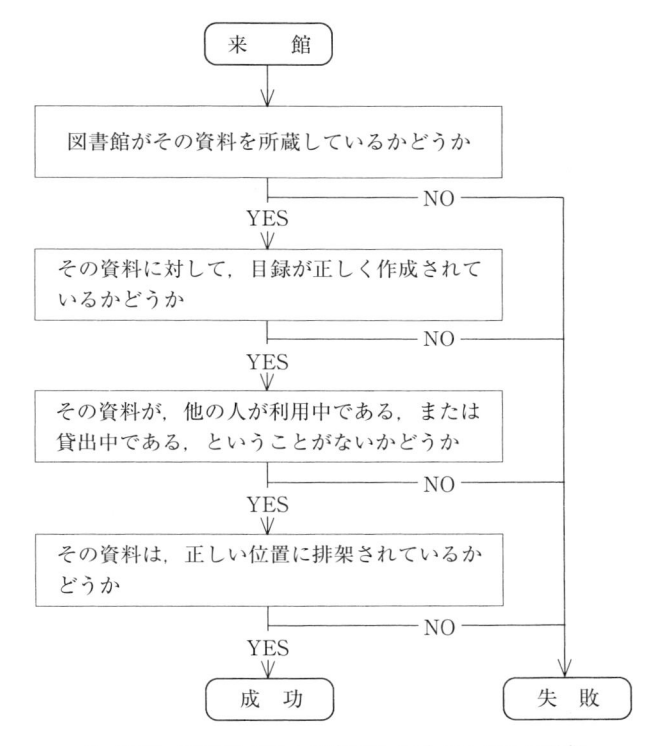

5．コレクションの評価・再編のプロセス ｜ *147*

```
            ┌─────────┐
            │  来  館  │
            └────┬────┘
                 ▼
    ┌────────────────────────────┐
    │ 図書館がその資料を所蔵している │
    │ かどうか                     │
    └────┬───────────────────NO──┐
         │YES                    │
         ▼                       │
    ┌────────────────────────────┐│
    │ その資料に対して，目録が正しく│
    │ 作成されているかどうか       ││
    └────┬───────────────────NO──┤
         │YES                    │
         ▼                       │
    ┌────────────────────────────┐│
    │ その資料が，他の人が利用中で ││
    │ ある，または貸出中である，と ││
    │ いうことがないかどうか       ││
    └────┬───────────────────NO──┤
         │YES                    │
         ▼                       │
    ┌────────────────────────────┐│
    │ その資料は，正しい位置に排架 ││
    │ されているかどうか           ││
    └────┬───────────────────NO──┤
         │YES                    │
         ▼                       ▼
      ┌─────┐                ┌─────┐
      │成 功│                │失 敗│
      └─────┘                └─────┘
```

3-13図 利用者が望んだ資料を入手するまでの過程

の行動のシミュレーションを試みることもある。

　なお，3-13図の第3段階（他人の貸出・利用中かどうか）に関して，あまりに貸出が多いために他の人が十分にその資料を利用できないような状況を改善する方法としては，ⅰ複本を購入する，ⅱ貸出が集中する資料の返却期限を特別に短くする，の二つの方法がある。理論的には，返却期限を半分にするよりも，複本を1冊購入した方が効果的であることが知られているが[58]，複本を購入する場合には，余分な出費を伴うので，慎重な購入計画が必要である。大

58：このことは1960年代に待ち行列理論やシミュレーションなどによって明らかとなった。次の文献に簡単な解説がある。岸田和明．利用統計を用いた蔵書評価の手法．情報の科学と技術，1994，vol.44，no.6，p.304．

学図書館における指定図書制度は，資料を別置して，返却期限を短縮したものととらえることもできる。

❸利用者調査　来館者に調査票を配布し，コレクションを直接的に評価してもらうこともできる。この方法では，調査票の設計や調査の実施・集計に余分な費用がかかるが，貸出統計による評価などでは得ることのできない，「生の声」を利用者から聞くことができる。また，来館者調査は実際に図書館に足を運ぶ人のみに限定されるが，さらに，一般的な住民・学生に対しても，調査を行うことが可能である。この場合には，通常，郵送などを利用した標本調査となるので，収集・分析に関して，多少，高度な統計学の知識が必要になる[59]。

e．評価指標の標準化と新しい動き

コレクション評価を含む，図書館評価一般に関して，世界的な標準化を進めるために，ISO2789やISO11620などの標準規格が制定されている。前者は図書館統計，後者は図書館パフォーマンス指標（図書館経営の改善やサービス計画の立案を目的とした評価指標）に関する標準規格であり，それぞれ，JIS X 0814およびJIS X0812として，日本工業規格にもなっている[60]。本書でこれまで説明してきた，蔵書回転率や貸出密度，利用可能性に関する指標などはこの規格にも取り入れられている。

さらに，いわゆる自己点検・評価あるいは行政（政策）評価の重要性が一般的に広く認識されるようになり，この流れの中で，図書館評価に関する議論がなされることがある。図書館評価は，図書館界が長年に亘って取り組んできた研究課題であり，多くの研究成果・実践例の積み重ねがある。しかし，近年の行政評価の文脈の中で，図書館評価自体を再評価し，最適な方法を模索していく必要がある。特に，行政評価における一つの主要概念は顧客満足（customer satisfaction）である。この視点をコレクション評価に導入し，コレクションが利用者をいかに満足させているかを測定し，それに基づいてコレクションの改

59：来館者調査・住民調査での統計的処理については，次の文献の第三部を参照。
　　神奈川県図書館協会図書館評価特別評価委員会編．公共図書館の自己評価入門．日本図書館協会，2007．
60：図書館パフォーマンス指標については次の文献を参照．
　　日本図書館情報学会研究委員会編．図書館の経営評価．勉誠出版，2003．

5．コレクションの評価・再編のプロセス | *149*

善を図っていくような努力が，より一層求められることになるだろう。

（2）コレクション更新

a．ウィーディング

　ウィーディング（weeding）とは，一定の基準に従って，移管あるいは廃棄すべき資料をコレクションの中から選択することであり，不要資料選択や除架と呼ばれることもある。ウィーディングを実施し，実際に資料を移管または廃棄することによって，書庫に新しいスペースを確保することができる。また，すでに述べたように，コレクション構築の観点からは，不必要な資料を取り除くことによって，コレクションの新鮮さを保つことは重要である。

　ウィーディングすべき資料としては，

　　◦内容が古い，または旧版であるもの，
　　◦損傷・劣化が激しいもの，
　　◦同一資料がほかにもあって，内容的に重複しているもの，
　　◦利用されていない，または利用頻度がきわめて低いもの，
　　◦不要となった複本，

などが考えられる。実際には，刊行から経過した年月数や，最後に貸し出されてから経過した年月数などの客観的な基準が使われることも多い[61]。

　ウィーディングされた後の処理には，移管と除籍・廃棄がある。

❶移管　　ウィーディングされた資料のうち，物理的にまだ利用可能な資料は，保存書庫や保存図書館などに移管することが考えられる。保存書庫は閉架の集密書庫・自動化書庫であったり，あるいは遠隔地にあったりして，利用者にとっては不便であるが，低いコストでの保管が可能である。

❷除籍・廃棄　　資料の保存を断念し，除籍（withdrawal）・廃棄（discard）する場合もある。除籍・廃棄された資料は，他の機関への寄贈，古本業者への

61：ウィーディングの基準については，以下の文献を参照。
　マートマン，ウィリアム A.；松戸保子ほか訳．蔵書管理―背景と原則．勁草書房，1994，p.235-243．
　三浦逸雄，根本彰．コレクションの形成と管理．雄山閣，1993，p.245-249．

売却，利用者への有料または無償での提供，あるいは焼却などの方法で処理される。この場合には，移管とは異なり，その図書館ではその資料を完全に利用できなくなってしまうので，他の機関での利用可能性なども考慮に入れながら，慎重にその資料を選択することが要求される。

b．複製とメディア変換

　移管あるいは除籍・廃棄する場合，多かれ少なかれ，利用者に不便をかけることになる。将来の利用が確実に見込めないような資料ならばともかく，まだ利用されるにも関わらず，損傷や劣化が激しくて移管せざるを得ないような場合には，その代替資料を用意することが望ましい。

　もし，その資料がまだ入手可能であれば，同一のものを複本として所蔵すればよい。あるいは，写真製版によって複製された図書である影印本や，原本に忠実に活字を組みなおして（または版木を彫りなおして）複製された翻刻本などの復刻本（あるいはリプリント）を購入することができれば，それを利用に供することができる。なお，電子複写機によって複製された図書も，広義には，影印本の一種である。

　あるいは，原本をマイクロフォームや電子媒体に変換して，それを利用者に提供することも考えられる。マイクロフォームには，マイクロフィッシュやロールフィルムなどがあり，それらに原物のイメージを縮小して焼き付けるため，閲覧・複写には特別の装置が必要になる。大きくてかさばる資料をコンパクトに保管できるので，この方法は，これまで，新聞や図面の保存などに幅広く使用されてきた。

　一方，光ディスクなどの電子媒体に保存する場合には，コンピュータですべての処理を行うことになる。アナログ情報をディジタル情報へと変換することにより，図書や写真のような静止画以外にも，動画資料や音声資料も保存することが可能である。

　以上の複製・メディア変換は，単なる代替資料の準備手段というだけでなく，原資料の内容の長期的な保存手段としても有効である。ただし，この場合には，電子媒体の寿命はそれほど長くはないという点に注意する必要がある（場合によっては定期的に新しい媒体への複製が必要になるかもしれない）。

4章　情報資源の生産・流通と図書館

1．情報資源の生産としての出版

(1) 出版とは何か

　出版（publishing）とは，「文書，図画，写真などの著作物を印刷術その他の機械的方法によって複製し，各種の出版物にまとめ，多数読者に頒布する一連の行為の総称」である[1]。思想・内容をもつ著作や情報を，物理的な媒体に複製・固定して公にし，不特定多数の読み手に向けて発信する行為であり，社会の情報流通やコミュニケーションのなかで重要な役割を果たしている。

　出版が成立するためには，思想・表現を行う著者と，出版物を複数部数印刷する技術と，その出版物の受け手である読者が必要である。近代の出版は，著者と，大量部数を製作し頒布する出版社の分業，出版物を入手する読者としての「市民」の形成，さらにその出版物を読者のもとに流通させる仕組みの構築によって特徴づけられている（4-1図）。

　これらの発達は，国や地域の歴史的状況によって異なっており，それぞれに，出版をめぐる慣習や制度が構築され，産業としての地位を築いている。また，産業という経済面だけでなく，思想や主張を伝え，文化の発達に寄与するというコミュニケーションとしての面をもっている。出版については，その数量的な分析，経営的な視点のほか，歴史的意義や社会との関係，出版物を介して読者に届くまでの流通構造，読者が行う読書という行為との関連，著者の見解・思想が複製物である出版物を介して，不特定多数の読者に影響し，それが世論

1：布川角左衛門ほか編. 出版事典. 出版ニュース社, 1971, p.202.

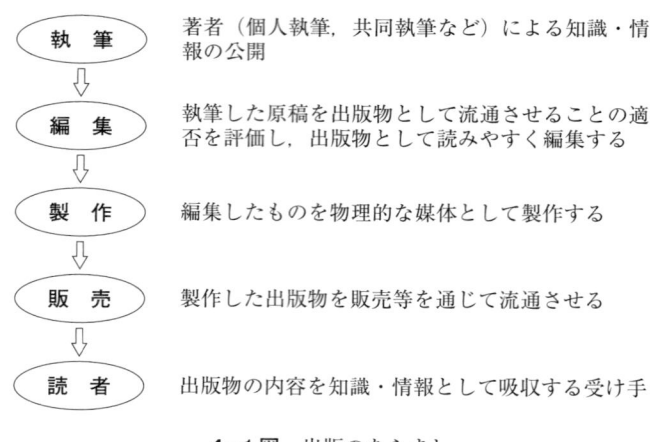

| 4章　情報資源の生産・流通と図書館

```
┌──────┐
│ 執　筆 │  著者（個人執筆，共同執筆など）による知識・情
└──────┘  報の公開
    ⇩
┌──────┐  執筆した原稿を出版物として流通させることの適
│ 編　集 │  否を評価し，出版物として読みやすく編集する
└──────┘
    ⇩
┌──────┐
│ 製　作 │  編集したものを物理的な媒体として製作する
└──────┘
    ⇩
┌──────┐
│ 販　売 │  製作した出版物を販売等を通じて流通させる
└──────┘
    ⇩
┌──────┐
│ 読　者 │  出版物の内容を知識・情報として吸収する受け手
└──────┘
```

4-1図　出版のあらまし

を形成するという政治的分析など，幅広い視点から研究対象となっている[2]。そして図書館も，この出版物の流通過程の一部に組み込む見方が一般的である。

　一般大衆を読者とし，マス・マーケットを対象にして製作から流通を商業的に行う場合を「商業出版」という。また，独自の読者層をもち，製作過程が小規模で，特有のコミュニティに向けて作成されるものに，学術情報の流通を担う「学術出版」，作者自身が費用を負担する「自費出版」，特定の地域に根差した作品を生み出す「地方出版」などがある。

（2）出版物ができるまで

a．出版のプロセス

　図書館では，出版物を購入や寄贈などの方法で入手している。記録媒体も幾多の変遷があり，紙のほか，フィルム，磁気テープ，光学ディスクなどがあり，

---

[2]：中世ヨーロッパの印刷・出版の文化作用を考察したメディア論的な書物史に，〈フェーブル，リュシアン；マルタン，アンリ=ジャン；関根素子ほか訳．書物の出現．筑摩書房，1985〉がある。また，日本の出版と読書との関係については，〈永嶺重敏．雑誌と読者の近代．日本エディタースクール出版部，1997〉〈同．読書国民の誕生―明治30年代の活字メディアと読書文化．日本エディタースクール出版部，2004〉〈前田愛．近代読者の成立．岩波書店，2001〉などがある。

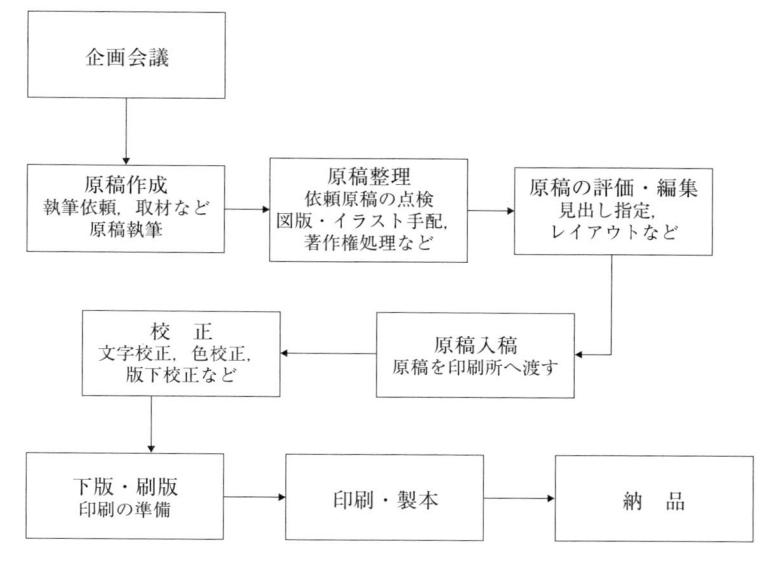

1. 情報資源の生産としての出版 | *153*

```
┌──────────┐
│ 企画会議  │
└────┬─────┘
     ↓
┌──────────┐   ┌──────────────┐   ┌──────────────┐
│ 原稿作成  │→ │ 原稿整理      │→ │ 原稿の評価・編集│
│ 執筆依頼, │   │ 依頼原稿の点検│   │ 見出し指定,   │
│ 取材など  │   │ 図版・イラスト手配,│ レイアウトなど │
│ 原稿執筆  │   │ 著作権処理など│   │              │
└──────────┘   └──────────────┘   └──────┬───────┘
                                         ↓
┌──────────┐   ┌──────────────┐
│ 校　正    │← │ 原稿入稿      │
│ 文字校正, │   │ 原稿を印刷所へ渡す│
│ 色校正,   │   │              │
│ 版下校正など│  └──────────────┘
└────┬─────┘
     ↓
┌──────────┐   ┌──────────┐   ┌──────────┐
│ 下版・刷版 │→ │ 印刷・製本│→ │ 納　品    │
│ 印刷の準備 │   │          │   │          │
└──────────┘   └──────────┘   └──────────┘
```

4-2図　商品企画としての本づくりのプロセス

単一の媒体に集約されたり，どれかが取って代わるというものでもなく，複数の媒体が共存する場合も多い。こうした目に見える素材（媒体）の変化には，その背後に資料流通の仕組みや，資料生産の工程の変化がある。また，最終的な形は従来と同様の紙媒体でも，その製作過程では，技術革新による電子媒体やコンピュータ処理を含んだ，多様化したプロセスへと変化をとげている。

　商業出版の本づくりのプロセスには，4-2図に示すように，一般的には，企画会議→原稿作成（原稿依頼など）→原稿整理→原稿の評価・編集→原稿入稿（印刷所に原稿を渡す）→校正（対象別には，文字校正・色校正・版下校正などがある。そのほか，著者による校正も欠かせない。）→下版（各種の校正が終了したものを印刷工程に渡すこと）→刷版（印刷用の元版をつくること）→印刷→製本→納品，の各段階がある。

　1冊の本が出版されるまでには，著者以外にも，著者の原稿を読み，論旨や内容についての評価・助言を行う編集者（時にはテーマを設定し，執筆者を選定したり，出版の可否を決定する）や，本の体裁に整えるブックデザイナー，

レイアウト・図表作成・イラストなどを担当するデザイナー，印刷の各段階での修正を確認する校閲や校正の担当者など，出版社のなかでも多くの人がかかわっている。こうした業務は，出版社の内部で分担する場合のほか，近年では専門の会社（編集プロダクション）等にアウトソーシングする場合も多く，製作プロセスの分業化が進行している。

b．印刷の技術

　出版の歴史は，文字や記録を紙にとどめる技術の変遷によって大きく影響されてきた。紙に印刷された本・書籍を製作する場合，印刷方式には，ⓘ凸版印刷，ⓘⓘ凹版印刷，ⓘⓘⓘ平版（オフセット）印刷，ⓘⱽ孔版印刷（シルクスクリーンなど）などがあり，特に多色のカラー印刷などではそれぞれ特徴を生かした印刷方式が用いられている。これらの印刷方式は基本的には，版とインクを用いた印刷であるという点で共通性をもっている（4-3図）。なお，オフセット印刷という呼称の由来は，版につけたインクをゴム布製のブランケットに転写（off）した後，ブランケットの上のインクを紙などの印刷素材に押しあてて印刷する（set）ことによる。版が紙に直接触れないため，版が長持ちし，イン

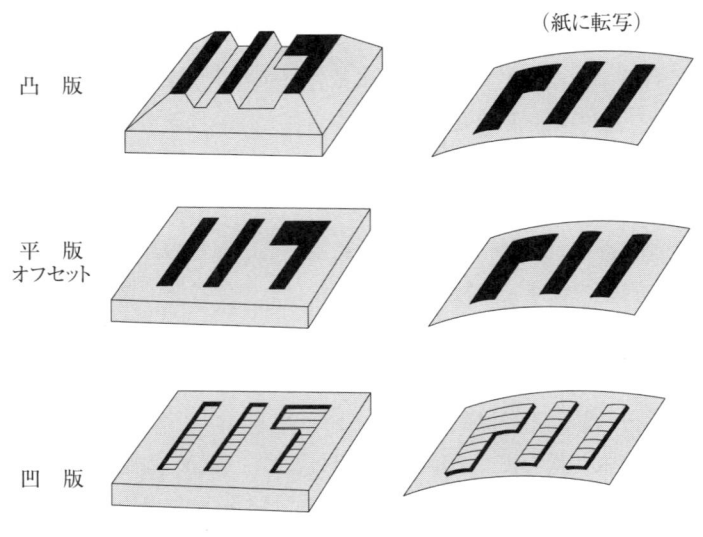

4-3図　印刷の方式

クが紙に絡むこともない。現在，一般にはオフセット印刷が主流である。

なお，活版印刷とは，凸版印刷の一つで，活字を組み合わせて作った版（活版）で印刷する手法である。活版刷りの刷り上がりの力強さなど，現在でも美術・工芸的に好まれることも多い。

c．編集から印刷・製本までのプロセスにおけるコンピュータ利用

1990年代初頭から中ほどにかけて，活字を組んで版面を作る活版植字が減少し，代わって写真植字（写植）から電算写植へと変わろうとしていた時期に，個人利用のコンピュータ（パーソナルコンピュータ：PC）が普及しはじめた。そして，この個人用コンピュータに編集やレイアウトに便利なソフトウエアを搭載して編集作業を行う DTP（desktop publishing）が出現した。DTP は，パソコンを使い，原稿の入稿から編集，レイアウト，印刷までをすべて机上（デスクトップ）で行うシステムの総称として用いられ，1990年代末には過半数を超える出版物が DTP で組版されるまでになった。

DTP によって，編集済みのデータは，紙や印刷用の製版フィルムに出力できるだけでなく，CD-ROM やインターネットによる電子出版にも利用できることとなった。また，大量の部数を印刷するのではなく，データから必要な部数を直接に印刷する方式（オンデマンド印刷）が出現し，きわめて少量の印刷・出版も可能になった。これは，コンテンツ（中身）を紙の本として印刷するプリントオンデマンド（print on demand：POD）と呼ばれるが，こうした1冊単位での出版を可能にしたのは，データ→印刷→製本，という工程を一貫処理する高速プリンターの導入であった。また，インクではなく，トナーで印字する方法であり，刷りの仕組みはコピー（電子式複写）と同じく，トナーを電子帯電方式で定着させる方法をとっている。その後画質の向上も図られ，書籍出版としての実用化にはずみがついていった。

こうした紙媒体の本の製作工程のデジタル化は，図版や表なども含めて，本の中身全部を電子データで保有することを促進することとなった。そのため，本のデジタルデータを基に，単行本・文庫本といった規格のそろった大きさに統一された出版物の製作をはじめ，紙やそれ以外の媒体での提供の可能性が生まれることになる。こうした一つのデジタルデータからいくつもの形式の提供

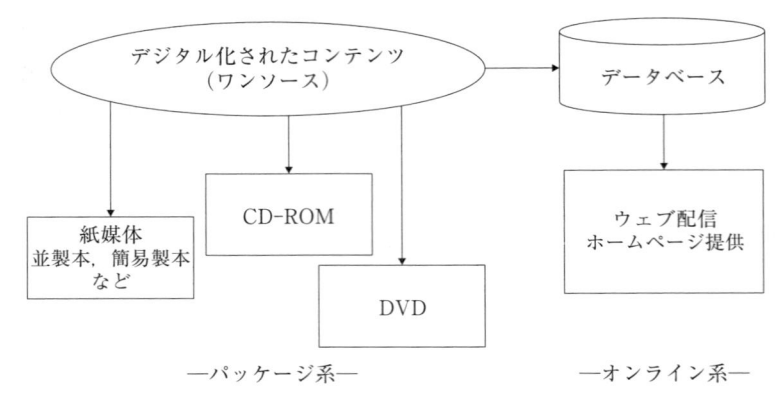

156 | 4章 情報資源の生産・流通と図書館

```
        デジタル化されたコンテンツ ────→ データベース
           （ワンソース）                    │
          ┌────┬────┐                       ↓
          ↓    ↓    ↓                   ウェブ配信
        紙媒体 CD-ROM                   ホームページ提供
       並製本，簡易製本
          など     DVD

        ─パッケージ系─              ─オンライン系─
```

4-4図 ワンソースから利用できる形態の例

が可能となることを「ワンソース・マルチユース」という。すなわち，ワンソースから，単行本やCD-ROM，インターネットでの配信（電子書籍），HTML形式やPDF形式への変換（ホームページ等での活用），さらには，要望があった時に印刷し本として提供するオンデマンド出版などに活用できるのである（4-4図）。このようなプロセスの変化により，多様な出版のために必要不可欠な資産として，デジタルデータが位置づけられるようになった。それまでは印刷工程の副産物で，紙による製品ができ上がれば不要と考えられていたデジタルデータそのものが大きな注目を集めることになったのである。

2．日本の商業出版と流通

（1）商業出版物の特質と刊行規模

　書籍や雑誌など，出版された対象を出版物と呼ぶ。商業出版物には他の商品と比較して，欲しい本を別の本で代用させる代替性の程度が低いこと，多品種・少量生産であること，同じ本をもう一冊買うという反復購入は考えにくいこと，といった特徴がある。また，出版物は，人によって受ける感動や面白さ，有用性が異なり，客観的な利得を検証することが困難であることも，その大き

な特徴である。出版物は，いわば主観的な利得，すなわち，読んで得られた感動や知識をよりどころに判断することになる。しかし，それらを購入時に正確に評価することはかなりむずかしい。したがって，購入時の判断には，各種の書評や評判，クチコミ，売れ筋ランキングなどが利用されるほか，インターネット上の書籍販売では，購買履歴から推論した「おすすめ本」の提示などの機能が設けられてもいる。

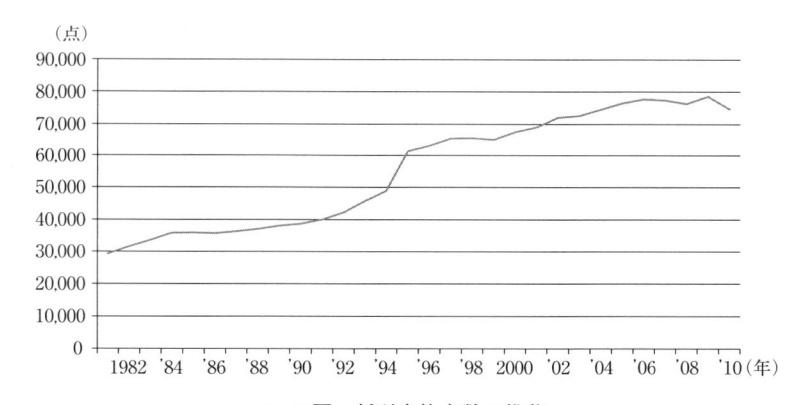

4-5図　新刊書籍点数の推移
(『出版年鑑』平成23年版　1（資料名簿編）2011　出版ニュース社より)

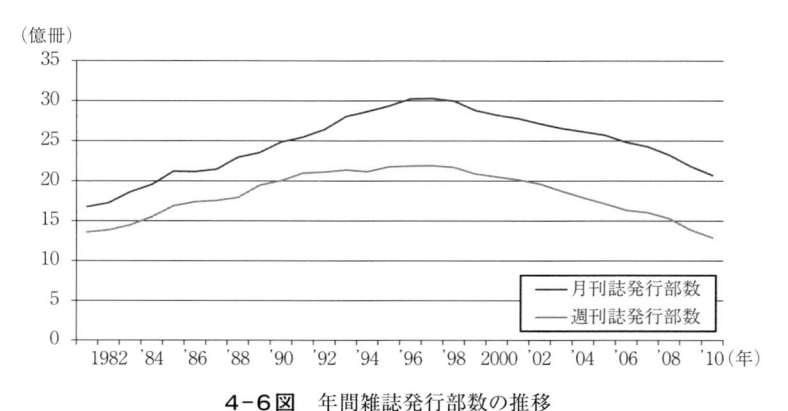

4-6図　年間雑誌発行部数の推移
(『出版年鑑』平成23年版　1（資料名簿編）2011　出版ニュース社より)

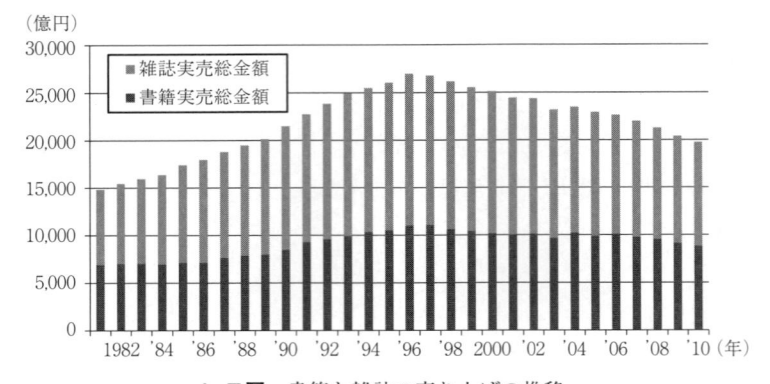

4-7図　書籍と雑誌の売り上げの推移
(『出版年鑑』平成23年版　1（資料名簿編）2011　出版ニュース社より)

　こうした商業出版物の統計には，『出版年鑑』（出版ニュース社）や『出版指標年報』（全国出版協会・出版科学研究所）があり，それによれば，日本では，年間に新刊書籍が7万8千点あまり，雑誌については年間3,500誌あまりが刊行されていることがわかる。4-5図に新刊書籍点数の推移を，4-6図に雑誌発行部数の推移を示す。また，4-7図は売上金額の推移を示したものであるが，総額は1996年から1998年をピークに，マイナスに転じている。しかし，2010年時点でも約2兆円の市場規模をもっていることがわかる。

（2）商業出版物の流通の仕組み

a．出版社

　出版を事業とする企業が出版社である[3]。日本では，全国約4,000弱の出版社が，出版物の企画・編集・製作を行っているが，その約8割は東京に集中している。日本では多数の独立経営による出版社や書店が存在しているのに対して，欧米ではコングロマリット（複合企業体）に吸収され，出版社と書店の系列化が進行している。

3：版元とも呼ばれる。江戸時代には，版木の制作から印刷・販売までが一貫して行われており，版木を所有していた書物問屋などを指して版元と呼んでいた（今田洋三．江戸の本屋さん―近世文化史の側面．NHKブックス，1977）。

ところで、総務省の「日本標準産業分類」が2002年3月に改定され、コンテンツ産業という新たな産業概念が導入されたことに伴い、従来「製造業」に分類されていた出版業は、新設の大分類「情報通信業」に移され、その中の中分類「映像・音声・文字情報制作業」に分類されることになった。つまり、出版業は、産業分類上は、出版物という有体物を作り販売収入を得る製造業の立場から、文字情報制作というコンテンツ産業に立場を変えたことになる。

b．取次(とりつぎ)

日本では、書籍を扱う卸業として、取次が流通を担っている。取次は、取次店とも呼ばれ、出版流通の過程で、出版社と書店の中間に位置する、いわば問屋に相当する存在である。取次は出版社から独立した事業体であり、出版物は、ここを経由して書店に供給される。日本の出版業界には数多くの独立した出版社や小売店があるため、取次が個々の煩雑になる業務を一括して行うことで、書籍を円滑に流通させる機能（出版物が出版社から取次を通じて、書籍小売店へと円滑に流通する）、物流機能（配送など）、金融機能（商品の決済など）、および出版物の情報機能という四つの重要な機能を担っている。

取次は、出版社から新刊書を一定部数仕入れ、自社が取引する小売書店に分配する。これを「配本」という。配本内容は、事前の注文状況や、商品の販売状況を管理するPOSシステム[4]のデータなどを参考に設定される。出版社はすべての取次と取引を結べることになっているが、小売書店は、原則として取引する取次を限定しなければならない。これは出版取引が、返品を前提とした委託形態をとっていることによる。また、諸外国では雑誌販売が新聞ルートに準じて行われることが多いのに対し、日本では雑誌が書籍と同一ルートで流通しており、新聞は別の販売網で流通している。

現在、総合的に商品を扱っているのは、トーハン、日本出版販売（日販）、大阪屋、栗田出版販売、日教販、太洋社、中央社、協和出版販売の8社である。特に、トーハンと日本出版販売（日販）の大手2社の扱い高は他を大きく引き

4：point-of-sales system の略。販売時点情報管理システムとも呼ばれ、コンピュータとレジスターをつなぎ、販売時点ごと、商品ごとに、販売情報を蓄積し分析するシステムのこと。

離しており，この２社に大阪屋を加えた上位３社への集中度は80％規模にのぼっている。わが国では，この「取次⇒書店」ルートが，商業出版物流通の大部分を占めている[5]。

ｃ．書店

　書店は「新刊の書籍・雑誌を売る場」としての役割を果たしている。書店などでの「立ち読み」が事前評価のためのブラウジング機能を果たしていると考えられ，書店での少量多品種の出版物確保が重要視されてきた。現在，読者への販売を行う書店は全国に約２万２千店あまりが分布しているが，その数は地域により大きく異なっている。また，１人あたりの年間購読額は１万５千円前後である。

　ところで，書店への新刊書の供給は取次による配本計画に左右され，全国の書店に等しく供給されるとは限らない。それを抜本的に改善したのが，オンライン書店の登場である。オンライン書店とは，インターネット上に独自のサイトをもち，一般の書店で流通している本を販売するものである（実際の店舗をもつ場合，もたない場合，どちらもある）。インターネット上での注文で，翌日には配送されるというスピードでの在庫管理が行われるようになり，インターネット書店の市場規模は800〜900億円で，国内書籍売上全体の１割以上を占めるようになっている[6]。

ｄ．委託販売制度と再販制度

❶委託販売制度　　委託販売とは，小売業に販売を委託する制度で，小売店に陳列される商品の帰属は小売業者ではなく製造販売者に属し，売れ残った場合

5：明治初期には，書籍は欧米のように出版社と全国の書店との間で直接取引され，雑誌は中央の新聞取次店から地方に送られていた。その後，出版物の増加につれて出版物取次の専業会社が生まれたが，戦時体制下の1941(昭和16)年，政府は日本出版配給株式会社（日配）を設立し，すべての出版販売会社の統合を図った。これにより，あらゆる出版，販売が第二次世界大戦終了まで政府の統制下におかれることになったが，1949(昭和24)年，日配にGHQから解散命令が下り，日配関係者や出版関係者が協力して新たに九つの販売会社が設立された。

6：デジタルコンテンツ協会編．デジタルコンテンツ白書2008．デジタルコンテンツ協会．2008, p.131．これらの在庫管理は，物流方式の変更によるものではなく，出版社と取次がインターネット書店に優先出荷しているためである。

は無条件で返品できるという販売の方法である。出版物に特有の販売制度というわけではないが，出版物の委託販売では，出版社，販売会社，書店の三者で契約し，一定期間内であれば，自由に商品を返品できる制度となっている。書店にとっては，買い切りに比べリスクが少ないので，多種類の出版物を店頭に陳列するなどの積極販売ができる。反面，仕入れが容易になって，販売能力を超える供給を受け，返品を増大させる危険性もある。

　日本では，1870年代には，出版物の取引はすでに出版，取次，書店の分業が行われ，取引は前金，買い取りを原則としていたが，1907年に，実業之日本社が雑誌『婦人世界』について，返品自由の委託販売制を導入して成功を収めた。委託販売制の場合，客の反応を待つことができるというメリットがあり，これ以来，委託販売制を採用する雑誌が増え，大正，昭和前期には，大衆向け雑誌は次々に委託販売制となり，戦後は一般書籍も委託販売制を主とするようになった。委託販売には，新刊委託や長期委託等の種類があり，委託期間やその他の取引条件は様々である。なお，すべての新刊出版物が委託販売制をとっているわけではなく，出版社の方針により，買切制や責任販売制の書籍もあり，専門書などは委託販売制ではなく書店側からの注文制が多い。

❷再販制度　紙の出版物については，出版社が決めた販売価格（定価）を，取次や書店などの販売先に守ってもらう「再販売価格維持制度」，つまり定価販売制度がとられている。こうした行為は，独占禁止法[7]では不公正な取引方法として原則禁止とされているが，著作物については，例外として適用除外となっている（同法第23条）。このように，紙の書籍については生産者（メーカー）が小売り段階での売値を契約の形で指定できるため，市場の競争性を緩和する効果が生じる。ただし電子本については，この限りではない。

　独占禁止法は1947年に公布されたが，書籍の定価販売の慣習は当時すでに確立しており，そのことが再販売価格維持行為として独占禁止法上問題となる恐れが生じた。そこで，著作物については，法規則上適用除外となることを明らかにしておくことが必要となり，1953年の法改正時に，著作物の適用除外が規

7：正式名称は，「私的独占の禁止及び公正取引の確保に関する法律」。

定された。この制度により，書籍，雑誌，新聞など，著作物は国内どこでも地域差，店舗差なく同一価格となり，知的な情報を地域差なく同一価格で入手できる制度として長らく続くことになった。

　しかし，一般論としては，出版物も，発行後時間を経るほど，その情報価値は逓減していくため，それに対する経済的な競争原理が働かないことの弊害も指摘されている。また，国際的にみても，書籍に価格拘束がある国，そうでない国とさまざまである[8]。こうしたことから，1980年には，公正取引委員会により，経済原則と規制緩和の見地から，著作物の再販適用除外の規定についての見直しが行われた。その結果，同年10月からは，ⅰ出版社の意志で再販か非再販かを選択できる（部分再販），ⅱ再販商品には定価を表示する，ⅲ一定期間後は出版社の意志で再販からはずすことができる（時限再販），の3点の改革が実施されることとなった。

　続いて1990年代に入ると，公正取引委員会の「政府規制等と競争政策に関する研究会」による著作物の再販制度廃止を視野に入れた見直し案が公表され（1991年），1994年からは，その後の規制緩和の流れを受けて，再度検討が行われるようになった。しかし，2001年3月には，検討の結果として，再販制の廃止は「文化・公共面」での影響が生じる恐れがあるので「当面存置」とするとともに，再販制度内での一層の弾力的運用（部分再販，時限再販を活用した値引きフェアの実施など）が要請されることになった。こうした弾力的運用による価格調節の背景には，紙媒体以外の情報発信の増加や，インターネットの普及などに代表されるメディア環境の変化，出版物の価値そのものが変化していることなどが挙げられる。

e．出版流通を支える出版物管理コード

　出版業界にとって，多品種の商品流通を促進するには，新刊情報と在庫情報を迅速に流通させることが大きな課題であった。そのため，1970年1月には，

8：1900年から100年ほどの歴史をもっていた英国の正価本協定は，1995年には実質的に崩壊した。それに対して，フランスでは，1953年に価格拘束が廃止され，1982年制定の書籍定価法により，発行後24か月経過し最終仕入れから6か月経った書籍は，オープン価格として取り扱われる時限再販となった。

日本出版取次協会が提唱し，日本書籍出版協会が協力して「書籍コード[9]」の運用を開始した。さらに，日本書籍出版協会は，1976年5月には『これから出る本』を，1977年10月には，絶版ではなく入手可能な本を収めた『日本書籍総目録』という近刊情報と在庫情報の提供も開始した。しかし，書籍の注文業務は伝票やFAX，電話で行われていたため，2000年頃までは，書店の店頭にない本を注文しても，本が届くまで2週間くらいかかり，待ったあげくに結果的に在庫がないということも起こっていた。発行点数が増加するにつれ，書籍1点1点を検索・注文できるようにするには，出版情報の一元化と，共通管理コードを用いた書店とのオンライン化は不可欠であった。

その後，1981年には，日本でも，図書の国際的な識別番号であるISBN[10]が導入されたことに伴い，ISBNに，それまでの「書籍コード」から継承した分類コード（Cで始まる4桁の数字）と，あらたに，¥で始まる価格コードを追加した「日本図書コード」が誕生した。一方，大手取次会社も，1980年代に入ると，書店からの注文データをオンラインで物流に反映させれば相当な合理化が見込まれることから，独自の書誌検索システムを開発し対応するようになった。ただし，これらのシステムは，取次が書店の囲い込みを狙った面もあり，有料制や会員制をとるものも多かった[11]。しかし，その後，インターネットというオープンな情報環境が生じ，検索エンジンなどによる情報探索が可能になってくると，一般の読者向けにより広く出版情報を公開し，書籍の検索による在庫情報の入手から，発注や決済処理までをスムーズに組み立てることが必要になっていった。

ところで，日本で市販される多くの商品には，1978年以来，「JANコード」[12]といわれる共通商品識別コードが付され，POSシステム（販売時点情報管理システム）や，在庫管理システム，受発注システムなどに広く使われてきてい

9：分類コード，製品コード，出版社コードで構成されていた。
10：国際標準図書番号（International Standard Book Number）。2007年から13桁で表わされている（それ以前は10桁）。
11：出版社，取次，書店は，図書館のために流通合理化を図ろうとしたのではない。出版業界から見て，書店での販売機会の損失を防ぎ，売上を増やすこと，そして在庫情報や品切れ情報などの物流情報を一元化し，コストの低減を図ることが最も根底にある動機であった。

た。そこで，1990年には，JANコードを付番・管理する「流通システム開発センター」と書籍業界が合意して，このシステムを書籍にも適用するための「書籍JANコード」が制定されることになった。この「書籍JANコード」は，書籍出版物用のみに使用される2段組みで，1段目にはISBNのバーコードが，2段目には，「日本図書コード（分類コードと価格コード）」をJANコードの体系に組み入れて作られたバーコードが表示されている。現在，書籍出版物を市場で流通・販売するためには，この「書籍JANコード」を表記・印刷することが不可欠となっており，すべての新刊書に表示されるようになっている。出版取次会社では，新刊の送品や注文品処理，返品処理の際に自動読み取りし，物流のスピードアップとコスト削減に役立てている。

雑誌の識別コードについては，1987年以来，雑誌業界と流通システム開発センターが合意してスタートさせた「共通雑誌コード」（13桁）が使われてきた。しかし，2004年6月には，新聞へのコード表示の可能性も考慮して，18桁の「定期刊行物コード」に改訂された。これは，書籍JANコードと同様に，定期刊行物専用のJANコードであり，通常のJANコードの体系とは異なっている。

（3）図書館への資料流通と貸出し利用にともなう問題

a．図書館での資料購入

図書館が書籍を選書し購入する場合，書店への発注を行うが，書店側はこれを，一般読者の注文品の場合（客注）と同じ流通ルートで処理している。しかし，こうした注文方式は，取次からの委託販売方式が基本のシステムでは補完的な位置づけであるため，個別の注文品の発注・納品処理が遅れると，欲しい本が市場に無く入手できない事態にもなってしまう。そのため，図書館が，利用者ニーズにあう新刊資料を選書し，入手できるようにするには，委託配本部数を決める時期に，いかに必要部数を図書館向けに確保するかにも注意する必

12：Japanese Article Numberの略。バーコードとして商品などに表示され，流通情報システムの重要な基盤となっている。近年では，公共料金等の支払いシステムへの利用など，利用分野の拡大がみられる。〈企業コード＋商品アイテムコード＋チェックデジット〉で構成され，13桁の標準タイプと8桁の短縮タイプがある。

要がある。場合によっては，書店の店頭売りと競合する形となっても，図書館のために売れ筋の本を確保する必要が生じてくる。また，公共図書館の新館準備では，基本的な全集などを揃えようとしても，すでに出版後数年たっていて品切れとなり，思うように揃えられないこともしばしばある。紙媒体の書籍では，通常の印刷プロセスでは少量の復刊を行うこともなかなか難しい。

　このように図書館での書籍の購入手続きは，一般読者の購入動向とは異なる特色をもっている。そのため，客注の問題を回避するために，新刊「見計らい」という方法もとられている。また，1979年には，日本図書館協会整理事業部の業務を継承する形で，図書館流通センター（TRC）が設立され，図書館向けの新刊書データをもとに，1点ずつの単品管理を導入し，図書館への納品業務の一括処理を進めてきた。現在では，新刊書の書誌データを1週間分まとめたカタログを作成し，それをもとに図書館からの注文を受け，図書館向けに確保した現品在庫からの迅速な納品を進めている。同時に，装備や書誌データ提供などの付加サービス事業も行っている。

　ところで，先にみた出版物管理コードと図書館資料収集の関係では，図書館が発注やその後の書誌データ作成などに必要とするのは国際標準図書番号（ISBN）である。1981年の日本図書コード導入時に，図書館関係者が期待したのは，日本図書コードによるISBNの導入により，出版情報の迅速な入手や，資料の迅速な調達，印刷カードの発注や貸出記録の作成での利用，さらには総合目録の作成による図書館間相互貸借の円滑化などであった。つまり，図書館界にとっては「日本図書コード」ではなく，そのうちの「ISBN」だけが重要だったのであり，出版流通関係者の中にあった，図書の識別子としてのISBN導入反対論を十分理解していたとは言い難いとの指摘もなされている[13]。

b．出版物の貸与権と公共図書館での貸出

　市民の図書館利用が活発になるにつれ，図書館から貸出される書籍の利用が，新刊書の書籍の売り上げを鈍らせ，その結果，著作者の経済的損失を招いている，という主張は，出版側からはしばしば発せられている[14]。この問題につい

13：湯浅俊彦．出版流通合理化構想の検証— ISBN導入の歴史的意義．ポット出版，2005，p.36-37．

ては，図書館における資料の利用に際して，書籍の作成に関与した人が何らかの金銭の給付を受けるという制度をもつ国がある。これは著作権に含まれる権利である「貸与権」によるものと，著作権とは別の「公貸権」（public lending right）によるものとがある。著作者等の経済的利益を保証する手段として，「著作権」による対応をしている国は少数であり，そのほかの国では，「公貸権」という制度を別に設け対応している。

　日本では，1984年の著作権法改正により貸与権が創設されたが，書籍・雑誌については当分の間適用外とされた。しかし，2000年前後から，書籍を用いた多様なビジネスとして，従来の古書販売や貸本業のビジネスとは一線を画す新しい業態が現れるようになった（新古書店，店内でのコミック閲覧，マンガを中心としたレンタル業など）。こうした状況をうけて，2001年以降，マンガ作家等の権利者側から，書籍・雑誌についての適用除外を定めた附則の廃止を求める働きかけやアピールが続き，2004年6月成立の著作権法改正により，附則撤廃が決められた（2005年1月1日施行）[15]。これによって，貸与権に基づく報酬の徴収と分配を実施するための出版物貸与権管理センターも発足し，レンタルコミック店が正規に営業を行う環境も整えられた[16]。

　なお，附則が削除され，書籍・雑誌に貸与権が適用されても，公共図書館での非営利・無料の書籍・雑誌貸与については，著作権法第38条4項の規定により，著作者の許諾を得ることなく行えることに変わりはない。

c．読者と出版

　日本の出版流通においては，生産（製作）を出版社が，流通を取次が，購買者への小売は書店がそれぞれ担当するという分業形態となっているために，出

14：公共図書館での貸出タイトルと，図書館でのベストセラーの提供率の調査によれば，図書館は書店と異なり，長期にわたっての図書資料を提供していることが裏付けられた。日本図書館協会と日本書籍出版協会との共同刊行．〈「公立図書館貸出実態調査（平成15年7月）報告書」2004年3月〉参照．

15：ただし，従来の貸本業者については，「貸与権連絡協議会に参加する著作者は，2000年1月1日以前に営業を開始し，貸出対象書籍が1万冊以下の店舗については権利行使をしない」との特別措置がとられた．

16：なお，マンガ喫茶の店内でコミックを読む行為については，文化庁が，貸与にはあたらないという見解を示している．

版社が読者との直接的なつながりを強く意識することは少なかったといえる。しかし，雑誌の売り上げ減にみられる「出版不況」をきっかけに，読者の「活字離れ」が問題とされ，「子どもの読書活動推進法」(2001年）を皮切りに，読書に関する取り組みが盛んに行われるようになった。各自治体で，「子ども読書活動推進計画」が策定され，公共図書館や学校図書館の整備や，関係機関との協力関係が進んだケースもあり，読者抜きに出版流通や出版市場が成り立ちえないということを改めて認識するきっかけともなった。その後，2005年には，「文字・活字文化振興法」も成立し，地域における文字・活字文化の振興や，学校教育に関する施策，出版活動への支援の推進などが盛り込まれた。また，2010年の国民読書年を通じて，書籍や雑誌の売り上げという側面だけでなく，読者はどんな本を読みたいと思っているのか，出版にどのようなことを期待しているのか，さらには読書の実態などを把握する調査などが行われるようになり，関連する領域を含んでの研究と実践が進んできている。

3．学術出版と円滑な流通促進の取り組み

（1）学術出版の特徴

　学術情報を出版物として刊行する行為を「学術出版」と呼ぶ。学術出版の大きな特徴は，著者と読者の関係が深いことである。学術雑誌掲載の論文や，学術専門書の執筆者は，同時にそれらのもっとも熱心な読み手でもある。すなわち，学術情報の利用はサイクルをなすことが特徴であり，学術コミュニティに対して発信された情報が次の学術研究につながっていく構造となっている。

　このように，学術出版は特定層に向けて発信される情報であるため，通常の商業出版と異なり市場が非常に限られており，学問的価値のある資料をどのように報知し，読者に届けるかということでは多くの困難と特有の問題を抱えている。大量生産，大量販売の商業出版物の流通構造が行き詰まっているなかで，採算性が低い学術書をどのように公表できるかは，学協会，大学出版会などに共通した課題となっている。図書館界にとっても，良質の学術出版物の購入の受け皿となることで，一定の市場を創出し，そうした出版物を読者に提供する

社会的責任がある．1990年代の欧米では，事業展開の環境の厳しさから，学術出版のメディアにおけるM&A（合併と買収）が頻発した．その結果，学術出版の世界で世界規模での寡占状態が形成され，その結果の弊害の一例として，シリアルズ・クライシスと呼ばれる事態も生じた．

（2）シリアルズ・クライシスと電子ジャーナル

学術雑誌については，1980年代から外国雑誌の高騰が進むようになり，特に，オランダのエルゼビア社により刊行される科学技術関係雑誌を中心とする価格高騰で，世界の図書館は雑誌の収集面で大きな困難に直面することになった．これが，「シリアルズ・クライシス（serials crisis）」である．雑誌論文が研究発表の正式の手段である科学技術分野では，出版量が年々増大し，しかも欧米の科学雑誌の高価な購読料はさらに急激に上昇していった．そのため，わが国の大学図書館でも，1998年頃からは，資料購入費を増加させているにも拘わらず，購入費不足のため継続購読が不可能な状況が生まれるようになり，購読タイトル数は急激に減少していった．

こうしたシリアルズ・クライシスの進行と並行して登場したのが，学術雑誌を電子化した電子ジャーナルであった．現在では，科学技術分野を中心に，学術雑誌の流通と利用に大きな位置を占める電子ジャーナルであるが，始まりは，エルゼビア社が1990年に行った，TULIPという実験プロジェクトであった．これは，学術雑誌のページ画像をCD-ROMにいれて提供するというものであったが，論文の本文とそれを検索する索引（index）類の二次資料が結び付くことで，利便性が格段に向上することを示した．1995年前後からは，エルゼビア社以外の大手学術出版社も電子ジャーナルの提供を開始し，タイトルは急増した．現在では，提供されている電子ジャーナルの多くが，アグリゲータ（統合サービス提供業者）へのリンクをもち，論文の本文がHTML形式またはPDF形式で提供されている．

電子ジャーナルの導入により，文献調査の利便性は格段に向上し，研究者は自分の机の上で論文を検索できるようになった．それにつれて，研究図書館は，雑誌を収集保存して閲覧に供する場所から，電子ジャーナルやデータベースを

契約して，そのサービスを提供するサービス機関へと変化した。しかし，電子ジャーナルは，「もの」としての雑誌を買っているわけではないので，予算がなくなって契約を打ち切ると，既刊号（back number）を含めて図書館には何も残らないことになる。このような状態は文献の遡及検索を必要とする研究手法に障害をもたらすことになり，調査・研究図書館の基本機能が出版社によって制約されてしまうことを意味した。加えて，電子ジャーナルの価格も年々高騰していき，個々の研究図書館の予算規模を圧迫するようになった。また，電子ジャーナルの契約交渉も，個々の研究図書館にとっては，大きな事務負担となっていった。

　こうした状況に対処するために，複数の図書館が共同で出版社との交渉や契約にあたる方式が生まれた。これがコンソーシアム方式である[17]。日本でも，2000年に国立大学図書館協会コンソーシアム（JANUL）が，また，2003年には公私立大学図書館コンソーシアム（PULC）が結成され，国内各大学における電子ジャーナル契約タイトル数の大幅な増加といった成果を上げるようになった。しかし，継続的な情報収集や，こうした業務のスキルの継承，両コンソーシアム間の連携やスケールメリットなどについての課題も明らかになってきた。そのため，2011年4月には，両コンソーシアムの合同により，新たに，大学図書館コンソーシアム連合（JUSTICE）が発足することになった。このコンソーシアムは，電子リソースの共同購入のための出版社交渉の強化や，ナショナルコレクションの拡充，電子リソースの長期保存とアクセス保証，電子リソースの管理と提供，人材の提供などを取り組むべき課題として掲げ，電子ジャーナルなどの学術情報について，安定的・継続的に提供するための活動を開始している。

（3）オープンアクセス

　学術出版における電子ジャーナルの価格高騰に対して，こうした高額な出版によらない情報発信の方法が求められるようになった。その一つが，学術論文

17：米国のオハイオリンク（オハイオ州の大学図書館コンソーシアム）や，英国の全国電子サイトライセンス・イニシアティブなどが初期の例である。

をオンラインで，無料もしくは最低限の制約で入手できることを目的とする「オープンアクセス」運動である。

　こうした取り組みの代表が，米国の研究図書館協会[18]により1998年に創設されたSPARC（Scholarly Publishing and Academic Resources Coalition）である。約200の図書館が参加して始まったSPARCは，学術情報の主たる受け手であり発信者である研究者自身が，商業出版社を通さずに学術文献を公表する仕組みの構築を目指すものであった。具体的な活動としては，商業学術雑誌に対抗する代替誌を適正な価格で発行することへの支援や，学術コミュニティ自身による電子的研究成果発信活動への支援，研究者に対するSPARC活動の広報宣伝活動などが挙げられる。2002年には，欧州研究図書館連盟（Ligue des Bibliothèques Européennes de Recherche：LIBER）の下にSPARC Europeが組織され，2003年には，わが国でも，国立情報学研究所（NII）により，SPARC/JAPAN（国際学術情報流通基盤整備事業）が開始された。

　さらに，2002年には，SPARC活動の中で，自組織から発生する情報を公開する仕組みとして「機関リポジトリ」（Institutional Repository：IR）構想が示され，学術機関での機関リポジトリ構築に向けた動きが国際的に進展した。日本でも，大学で生産された研究成果（全文）を電子的に保存し，発信することを目指す機関リポジトリ・プロジェクトが進んでいるが，その担い手としては，すでに電子ジャーナル等でデジタル資料の管理や組織化を手掛けていた大学図書館が中心となる例が多く見られる。こうした日本の機関リポジトリ推進には，国立情報学研究所が2006年から開始した次世代学術コンテンツ基盤協同構築事業が大きな力となっている[19]。

18：Association of Research Libraries（ARL）.
19：小西和信．研究文献レビュー：学術情報流通政策と大学図書館．カレントアウェアネス．2011.12.20, no.310,（CA1761）．

4. 図書館蔵書のデジタル化

(1) 図書館蔵書のデジタル化プロジェクトと著作権処理

2004年10月，Google 社がグーグルプリントという，書籍の電子化と全文検索サービスを開始した[20]。このサービスは，出版社や図書館との提携により集めた書籍を，Google 社が独自のスキャン技術で電子化し，検索語句を含む書籍の一部や全文の閲覧を可能にするものであった。このプロジェクトには，スタンフォード大学（全蔵書800万冊）や，ミシガン大学（全蔵書700万冊），ハーバード大学（蔵書の一部），ニューヨーク公共図書館（蔵書の一部），オックスフォード大学（1900年以前の本）などの，世界の大規模図書館が提携図書館として参加している。確かに，こうした事業が一民間企業によって独占的に行われることへの批判もあるものの，デジタル化のための経費をなかなか捻出できない図書館側と，幅広い情報のプラットフォームをもつ Google 社との共同事業は，過去の出版物のデジタル化に大きな進展をもたらした。

その後，日本では，図書館蔵書の大規模デジタル化が海外の民間企業主導で進むことへの懸念もあり，国立国会図書館が自館蔵書の電子化を開始することになった。国立国会図書館では，それまでも，収集・蓄積した情報資源の保存のため，記録媒体が劣化する前に別の媒体に移し替えるメディア変換が行われていたが[21]，2010年1月1日施行の著作権法改正[22]により，原資料を文化的遺産

20：名称は，Google Book Search，さらには，Google Books へと変更されている。提携先により電子化の範囲は異なるが，世界の著名な図書館の蔵書をデジタル化することで，学術的に重要な本のかなりの部分が電子化されることになる。日本からは，慶應義塾大学メディアセンターが参加している。
21：以前はマイクロフィルムを使用したが，現在ではデジタル技術に変わっている。
22：改正の柱は次の三つである。①インターネット等を活用した著作物利用の円滑化を図る措置（検索エンジンにおけるキャッシュ作成，国立国会図書館における電子化，情報解析研究のための複製等を権利者の許諾なく行える），②違法な著作物の流通抑制（違法配信コンテンツを違法と知りながら複製する行為を権利侵害とする），③障害者の情報使用の機会の確保（権利者に許諾なく録音図書作成，字幕付与等が行える範囲を拡大する）。

として保存できるよう，納本後ただちに電子化によるメディア変換が可能になった（従来は，劣化・損傷している場合に限定されていた）。これにより，国立国会図書館が所蔵する日本の出版物のうち，明治から昭和にかけての和図書約88万冊と和雑誌約101万冊がデジタル化された[23]。

　ところで，図書館蔵書のデジタル化とデジタル化後の利用を進める上で大きな課題は著作権処理である。「著作権者の承諾を得ないとできない」とする方式を「オプトイン」，「作業は承諾なく進めるが，問題があれば申し出る」という方式を「オプトアウト」と呼ぶが，公衆送信については，日本の著作権法では承諾を必要とするので，オプトイン方式である。したがって，この方式では，著作権者の情報把握が電子化の第一歩となる。しかし，没年がはっきりと判明する調査方法が確立しているとは言い難く，著作権調査はかなりの費用を要する（国立国会図書館の大規模デジタル化では，経費の約1割を著作権調査費用が占めた）。とりわけ，著作権の保護期間中であるが著作権者が見つからないなど，権利関係が不明の，いわゆる「孤児出版物」（orphan works）の利用を円滑にする制度づくりは，解決すべき大きな課題である。著者または遺族を捜し出し許諾を得るという，気の遠くなるような作業は，コスト面だけでなく，デジタル化した資産の活用や，国際的な文化資源の流通の面からも問題である。そのため，あらかじめ許諾を得てから進めるオプトイン方式ではなく，権利者からのクレームに応じて対処するオプトアウト方式の方が現実的だとの主張がなされるようになっている。

（2）デジタル化された資料の利用の問題

　国立国会図書館の大規模デジタル化では，インターネット提供（すなわち公衆送信）は著作権許諾を必要とするため，著作権者の許諾処理が済んだ画像についてはインターネット上で公開しているが，許諾処理が済んでいない画像については，国立国会図書館内のみの公開となっている[24]。また，館内利用の具

23：大沼太兵衛．大規模デジタル化の進捗状況とデジタル化資料の提供について．図書館雑誌．vol.105, no.6, 2011.6, p.376-378.
24：提供方法については，国立国会図書館が設置した資料デジタル化及び利用に係る関係者協

4．図書館蔵書のデジタル化 | *173*

体的態様は，利害関係者との協議を踏まえて決定されるが，現在のところ，その利用条件は，次の通りとなっている。ⓘ同一文献に対する同時利用は，資料の所蔵部数を超えないこと，ⓘⓘ対象範囲は民間の活動を阻害しないように留意すること，ⓘⓘⓘデジタル化方式は画像とすること，ⓘⓥテキスト化は別途協議すること，ⓥ複写提供はプリントアウトのみ。

しかし，こうした利用上の制約によって，デジタル化のメリットが十分に生かされていないことも事実である。一方で，先にみた Google Books は，いままで目にすることが難しかった貴重な資料でも，国境をこえて閲覧できるようにしており，しかも，目次や本文からの検索もできるなど，理想の学術図書館としての様相を示している。さらに，アマゾン社の書籍販売戦略も，デジタル化された資料の利用を考える上で大きな問題を提起している。アマゾン社では，書籍の検索機能を提供し（本文参照機能をつける方向にある），購入履歴にあわせたレコメンデーション機能もある。また，書店では品切れの場合でも，古書や海外での在庫も含めて検索し，発注ができる，しかも，商品は3－4日以内に配送される。これは，日本の従来の書店には欠けていた機能であり，書店の棚に並ばないものでも，見つけ出して購入できることで，「息の長い」需要（ロングテール）に対する売上を顕在化した[25]。まさに，「理想の書店」とも受け取られるこの事業展開は，書店での購買と図書館での利用における従来のすみ分けバランスにも影響を及ぼそうとしている。もちろん，読書専用端末へ電子本を配本するという米国でのアマゾン社の販売形態が，書籍の流通面に与えた影響の大きさについてはいうまでもないことである。これにより，読者は，ハードカバー，ペーパーバック，電子本，中古本などから，それぞれの値段を比較しながら，選択購入ができるようになっている[26]。

　議会との合意を得た上で決められている。
25：クリス・アンダーソン，篠森ゆりこ訳．ロングテール：「売れない商品」を宝の山に変える新戦略．アップデート版．早川書房（ハヤカワ新書　juice），2009．
26：このように，電子本の普及と検索機能の整備は，図書館と書籍販売の垣根を超えた融合の様相を呈している。近刊情報を含む販売情報，出版後の書誌情報，図書館などでの所蔵情報の入手だけでなく，出版物の内容がデジタルアーカイブに収められている場合もおこる。そこでは，多様な書誌情報等を横断検索できるためのメタデータや，メタデータ収集のための標準的な技術（OMI-PMH など），情報検索の相互乗り入れなどが活用されている。

こうした出版物の流通をめぐる大きな社会変化に対応するために、日本でも、これから出版される電子書籍に加え、過去の出版物をデジタル化した資料の流通のためのプラットフォーム構築に向けた協議が続いている。その動きの代表が、総務省・文部科学省・経済産業省の3省合同開催の「デジタルネットワーク社会における出版物の利活用の推進に関する懇談会」（通称，三省懇）である。その検討結果を踏まえ、文部科学省においてさらに検討すべきとされた課題について開催された「電子書籍の流通と利用の円滑化に関する検討会議」の最終報告書（2012年1月）では、国立国会図書館のデジタル化資料を各家庭まで送信するための条件整備には相当の期間を要することから、まずは実現可能な段階からスタートさせることとし、国立国会図書館から公立図書館等への送信サービスについての法整備を行うことが盛り込まれた。

こうした検討の場において、図書館と出版流通との関係が改めて問い直されている。すなわち、蔵書の電子化とネット配信が進もうとする中で、「出版社や著作者の多くは大きな不安をかかえている。それは、電子化された出版物がネットワークを通じて多くの人の端末装置に送られ無償で読まれてしまえば、出版物は売れなくなり、出版社や著作者の収入は激減し、創作活動、出版活動が破壊されてしまうのではないかという心配である」[27]。図書館にとっては、いままでは出版物をいわば受け身的に購入し、保存し、提供する、という立場から蔵書をとらえていたが、蔵書のデジタル化に伴い、図書館の保有する蔵書が、短期的な利用提供だけではなく、蔵書総体として、出版業（著者・出版・印刷・流通面）に大きな影響を与えるということを認識する必要が生じてきたのである。今後、出版流通と図書館界との間で、協調と相互調整を図る努力が必要とされている。

27：長尾真. 電子図書館, 新装版. 岩波書店, 2010, p.ix. この中で、長尾（国立国会図書館・前館長）は、デジタル時代に読者に出版物を届けるスキームを示し、その媒介となる図書館と出版社の役割を図示している（「長尾モデル」と呼ばれる）。

5．情報資源の生産・流通と図書館コレクション利用の権利

（1）市場における出版と「図書館の自由」の関係

a．「表現の自由」と「知る自由」

　日本国憲法第21条は，「集会，結社及び言論，出版その他一切の表現の自由は，これを保障する。検閲は，これをしてはならない。通信の秘密は，これを侵してはならない。」と定めている。しかし，この「表現の自由」は，「知る自由」の保障があってこそ成立するものである。すなわち，いかに表現の送り手側にその自由が認められていても，受け手側が自由にそれを受け取り，利用することができないならば，「提供者のみで利用者のいない，実を結ばない思想の市場となってしまう」[28]。「このように，表現の自由と表裏一体をなすものとして位置付けられている知る自由は，憲法第21条には明記されていないが，今日では，この規定によって根拠づけられることは通説になっている」とされる[29]。ところで，国際人権規約B規約（自由権規約）[30]では，「すべての者は，表現の自由についての権利を有する。この権利には，口頭，手書き若しくは印刷，芸術の形態又は自ら選択する他の方法により，国境とのかかわりなく，あらゆる種類の情報及び考えを求め，受け及び伝える自由を含む。」（第19条第2項）と規定されており，知る自由に関しては，より明解な記述内容となっているようである。いずれにしても，「表現の自由」は，人々が情報を自由に受けとり，相互に送りあい，利用できる環境にあることを前提にしている。しかし，利用の自由については，図書館関係の法令のどこにも明記されていないことに留意

28：堀部政男．"図書館法の法学的検討―図書館の自由を中心として―．"図書館法研究：図書館法制定30周年記念　図書館法研究シンポジウム　記録．日本図書館協会編．日本図書館協会，1980，p.130-131．
29：前掲注28と同．
30：1966年12月16日に国際連合総会で採択され1976年に発効した，自由権を中心とする人権の国際的な保障に関する多国間条約（日本は1979年に批准）。正式名は「市民的及び政治的権利に関する国際規約」。

する必要がある。

b．「知る自由」の保障と図書館

　現在の日本では，国民が情報を収集することを国家によって妨げられない自由は保障されていると信じられている。しかし，近年の情報環境をみると，送り手によって生産され，多様化したチャネルから送り出される情報が膨大にあり，その中から必要なものを受け手が容易に取り出すことができない状況が急速に進展している。出版されても，その全体を通覧できるシステムがなく，読者にとって，求める出版物を探し出すことは大変むずかしい。身近な書店で読みたい本を探す，という基本的な行動では求める本がなかなか見つからないし，入手できない。便利な検索機能を備えたオンライン書店も存在するものの，インターネットを介した流通は，パソコン操作や通信回線の接続など，個々人が備え得る情報環境に依存せざるを得ない。

　こうした現状のなかで，図書館は多種多様な出版物をバランスよく収集・提供することを通じて，情報の送り手の表現物を，受け手である読者に届ける場としての社会的役割が期待されているのである。また，出版物についての読者の声が送り手である著者や出版社になかなか届かない現状で，図書館と図書館員が受け手の意見・クレームなどを送り手に投げ返す役割を担うことも，図書館の大切な役割ととらえていくことができる。つまり，図書館は，国民の知る自由を保障することに責任を負うことのできる機関なのである。

c．「知る自由」と「図書館の自由」

　ところで，図書館が国民の知る自由の保障に責任を果たすには，資料の収集にあたり，権力や，個人・組織・団体などからの圧力や干渉に左右されたり，紛争を恐れて図書館が自己規制したりすることがあってはならないであろう。もちろん，図書館員の個人的な関心や好みで購入資料の選択が行われてはならない。アメリカでは，1939年に，ナチスの焚書や言論への抑圧，検閲などへの抵抗の指針として，アメリカ図書館協会により「図書館の権利宣言」(Library Bill of Rights) が採択された。そこでは，「資料は，その創造に寄与した人たちの生まれや経歴，見解を理由として排除されてはならない」こと，「資料は，党派あるいは主義の上から賛成できないという理由で，締め出されたり，取り

除かれたりすることがあってはならない」ことなどが確認されている。この宣言は，図書館と利用者の知的自由を守るための基本方針として，その後も，1948年，1967年，1980年に改訂されている。要するに，本書3章（3-1表）に示したように，各図書館の方針に則り，あらかじめ定められた基準に従って資料を評価・選別して，蔵書を構築することが必要である。

　日本でも，1954年に採択された「図書館の自由に関する宣言」などで，収集に関しては，「図書館は，自らの責任において作成した収集方針に基づき資料の選択および収集を行う」とした上で，「多様な，対立する意見のある問題については，それぞれの観点に立つ資料を幅広く収集する」こと，「著者の思想的，宗教的，党派的立場にとらわれて，その著作を排除することはしない」こと，「図書館員の個人的な関心や好みによって選択をしない」こと，「個人・組織・団体からの圧力や干渉によって収集の自由を放棄したり，紛争をおそれて自己規制したりはしない」ことなどを留意事項として掲げている[31]。

d．「知る自由」から図書館コレクションの「利用請求権」へ

　憲法による表現の自由，知る自由をうけて，図書館のコレクション構成に権力その他第三の勢力の介入を排除する「図書館の自由」がいわれるが，仮に「図書館の自由」によって，偏向のない図書館コレクションが構成されたとしても，利用者にこのコレクションの自由な利用が法的に保障されなければ，真に「知る自由」は実現できない。利用の自由とは単に利用者がコレクションを利用する際に，妨害や障害等の介入が阻止されるだけでなく，図書館側においても利用者の要求への対応に際し，利用者の要求する資料を円滑に提供する義務を負わなければならない。情報公開や公文書管理という公的情報管理の世界では，このように利用者が資料利用の権利を法的に保障され，公文書館等の資料提供側が，要求された資料の提供を義務化される関係を資料の「利用請求権」と呼んで，法的にこの権利を保障している。

31：図書館の自由に関わって実際に起きた問題事例については，次の文献を参照。日本図書館協会図書館の自由に関する調査委員会編．図書館の自由に関する事例33選．日本図書館協会，1997．日本図書館協会図書館の自由委員会編．図書館の自由に関する事例集．日本図書館協会，2008．

一方，図書館や博物館など社会教育分野に関わる法制や行政の世界では，資料類の利用と提供の関係について，法的な定めは行われておらず，旧来の慣行や行政のサービスとして実施されているにすぎない。わずかに「図書館の自由」に見られるような資料利用の前提となるコレクション形成，資料選択に際しての自由を，法的にではなく，関係団体の宣言として，提唱しているにすぎない。

要するに現代の図書館がコミュニティの知的情報資源へのアクセス機関として，さらには知的・文化的創造のセンターとして機能するには何が不可欠であるかといえば，利用者が欲する情報資源と利用者を結びつけることである。すなわち，検閲や偏見なく，公序良俗を乱さない範囲での出版，換言すれば，出版の正常な編集過程でスクリーニングされ，公開されたすべての出版物等の情報資源に何があり，各利用者の求めに最適な情報資源が何であるかが図書館によって示され，それを自由に利用できる権利と環境が利用者に保証されていなければならない。この図書館の利用請求権が法的にも確立されれば，憲法にいう「知る自由」「表現の自由」が図書館で真に実現できたことになるといえよう。

e．出版物の内容と「図書館の自由」

図書館は，自らの責任において作成した収集方針に基づき，資料の選択，収集を行うが，「図書館の自由に関する宣言」にもあるように，「収集した資料がどのような思想や主張をもっていようとも，それを図書館および図書館員が支持することを意味するものではない」。

しかし，選択の対象である出版物の内容が，出版物の属性として認められる多様性の幅を超えて，社会的公正や正義，人の尊厳に抵触するような内容に及ぶ場合，つまり，それを作り出した側の人権感覚や倫理性が問われるものである場合，そうした出版物を収集し，提供することの責任が図書館にとって全く無縁と言えるのかは，問題として残るだろう。このことについては，先に挙げた国際人権規約B規約でも，表現の自由の権利行使には，特別の義務と責任を伴うとされており，(a)他の者の権利又は信用の尊重，および，(b)国の安全，公の秩序又は公衆の健康若しくは道徳の保護，という目的のために限り，法律で

一定の制限を課すことができると定めているし，既述の利用請求権を確立するためにも図書館のコレクション構築の適正な実行が必要となる。

こうした問題は，図書館蔵書のデジタル化など，過去に出版されたものをデジタル化した場合に，差別的な表現や個人情報に関する表現が含まれていることが検索で容易にわかることになるという事態としても起こりうるので，慎重な配慮が必要である。

（2）ネットワーク情報資源と「知る自由」および「図書館の自由」

インターネットを介して提供されるネットワーク情報資源は，図書館サービスにとっての重要な情報資源であり，わが国の図書館でも，電子書籍や電子ジャーナル，各種データベース，有用なウェブサイトへのリンクなどの提供サービスが行われるようになってきた。しかし，インターネットに接続された利用者用コンピュータを十分な台数設置している公共図書館はまだ決して多いとはいえず，設置台数も一部の図書館を除き少ない状況である[32]。したがって，わが国では，図書館のインターネット端末を利用して，さまざまなウェブサイトを利用者が自由に閲覧することで生じる「知る自由」や「図書館の自由」の問題は，まだ大きなものとはなっていない。しかし，わが国でも，今後このような問題が起こりうることから，ここでは，わが国との社会背景の違いには十分注意が必要ではあるが，この問題で先行しているアメリカでの論点をみておくこととする。

a．インターネットへのアクセス選択をめぐる論点[33]

アメリカでは，1994年頃から公立図書館での利用者用インターネット端末の配置が進み，1999年には端末配置館は80％を越えるまでになった。こうした状況を受けて，インターネットを中心とする電子情報を図書館としてどのように把握すべきか，という基本的立場の表明が期待されるようになり，これに応え

32：市区立図書館2,462館中，1,524館，4,166台（図書館に関する基礎資料：平成21年度．国立教育政策研究所．2010）。
33：この項の記述は，次の文献によっている。川崎良孝，高鍬裕樹．図書館・インターネット・知的自由：アメリカ公立図書館の思想と実践．京都大学図書館情報学研究会，2000，207p．

る形で，アメリカ図書館協会は，1996年に「図書館の権利宣言」の解説文として，「電子情報，サービス，ネットワークへのアクセス」を採択した[34]。

　ここでは，電子情報についても，従来の図書を中心とした図書館サービスの原則を適用すべきだとして，次のような要点を記している。すなわち，憲法の保護下にある言論については，利用者にアクセス制限をしてはならないこと，論争が生じそうな内容であるとか図書館員の個人的信条や対立への恐れを理由に，アクセスを拒否したり制限してはならないこと，未成年者の利用者の権利も制限してはならないこと，利用者のプライバシーが守られるべきこと，図書館は利用者のニーズや関心に役立つあらゆる主題の情報へのアクセスを支えなくてはならないこと，などである。

　しかし，無制限のインターネット利用をめぐっては，現実面では批判もあり，インターネットのサイトへのアクセスを制限するフィルターソフトの導入については意見が分かれるところであった。実際の係争例にみる論点をみると，フィルターソフト導入を妥当とする側は，フィルターソフトの導入は図書館の資料選択と類似するもので，各サイトは実質的にはさまざまな資料（ファイル）を有するので，図書館がどのサイトやファイルを「選択」して提供するかは，従来の図書選択と同じように図書館の裁量下にあると述べ，サイトやファイルの拒否は検閲には当たらない，と主張した。一方，フィルターソフトの導入を違法とする側は，インターネットに接続することで，図書館はインターネット上のすべての資料や情報を「購入した」ととらえるべきで，フィルターソフトは書架上の百科事典から部分的に削除を行っている行為に相当する，と例示して反論した。こうした状況のなかで，アメリカ図書館協会は，フィルターソフトの使用は情報へのアクセスの制限，すなわち検閲と把握し，一貫して反対の立場をとっている。また，この場合，利用者は図書館員の選択を経ていないインターネット上のすべての情報にアクセスできることになることから，アクセスされる情報の適正の決定は各利用者に帰するものであり，子どもの利用については親や親権者が指導しなければならないと述べている。

34：同様の宣言は，「IFLA インターネット宣言」（The IFLA Internet Manifesto）として，国際図書館連盟によっても採択されている（2002年）。

b．インターネット上の子どもにとって有害な情報に関する論点

インターネットを通して送信される情報への制限については，「通信の品位に関する法律」（Communications Decency Act）を違憲としたアメリカ連邦最高裁判決（1997年）により，「インターネットは活字が享受するのと同じ水準のアメリカ合衆国憲法修正第1条[35]の保護に値する」とされ，成人に提供される情報の制限には厳格な審査を経る必要があることが確認された。そのため，これ以降の立法では，図書館で提供するインターネットの制限にかかる点については，子どもが有害な情報にさらされないようにすることに限定し，制限する情報も憲法の保護下にない種類の情報のみとする傾向にある。

子どもを対象とした立法としては，まず，ウェブページを用いた商業目的の表現のみを対象に，未成年に有害な情報を公開している情報発信者に対し，1日5万ドルを科すとした「児童オンライン保護法」（Child Online Protection Act：COPA）が1998年に成立したが，訴訟を受けて施行には至らなかった。

次いで成立したのが，「児童インターネット保護法」（Children's Internet Protection Act：CIPA）である（2000年）。この法律は，連邦政府からの補助金を受け取っている学校や公立図書館に対して，すべてのインターネット端末に技術的保護手段（つまりはフィルターソフト）の導入を求めたものである。この法律に対しても，アメリカ図書館協会ほか11の団体や個人から，憲法違反として提訴されたが（2001年），アメリカ連邦最高裁は，2003年に合憲との判断を示した。判決では，技術的保護手段（Technology Protection Measure：TPM）の設置が，図書館のインターネット端末における情報の流通を妨げ憲法違反の恐れがあることを認識しているが，利用者の求めに応じてTPMを無効化できるとの規定があることを理由に，違憲とはいえないと判断した。

したがって，この判決に基づきフィルターソフトが合憲であるためには，憲法に違反する情報および未成年者に有害な情報のみを排除するもので，TPMを容易に無効化できなければならない。図書館にとっては，フィルターソフト

35：「連邦議会は，国教を樹立し，あるいは信教上の自由な行為を禁止する法律，または言論あるいは出版の自由を制限し，または人民が平穏に集会し，また苦痛の救済を求めるため政府に請願する権利を侵す法律を制定してはならない。」

を制限的に運用しつつ,未成年を保護するために有効な程度にフィルターソフトを働かせるという,慎重な運用が求められることになる[36]。

36:高鍬裕樹."知的自由に関する法の動向:愛国者法,CIPA,COPA,DOPA".米国の図書館事情 2007-2006年度国立国会図書館調査研究報告書.国立国会図書館編集.日本図書館協会,2008,p.25-29.

参考文献
(より進んだ勉強のために)

戸叶勝也．グーテンベルク．清水書院，1997，218p．
ブルックフィールド，カレン；浅葉克己日本語版監修．文字と書物：世界の文字と書物の歴史を探る．同朋舎出版，1994，63p．
歌田明弘．電子書籍の時代は本当に来るのか．筑摩書房，2010，269p．
津野海太郎．電子本をバカにするなかれ．国書刊行会，2010，287p．
池澤夏樹編．本は，これから．岩波書店，2010，244p．
長谷川一．出版と知のメディア論：エディターシップの歴史と再生．みすず書房，2003，366p．
ジャンヌネー，ジャン－ノエル；佐々木勉訳．Googleとの闘い：文化の多様性を守るために．岩波書店，2007，166p．
長尾真．電子図書館．新装版．岩波書店，2010，127p．
長尾真，遠藤薫，吉見俊哉編．書物と映像の未来――グーグル化する世界の知の課題とは．岩波書店，2010，179p．
湯浅俊彦．日本の出版流通における書誌情報・物流情報のデジタル化とその歴史的意義．ポット出版，2007，369p．
柴野京子．書棚と平台：出版流通というメディア．弘文堂，2009，236p．
アンダーソン，クリス；篠森ゆりこ訳．ロングテール：「売れない商品」を宝の山に変える新戦略．アップデート版．早川書房，2009，446p．

『50年史』編集委員会編．日本雑誌協会日本書籍出版協会50年史：1956→2007．日本雑誌協会，2007，439p．(第1章：出版流通・販売，第2章：出版情報の基盤整備，第7章：電子出版)．
日本出版学会編．白書出版産業：データとチャートで読む出版の現在．文化通信社，2010，231p．
植田康夫監修．出版-2012年度版．産学社，2010，252p．(最新データで読む産業と社会研究シリーズ2)．

倉田敬子．学術情報流通とオープンアクセス．勁草書房，2007，196p．
小西和信．動向レビュー：日本の学術情報流通政策を考えるために．カレントアウェアネス．2008.6.20，no.296（CA1667）．
小西和信．研究文献レビュー：学術情報流通政策と大学図書館．カレントアウェアネス．2011.12.20，no.310（CA1761）．

小川千代子，高橋実，大西愛編著．アーカイブ事典．大阪大学出版会，2003，318p.
記録管理学会・日本アーカイブズ学会共編．入門・アーカイブズの世界：記憶と記録を未来に．日外アソシエーツ，2006，267p.
水谷長志編著．MLA連携の現状・課題・将来．勉誠出版，2010，296p.
日本図書館情報学会研究委員会編．図書館・博物館・文書館の連携．勉誠出版，2010，186p.

三浦逸雄，根本彰．コレクションの形成と管理．雄山閣，1993，271p.
河井弘志編．蔵書構成と図書選択．新版．日本図書館協会，1992，283p.
三多摩郷土資料研究会編．地域資料入門．日本図書館協会，1999，287p.
ワートマン，ウィリアム A.；松戸保子ほか訳．蔵書管理：背景と原則．勁草書房，1994，295p.
日本図書館学会研究委員会編．図書館資料の保存とその対策．日外アソシエーツ，1985，148p.
森耕一編．図書館サービスの測定と評価．日本図書館協会，1985，301p.
ランカスター，F. W.；中村倫子，三輪眞木子訳．図書館サービスの評価．丸善，1991，228p.
国立国会図書館．蔵書評価に関する調査研究．2006，（図書館調査研究リポート　No.7）．

川崎良孝，高鍬裕樹．図書館・インターネット・知的自由：アメリカ公立図書館の思想と実践．京都大学図書館情報学研究会，2000，207p.
日本図書館協会図書館の自由委員会編．図書館の自由に関する事例集．日本図書館協会，2008，279p.

日本図書館情報学会用語辞典編集委員会編．図書館情報学用語辞典．第3版．丸善，2007，286p.
図書館情報学ハンドブック編集委員会編．図書館情報学ハンドブック．第2版．丸善，1999，1145p.
日本図書館協会図書館ハンドブック編集委員会編．図書館ハンドブック．第6版補訂版．日本図書館協会，2010，673p.

さくいん

あ行

アーカイブ・サーバ 21
アーキビスト 130
IC チップ 132
青空文庫 53
アグリゲータ
　　　　49, 50, 100, 145, 168
アジア歴史資料センター
　　　　53
アップル 48
アパーチュアカード
　　　　36, 37
アマゾン（社） 48, 173
アメリカ図書館協会
　　　　176, 180, 181
アメリカン・メモリー 53
イープリントアーカイブ
　　　　69
『医学中央雑誌』 54
移管 149
委託販売制度 160, 161
一枚もの 32
佚存書 9
IFLA インターネット宣言
　　　　180
IFLA 公共図書館ガイドライン 139
異本 2, 15
インキュナブラ
　（揺籃期本） 9
印刷術 9
インターネット・アーカイビング 74

インターネット資料 xi
インターネット資料収集保存事業 21, 74
インパクトファクター（文献引用影響率） 95, 141
インフォーマルコミュニケーション 68
インフォメーションファイル 16, 33

ウィーディング 149
ヴェラム（犢皮紙） 5
受入印 119

影印本 150
映画技術 11
映画フィルム 41
英国図書館文献提供センター（BLDSC） 99
映像・音声・文字情報制作業 159
映像資料 40
MLA 連携 15
エルゼビア社 168

欧州研究図書館連盟
　（LIBER） 170
凹版印刷 154
OHP シート 40
大型活字本 47
オーバーヘッド・プロジェクター（OHP） 40
オープンアクセス
　　　　57, 74, 169, 170

オープンファイル 32
大宅壮一文庫 44
オーラル・ヒストリー
　　　　43, 66
岡山県立図書館 66
オフセット印刷 154
オプトアウト 172
オプトイン 172
折り本 8
音楽配信 55, 56
音声・音響資料 41
オンデマンド印刷 155
オンデマンド出版 156
オンライン・ジャーナル
　　　　70
オンライン出版物
　　　　18, 21, 48, 76
オンライン書店
　　　　85, 160, 176
オンライン分担目録システム 117

か行

外郭団体 59
開架式書架 123
買切制 161
会議録 68
外国雑誌センター館
　　　　30, 98
科学技術振興機構
　　　　28, 50, 55
隠し印 119
学術機関リポジトリ
　　　　29, 57, 101, 170

学術（雑）誌　28, 54, 67, 68, 74, 96, 110, 168
学術出版　152, 167
拡大写本　47
拡大図書　47
拡大本　47
貸出サービス指数　143
貸出統計　142
貸出密度　143
貸本業者　166
価値論　89, 91, 93, 95, 135
学校図書館図書整備五か年計画　97
「学校図書館図書標準」　97
活版印刷　9, 10, 155
紙芝居　40, 42
紙の発明　6
簡易視覚資料　32, 40, 42
官公庁刊行物　58
感震式ロッドバー　127
巻子本　7, 8
『官報』　31, 52, 55
刊本　9

議会図書室　60
機関リポジトリ　29, 57, 101, 170
寄贈　114
寄託　115
寄託図書館　60, 115
貴重書画像データベース　53
キュレーター　130
紀要　28, 68, 70, 101, 115
共通雑誌コード　164
郷土資料　63～65, 79
業務統計　134, 198, 142
切抜資料　32

禁帯出　119
近代デジタルライブラリー　53, 112

Google（社）　171
Google ブックス　52, 112, 171, 173
グーグルプリント　171
グーテンベルク　9
楔形文字（くさびがたもじ）　3, 4, 5
グレイリテラチャ　32, 81

継続発注　117
ケータイ小説　49, 74
研究図書館協会（ARL）　170
検収　118
原秩序尊重の原則　14

コアジャーナル　85
交換　115
甲骨文字　4
公衆送信　172
公私立大学図書館コンソーシアム（PULC）　50, 97, 169
公正取引委員会　162
公貸権（public lending right）　166
孔版印刷（シルクスクリーン）　154
公文書　14, 65, 177
公文書館　64, 65, 177
「公立図書館の設置及び運営上の望ましい基準」　135

顧客満足　148
国際学術情報流通基盤整備事業　170
国際交換　115
国際人権規約　175, 178
国際図書館連盟（IFLA）　89, 135
国際標準図書番号（ISBN）　163, 165
小口印　119
国文学研究資料館　37
国民読書年　167
国立公文書館　53
国立国会図書館　21, 37, 38, 43, 44, 47, 53, 74, 99, 105, 112, 115, 116, 171, 172, 174
国立国会図書館サーチ　55, 99, 106
「国立国会図書館法」　44
国立情報学研究所（NII）　21, 28, 50, 55, 99, 101, 108, 110, 116, 170
国立大学図書館協会コンソーシアム（JANUL コンソーシアム）　50, 97, 169
孤児出版物（orphan works）　172
古書　111
固定書架　124
子ども読書活動推進計画　167
「子どもの読書活動推進法」　167
コミュニケーション革命　2, 3

さくいん | *187*

COM目録　38
『これから出る本』　163
『これからの図書館像』
　　　　　　　　　　71
コレクション管理　77, 95
コレクション形成　77
コレクション更新　149
コレクション構築
　　　76〜78, 80, 82, 85, 95
「コレクション構築方針の
　ためのガイドライン」
　（IFLA）　89
コレクション中心評価法
　　　　　　　135, 138
コレクションの評価・再編
　プロセス　132
コレクション評価法　133
コンソーシアム
　　　　　　50, 97, 169
コンテンツ産業　159
コンピューター組版システ
　ム　11

さ行

再販売価格維持制度　161
蔡倫　6
冊書　7
雑誌　27, 38
冊子本（コデックス）　8
査読　28, 68, 69
サピエ　47
さわる絵本　12, 16, 46
三省懇　174
酸性紙　127

シェルフ・ファイリング
　　　　　　　　32, 33
シェルフ・リーディング
　　　　　　　130, 131
視覚障害者情報総合システ
　ム：サピエ　47
視覚障害者用資料　45
時限再販　162
視聴覚資料（AV資料）
　　　12, 16, 40, 41, 73, 110
視聴覚センター　43
視聴覚ライブラリー　43
指定図書制度　148
「児童インターネット保護
　法」（CIPA）　181
「児童オンライン保護法」
　（COPA）　181
自動出納システム
　　　　　　　　39, 123
自動点訳ソフト　46
自費出版　152
写真（資料）　40, 42
写真技術　11
写本（manuscript）
　　　　　　　　2, 9, 15
JANコード　163
収集方針　178
修復　130
集密書架　124
出所原則　14
出版　151
出版社　158
出版社シリーズ　26
出版情報誌　104
出版のプロセス　152
出版物管理コード
　　　　　　　162, 165
出版物貸与権管理センター
　　　　　　　　　166

商業出版
　　　　152, 153, 156, 158
象形文字　4
情報解禁日（エンバーゴ）
　　　　　　　　　100
「情報公開法」　61
情報探索行動　91
情報要求　91
除架　149
書画カメラ　41
書庫管理　130
書誌ユーティリティ　117
除籍　149
書籍コード　163
書籍JANコード　164
書評　106
書評紙（誌）　107
シリアルズ・クライシス
　　　　　　　　　168
資料収集のプロセス　113
資料収集方針
　　　80, 81, 86〜89, 114, 117
資料選択　86, 93
資料選択の体制・組織
　　　　　　　　　101
資料選択のための情報源
　　　　　　　　　103
資料選択のプロセス　86
資料入手の方法　113
資料の蓄積・保管プロセス
　　　　　　　　　119
資料の取り扱い方　127
資料の老化　85
知る自由　175〜179
新聞　30, 38

ストリーミング　56

墨字　45
スライド　40

請求記号ラベル　119
政府刊行物　58〜61, 112
政府刊行物サービスステーション　61
政府刊行物サービスセンター　61
製本　121
責任販売制　161
楔形文字（せっけいもじ）　3, 4, 5
全国視覚障害者情報提供施設協会　47
全国書誌　105, 108, 139
選書　76
選択書誌　106, 136, 140
全米収書目録計画（NPAC）　98

相互貸借　97, 99, 100
蔵書印　81, 119
蔵書回転率　143
蔵書管理　77
蔵書構成　77
蔵書構築　77
蔵書構築方針　86, 87
蔵書構築方針書　81
蔵書新鮮度　139
蔵書成長率　139
蔵書点検　131
蔵書点検の方法　132
蔵書密度　139
装備　81, 119
ソーシャル・メディア　17

た行

ダークアーカイブ　129
大学図書館コンソーシアム連合（JUSTICE）　50, 97, 169
大（型）活字本　47
貸与権　42, 166
脱酸処理　127
地方行政資料　65
地域資料　63〜65, 72, 79
チェックリスト法　139
逐次刊行物　23, 25
竹簡　6, 7
地方議会図書館（資料室）　65
地方行政資料　63, 64
「地方自治法」　60
地方出版　152
地方・小出版流通センター　113, 114
『中小都市における公共図書館の運営』（『中小レポート』）　63, 64, 91
中性紙　127
調査統計　134
重複調査　117
超マイクロフィッシュ　35
著作権　166
「著作権法」　42, 43, 46, 47, 53, 166, 171, 172
千代田 Web 図書館　49
ツイッター　13, 17
「通信の品位に関する法律」　181
都度発注　117

定期刊行物　26
定期刊行物コード　164
デイジー（DAISY）　46, 47
デイジー図書　46
ディテクション・テープ　119
定本　2
テクニカルサービス　xiv, xv, 101
テクニカルレポート　38, 69
デジタルネットワーク社会における出版物の利活用の推進に関する懇談会　174
デジタルアーカイブ　52, 53, 66, 173
デジタル・オーディオディスク　41
デジタル雑誌　51
デジタル媒体の保存対策　129
デスクトップ・パブリッシング　11
電子雑誌　51
電子ジャーナル　18, 21, 30, 50, 51, 70, 74, 79, 96, 97, 100, 114, 121, 129, 145, 168, 169, 179
電子出版　12, 155
「電子情報，サービス，ネットワークへのアクセス」（ALA）　180
電子書籍　74, 156, 174, 179

さくいん | 189

点字資料　12, 16, 45, 46
電子資料
　　　12, 25, 73, 87, 96, 100
電子新聞　18, 51
電子政府の総合窓口
　（e-Gov）　45, 56, 61
電磁的記録　44
電子ブック（電子書籍）
　18, 21, 48, 49
電子ブック・リーダー
　　　　　　　　48, 51
電子復刻版　45
電子ペーパー　48
『点字毎日』　46
点訳図書　46

動画配信　56
東京国立近代美術館フィルムセンター　43
東京都調布市立図書館　66
東京都立多摩図書館　43
陶本　5
読者　151, 167
「独占禁止法」　161
犢皮紙　5
図書　23〜25, 38
図書館海援隊　72
「図書館の権利宣言」
　　　　　　　176, 180
図書館の自由　176〜179
「図書館の自由に関する宣言」　177, 178
図書館パフォーマンス指標
　　　　　　　　　148
図書館評価の手順　136
「図書館法」
　　41, 44, 60, 63, 71, 87

図書館流通センター
　（TRC）　116, 165
図書選択　76, 95
図書選定委員会　102
図書ラベル　81
凸版印刷　154
トランスペアレンシー
　（TP）　40
取次（店）　159

な行

長尾モデル　174

日外アソシエーツ　54
日本医学図書館協会　115
日本国憲法　175
日本出版取次協会　163
日本書籍出版協会　163
『日本書籍総目録』　163
日本全国書誌　44
日本点字図書館　47
日本図書館協会　43, 47
日本図書コード　163, 165
日本文藝家協会　47

ネットワーク系電子メディア　12
ネットワーク情報資源
　xi, xiv, 17〜22, 48, 58,
　72, 74〜76, 179
年鑑　31
粘土板　5, 7

納本制度　116

は行

バーコードラベル　119

バーコードリーダー　132
バーチカル・ファイリング
　　　　　　　　32, 33
パーチメント（羊皮紙）　5
灰色文献（gray literature）　32, 61, 68, 81
排架　81, 122
排架の方式　124
廃棄　149
貝多羅（葉）　5, 7, 8
ハイパーテキスト　20
配本　159
博物館　15
博物館資料　15, 79
パスファインダー　22, 72
80/20ルール　85
パッケージ系電子出版物
　　　　　　　　　44
パッケージ系電子メディア
　　　　　　　12, 16, 19
発注　117
パピルス　5, 7
パブリックサービス
　　　　　　　　xiv, xv
ハロゲン消火設備　127
販売書誌　105, 108, 139
頒布権　42
パンフレット　31
版元　158

非印刷資料　15, 34
ヒエログリフ（神聖文字）
　　　　　　　　　4
ビジネスアーカイブ　80
ビジネス支援　71
ビッグディール契約
　　　　　　　　50, 96

ビデオディスク　41
ビデオテープ　41
日野市立図書館市政図書室　34
『百万塔陀羅尼経』　9
評価指標の標準化　148
表現の自由　175, 177, 178
費用対効果（cost-effectiveness）　134

ファーミントンプラン　98
ファイリングシステム　31〜33
ファイル資料　31, 40
フィクション論争　89
フィルターソフト　180, 181
フィルム・アーカイブズ　14
フォーマルコミュニケーション　68
複製絵画　40, 42
複本　147, 150
ブックディテクションシステム（BDS）　119
BOOKデータベース　108
ブックポスト　123
復刻本　150
不定期刊行物　26
部分再販　162
不要資料選択　149
ブライユ（Louis Braille）　12
ブラウジング　100, 123, 124
ブラッドフォードの法則　85

ブランケットオーダー　118
プリントオンデマンド（POD）　155
プレプリント　69
プロジェクトEuropeana　53
プロジェクト・グーテンベルク　53
文献引用影響率（インパクトファクター）　95, 141
文書館（アーカイブズ）　2, 14, 15, 65, 80
文書館資料　14, 15
分担収集　97, 100

閉架式書架　123
米国議会図書館　13, 53, 54
米国国立医学図書館　54
平版（オフセット）印刷　154
ヘインズの一般図書評価法　94
編集プロダクション　154
返本台　123

法政大学大原社会問題研究所　42
補修　120
POSシステム（販売時点情報管理システム）　159, 163
ポスター　40, 42
保存書庫　82, 96, 125, 149
保存図書館　82, 149
ボックス・ファイリング　32
翻刻本　150

ま行

マイクロオペーク　34
マイクロ写真　12
マイクロ出版　37
マイクロ資料　16, 34, 38, 39
マイクロフィッシュ　35, 36, 150
マイクロフィルム　34, 36, 38〜40
マイクロフォーム　150
マクロ資料　34
マンガ喫茶　166

見計らい　114, 165

ムック　28

メディア変換　12, 39, 150, 171, 172

木版印刷　9, 10
目録所在情報サービス（NACSIS-CAT/ILL）　99, 117
文字　4, 11
「文字・活字文化振興法」　167
木簡　6, 7, 9
モノグラフシリーズ　26, 31
文書館（アーカイブズ）　2, 14, 15, 65, 80
文書館資料　14, 15

や行

要求論　89, 91, 95, 135
予稿集　68

ら行, わ

来館者調査　134

リーダー（マイクロフィルム）　34, 39, 40
リーダープリンタ　34, 36
リーフレット　32
流通システム開発センター　164
利用可能性の調査　146
利用研究　142
利用者研究　142
利用者中心評価法　135, 142
利用者調査　148
利用請求権　177, 178
レーザーディスク　41
レター誌　69
レビュー誌　69

連　122

老化（obsolescence）　144
ロールフィルム　34, 36, 150
録音技術　11
ロングテール　85, 173

ワンソース・マルチユース　156

欧文さくいん

A　arXiv.org　69
audio-visual materials　40
B　BDS　119
BioOne　50
BLDSC　99
C　CD　12, 41, 42, 129
CD-ROM　44～46, 129
CiNii Articles　50, 55, 101, 110
CiNii Books　54
CIPA　181
CLOCKSS　21, 129
COM（computer-output microfilm）　37
Computerized Typesetting System（CTS）　11
COPA　181
COUNTER　146
D　DAISY　46, 47
DTP（Desktop Publishing）　11, 155
DIALOG　54
DVD　12, 41, 42, 44, 129
E　EBSCOhost　50

EDINET　40
e-Gov　45, 56, 61
Elsevier　49, 145
G　Google　5, 52, 171
Google Books　52, 112, 171, 173
H　Hathi Trust Digital Library　21, 54, 112
I　IFLA　89, 135
impact factor　95, 141
Index Medicus　54
IngentaConnect　50
Internet Archive　21
Internet Public Library（IPL）　57
ISBN　163, 165
J　JANUL コンソーシアム　50, 97, 169
JAPAN MARC　116
JAN（Japanease Article Number）　164
JapanKnowledge　49
J-BISC　44
J-Global　55
Journal Citation Reports（JCR）　140

J-STAGE 50
JSTOR 21
JUSTICE 50, 97, 169
L LIBER 170
Librarians' Internet Index 57, 72
LOCKSS 21
M MARC 116, 117
MEDLINE 54
N NACSIS Webcat 54
NACSIS-CAT/ILL 5, 99, 117
NDL-OPAC 99, 105
NetLibrary (EBSCO Publishing) 49
NII-REO 21
NPAC 98
NS MARC 116
O OCLC 117
OHP 40
P PATOLIS 54
Pay per View 97
POD 155
Portico 21
POS 33, 163
ProQuest 50
PubMed 54
PULC 50, 97, 169

S SciVerse ScienceDirect (Elsevier) 50
SciVerse Scopus (Elsevier) 145
SNS 17
SPARC (Scholarly Publising and Academic Resources Coalition) 170
SPARC Europe 170
SPARC/JAPAN 170
Springer 49
SpringerLink (Springer) 50
T Thomson Reuters 140, 145
TRC MARC 116
U UNESCO 54
W WARP (Web Archiving Project) 21, 74
Wayback Machine 21
Web of Knowledge 141
Web of Science 145
Webcat Plus 55, 108
Wiley Online Library (Wiley-Blackwell) 50
WileyBlackwell 49
World Digital Library 54
WorldCat 117
Y Yahoo! Japan 57

[シリーズ監修者]

高山正也（たかやままさや）　前国立公文書館館長
　　　　　　　　　　　　　　慶應義塾大学名誉教授

植松貞夫（うえまつさだお）　前跡見学園女子大学文学部教授
　　　　　　　　　　　　　　筑波大学名誉教授

[編集責任者・執筆者]

高山正也（たかやま・まさや）

1941	大阪府豊中市に生まれる
1966	慶應義塾大学商学部卒業
1970	慶應義塾大学大学院文学研究科図書館・情報学専攻修士課程修了
	東京芝浦電気株式会社技術情報センター，カリフォルニア大学バークレー校訪問研究員，慶應義塾大学文学部助手，専任講師，助教授，教授，国立公文書館長を経て
現在	前国立公文書館館長，慶應義塾大学名誉教授
主著	『図書館概論』（共著）雄山閣出版，『図書館・情報センターの経営』（共著）勁草書房，『情報社会をひらく』（共訳）勁草書房，『公文書ルネッサンス』（編）国立印刷局，ほか多数

平野英俊（ひらの・ひでとし）

1949	福井市に生まれる
1971	東京大学教育学部教育行政学科卒業
1976	東京大学大学院教育学研究科博士課程単位取得満期退学（社会教育学専攻，図書館学）
	東京大学教育学部助手，日本大学文理学部専任講師，助教授を経て
現在	日本大学文理学部教授
	1998～2010年：川崎市立図書館協議会委員，2008～2011年：文部科学省「これからの図書館の在り方検討協力者会議」委員
主著	『世界の公立図書館』（共著）全国学校図書館協議会，『図書館情報学ハンドブック第2版』（共著）丸善，『改訂 図書館資料論』（編著）樹村房，ほか

[執筆者]

岸田和明（きしだ・かずあき）

1964	東京都三鷹市に生まれる
1987	慶應義塾大学文学部図書館・情報学科卒業
1991	慶應義塾大学大学院文学研究科図書館・情報学専攻博士課程中退
	図書館情報大学図書館情報学部助手，駿河台大学文化情報学部助教授，教授を経て
現在	慶應義塾大学文学部教授
	博士（図書館・情報学）慶應義塾大学
主著	『図書館情報学における統計的方法』樹村房，『情報検索の理論と技術』勁草書房，ほか

岸　美雪（きし・みゆき）

1959	東京都大田区に生まれる
1981	上智大学文学部史学科卒業
1985	上智大学大学院文学研究科博士前期課程修了
1985	国立国会図書館入館
	元 国際子ども図書館企画協力課長
	元 立正大学等非常勤講師
主著	『講座 図書館の理論と実際 第4巻 主題情報へのアプローチ』（共著）雄山閣出版，『国立国会図書館のしごと』（共編）日外アソシエーツ，『改訂 図書館資料論』（共著）樹村房，ほか

小山憲司（こやま・けんじ）

	中央大学文学部社会学科卒業
	中央大学大学院文学研究科社会情報学専攻修士課程修了
	中央大学大学院文学研究科社会情報学専攻博士後期課程単位取得退学
	東京大学附属図書館，同情報基盤センター，国立情報学研究所，三重大学人文学部准教授，日本大学文理学部教授を経て
現在	中央大学文学部教授
主著	『改訂 情報サービス演習』（共著）樹村房，『図書館情報学基礎資料』（編者）樹村房，『ラーニング・コモンズ』（共編訳）勁草書房，『ビッグデータ・リトルデータ・ノーデータ』（共訳）勁草書房，ほか

村上篤太郎（むらかみ・とくたろう）

1959	愛知県名古屋市に生まれる
1981	南山大学文学部教育学科卒業
	南山大学図書館，慶應義塾大学医学情報センター勤務を経て，湘南藤沢メディアセンター在職時に
1994	慶應義塾大学大学院文学研究科図書館・情報学専攻修士課程委託研究生修了
	慶應義塾大学三田メディアセンター課長，メディアセンター本部課長，湘南藤沢メディアセンター事務長，デジタルメディア・コンテンツ統合研究センター事務長を経て
現在	慶應義塾塾監局参事，東京農業大学非常勤講師
主著	『図書館情報資源概論』（共著）樹村房，『現代日本の図書館構想』（共著）勉誠出版，ほか

現代図書館情報学シリーズ…8

図書館情報資源概論

2012年7月6日　初版第1刷発行
2019年2月20日　初版第10刷

著者代表 ⓒ　高山　正也
　　　　　　平野　英俊

〈検印省略〉

発行者　　大塚　栄一

発行所　株式会社　樹村房
　　　　　　　　JUSONBO

〒112-0002
東京都文京区小石川5-11-7
電　話　　03-3868-7321
ＦＡＸ　　03-6801-5202
振　替　　00190-3-93169
http://www.jusonbo.co.jp/

印刷　亜細亜印刷株式会社
製本　有限会社愛千製本所

ISBN978-4-88367-208-0　乱丁・落丁本は小社にてお取り替えいたします。

高山正也・植松貞夫　監修　**現代図書館情報学シリーズ**

[全12巻]
各巻Ａ５判　本体2,000円（税別）

▶本シリーズの各巻書名は，平成21(2009)年4月に公布された「図書館法施行規則の一部を改正する省令」で新たに掲げられた図書館に関する科目名に対応している。また，内容は，「司書資格取得のために大学において履修すべき図書館に関する科目の在り方について（報告）」（これからの図書館の在り方検討協力者会議）で示された〈ねらい・内容〉をもれなくカバーし，さらに最新の情報を盛り込みながら大学等における司書養成課程の標準的なテキストをめざして刊行するものである。

① 改訂図書館概論　　　　　　高山正也・岸田和明／編集
② 図書館制度・経営論　　　　糸賀雅児・薬袋秀樹／編集
③ 図書館情報技術論　　　　　杉本重雄／編集
④ 図書館サービス概論　　　　宮部頼子／編集
⑤ 情報サービス論　　　　　　山﨑久道／編集
⑥ 児童サービス論　　　　　　植松貞夫・鈴木佳苗／編集
⑦ 改訂情報サービス演習　　　原田智子／編集
⑧ 図書館情報資源概論　　　　高山正也・平野英俊／編集
⑨ 改訂情報資源組織論　　　　田窪直規／編集
⑩ 改訂情報資源組織演習　　　小西和信・田窪直規／編集
⑪ 図書・図書館史　　　　　　佃　一可／編集
⑫ 図書館施設論　　　　　　　植松貞夫／著

樹 村 房